T0031109

STEPHEN KING
Mientras escribo

Stephen King es el maestro indiscutible de la narrativa de terror contemporánea, con más de treinta libros publicados. En 2003 fue galardonado con la Medalla de la National Book Foundation por su contribución a las letras estadounidenses, y en 2007 recibió el Grand Master Award, que otorga la asociación Mystery Writers of America. Entre sus títulos más célebres cabe destacar *El misterio de Salem's Lot*, *El resplandor*, *Carrie*, *La zona muerta*, *Ojos de fuego*, *IT (Eso)*, *Maleficio*, *La milla verde* y las siete novelas que componen la serie *La Torre Oscura*. Vive en Maine, con su esposa Tabitha King, también novelista.

Mientras escribo

Mientras escribo

Memorias de un oficio

STEPHEN KING

Traducción de Jofre Homedes Beutnagel

Vintage Español
Una división de Penguin Random House LLC
Nueva York

PRIMERA EDICIÓN VINTAGE ESPAÑOL, FEBRERO 2021

Copyright de la traducción © 2001 por Jofre Homedes Beutnagel

Todos los derechos reservados. Publicado en los Estados Unidos
de América por Vintage Español, una división de Penguin Random
House LLC, Nueva York, y distribuido en Canadá por Penguin
Random House Canada Limited, Toronto. Originalmente
publicado en inglés bajo el título *On writing* por Scribner,
un sello de Simon & Schuster, Nueva York, en 2000.
Copyright © 2000 por Stephen King. Esta edición fue
publicada originalmente por Penguin Random House
Grupo Editorial, Barcelona, en 2001.

Vintage es una marca registrada y Vintage Español y su colofón son
marcas de Penguin Random House LLC.

Información de catalogación de publicaciones disponible en la
Biblioteca del Congreso de los Estados Unidos.

**Vintage Español ISBN en tapa blanda: 978-0-593-31150-9
eBook ISBN: 978-0-593-31151-6**

Para venta exclusiva en EE.UU., Canadá, Puerto Rico y Filipinas.

www.vintageespanol.com

Impreso en Colombia

10   9   8   7   6   5   4   3   2

Lo mejor es ser sincero.

Proverbio

Los mentirosos prosperan.

Anónimo

PRIMER PRÓLOGO

A principios de los años noventa (es posible que
en 1992, pero la diversión no se lleva bien con la memoria) formé parte de un grupo de rock con mayoría de escritores. Los Rock Bottom Remainders eran
una idea de Kathi Kamen Goldmark, publicista editorial y música de San Francisco. Los miembros del
grupo éramos Dave Berry en la guitarra solista, Ridley Pearson en el bajo, Barbara Kingsolver en los teclados, Robert Fulgham en la mandolina y yo en la
guitarra rítmica. También había un trío de coristas
femeninas, al estilo de las Dixie Cups, compuesto
(salvo variaciones) por Kathi, Tad Bartimus y Amy
Tan.

El grupo había sido concebido como simple flor
de un día. Pensábamos ofrecer dos conciertos en la
American Booksellers Convention, reírnos un poco,
recuperar durante tres o cuatro horas nuestras disi-
padas juventudes y separarnos.

En realidad, el grupo no ha llegado a disgregarse
del todo. Vimos que nos gustaba demasiado tocar
juntos para no seguir, y, mediante la adición de un

saxofón y un baterista (más la presencia inicial de nuestro gurú musical y alma del grupo, Al Kooper), conseguimos un sonido bastante aceptable. Digno de que cobráramos entrada, aunque fuera a precios de sala pequeña, no de U2 o la E Street Band. Salimos de gira, escribimos un libro sobre el grupo (con mi mujer tomando las fotos y bailando cada vez que se le antojaba, es decir, con frecuencia) y seguimos tocando a salto de mata con dos nombres, The Remainders y Raymond Burr's Legs. La composición del grupo es variable (el periodista Mitch Albom ha sustituido a Barbara en los teclados, y Al Kooper ya no toca con nosotros por desavenencias con Kathi), pero el núcleo hemos seguido siendo Kathi, Amy, Ridley, Dave, Mitch Albom y yo, más Josh Kelly en la batería y Erasmo Paolo en el saxofón.

Tocamos por amor a la música, pero también a la amistad. Nos llevamos bien y agradecemos la oportunidad, aunque sólo sea de vez en cuando, de hablar del oficio que compartimos, el de verdad, el que nos aconsejan constantemente que no abandonemos. Somos escritores, pero evitamos preguntarnos mutuamente de dónde sacamos las ideas. Sabemos que no lo sabemos.

Una noche, cenando comida china antes de una actuación en Miami Beach, le pregunté a Amy si había alguna pregunta que no le hubieran hecho nunca después de la típica conferencia; la que no hay manera de que te hagan estando delante de un grupo de admiradores y fingiendo que, a diferencia del común de los mortales, tú no te pones los pantalones primero por una pierna y luego por la otra. Amy se lo pensó mucho y contestó:

—Nunca me preguntan nada sobre el lenguaje.

Le estoy enormemente agradecido por la respuesta. Yo entonces llevaba más de un año dándole vueltas a la idea de hacer un librito sobre la escritura, pero no acababa de lanzarme por falta de confianza en mis motivaciones. ¿Por qué tantas ganas de escribir sobre el acto de escribir? ¿A santo de qué me creía capaz de decir algo interesante?

La respuesta fácil es que alguien que ha vendido tantas novelas como yo tiene que tener alguna opinión interesante sobre su elaboración, pero las respuestas fáciles no siempre son verdad. El coronel Sanders vendió cantidades ingentes de pollo frito, pero no estoy muy seguro de que le interese a nadie saber cómo lo hacía. Yo tenía la sensación de que querer explicarle a la gente cómo se escribe era una impertinencia demasiado grande. Lo diré de otra manera: no quería escribir algo, corto o largo, que me diera la sensación de ser un charlatán literario o un imbécil trascendental. No, gracias; de esos libros (y escritores) hay ya bastantes en el mercado.

Amy, sin embargo, tenía razón: nunca te preguntan por el lenguaje. A un DeLillo, un Updike, un Styron, sí, pero no a los novelistas de gran público. Lástima, porque en la plebe también nos interesa el idioma, aunque sea de una manera más humilde, y sentimos auténtica pasión por el arte y el oficio de contar historias mediante la letra impresa. Las páginas siguientes pretenden explicar con brevedad y sencillez mi ingreso en el oficio, lo que he aprendido acerca de él y sus características. Trata del oficio con que me gano la vida. Trata del lenguaje.

Se lo dedico a Amy Tan, que me dijo con palabras sencillas y directas que valía la pena escribirlo.

SEGUNDO PRÓLOGO

He escrito un libro corto porque a la mayoría de los libros sobre la escritura les sobra paja y tonterías. Los narradores no tenemos una idea muy clara de lo que hacemos. Cuando es bueno no solemos saber por qué y cuando es malo, tampoco. He supuesto que a menos páginas, menos paja.

La ley de la paja tiene una excepción muy destacable: *The Elements of Style*, de William Strunk Jr. y E. B. White, libro que contiene poca o ninguna. (Claro que es corto: 85 páginas, es decir, bastantes menos que el mío.) Cualquier aspirante a escritor debería leer *The Elements of Style*. Así de claro. La regla número 17 del capítulo «Fundamentos de la redacción» reza: «Omitir palabras innecesarias.» Voy a intentarlo.

TERCER PRÓLOGO

Un aviso para caminantes que no figura en el libro, al menos en formulación directa: «El corrector siempre tiene razón.» Se colige que los escritores nunca siguen todos los consejos del corrector o correctora, porque todos han pecado y no alcanzan la perfección editorial. En otras palabras: escribir es humano y corregir divino. La revisión de este libro ha corrido a cargo de Chuck Verrill, al igual que otras muchas de mis novelas. Y le digo lo de siempre: Chuck, has estado divino.

STEPHEN

CURRÍCULUM VITAE

Me impresionó mucho *The Liars' Club*, la autobiografía de Mary Karr. Me impresionó por su virulencia, su hermosura y su dominio exquisito del lenguaje coloquial, pero también me impresionó por su totalidad. La autora lo recuerda todo sobre su infancia.

No es mi caso. Yo tuve una infancia muy rara, con una madre soltera que al principio viajaba mucho, y que durante una temporada (aunque no estoy completamente seguro) quizá nos dejara a mi hermano y a mí al cuidado de una hermana suya porque no estaba en situación anímica de ocuparse de nosotros. Otra posibilidad es que sólo lo hiciera para perseguir a mi padre, que a mis dos años (cuatro, en el caso de mi hermano David), habiendo acumulado una montaña de deudas, se despidió a la francesa. Si es así, no tuvo éxito en su búsqueda. Mi madre, Nellie Ruth Pillsbury King, fue una de las primeras mujeres liberadas de Estados Unidos, pero no porque quisiera.

Mary Karr presenta su infancia como un panorama casi ininterrumpido. La mía es un paisaje de niebla, de donde surgen recuerdos aislados como árboles solitarios... de esos que parece que vayan a echarte las ramas encima y comerte.

Voy a dedicar algunas páginas a esos recuerdos, añadiéndoles una serie de instantáneas de mi adolescencia y mi primera juventud, que fueron épocas un poco más coherentes. No es ninguna autobiografía. Se parece más a un currículum cuyo objetivo es explicar la formación de un escritor. ¡Ojo! Formación, pero no creación. Yo no creo que el escritor se haga, ni por circunstancias ni por voluntad (antes sí lo creía). Es un accesorio que viene de fábrica, y que, dicho sea de paso, no tiene nada de excepcional. Estoy seguro de que hay muchísima gente con talento de escritor o narrador, y que es un talento que puede potenciarse y aguzarse. Si no lo creyera, escribir un libro de estas características sería una pérdida de tiempo.

En mi caso fue así, como podía haber sido de cualquier otra manera: un proceso inconexo de crecimiento donde intervinieron la ambición, las ganas, la suerte y un poco de talento. No vale la pena esforzarse por leer entre líneas, ni buscar el hilo conductor, porque no hay ninguno. Sólo son instantáneas, casi todas desenfocadas.

1

Mi primer recuerdo soy yo imaginándome como otra persona, ni más ni menos que el musculoso del circo de los hermanos Ringling. Fue en casa de mis tíos Ethelyn y Oren, en Durham, población del estado de Maine. Mi tía se acuerda con bastante claridad, y dice que tenía dos años y medio o tres.

Había encontrado un bloque de cemento en un rincón del garaje y, tras conseguir levantarlo, lo

transportaba lentamente por el garaje, viéndome
vestido con una camiseta de piel de animal (probablemente leopardo) y llevando el bloque por la pista
central. El público, nutrido, guardaba silencio. Un
foco azulado seguía mi admirable recorrido. Las caras de asombro hablaban por sí mismas: nunca habían visto a un niño tan fuerte. «¡Y sólo tiene dos
años!», murmuraba alguien, incrédulo.

Lo que no sabía yo era que el bloque de cemento albergaba un pequeño avispero en su parte inferior. Quizá una de las avispas se molestara por el
cambio de ubicación, porque salió volando y me
picó en la oreja. Nunca me había dolido nada tanto
en mi corta vida, pero el dolor sólo gozó de unos segundos de protagonismo. Cuando solté el bloque de
cemento y se me cayó en un pie descalzo, macha-
cándome los dedos, me olvidé completamente de
la avispa. No sé si me llevaron al médico. Mi tía
Ethelyn tampoco se acuerda (el tío Oren, a quien debía de pertenecer el Bloque Malvado, lleva muerto
casi veinte años), pero sí de la picadura, los dedos ro-
tos y mi reacción. «¡Cómo gritabas, Stephen! Está
claro que en cuestión de voz tenías un buen día.»

2

Un año después, aproximadamente, estábamos
mi madre, mi hermano y yo en West De Pere (Wisconsin). Ignoro por qué. En Wisconsin vivía otra
hermana de mi madre, Cal (que durante la Segunda
Guerra Mundial había sido reina de belleza oficial
del WAAC, el cuerpo auxiliar femenino del ejército),
con un marido simpático y muy aficionado a la cer-

veza. Es posible que mamá hubiera cambiado de domicilio para estar cerca de ellos. Si es así, no recuerdo haber visto mucho a los Weimer. Ni mucho ni poco, la verdad. Mi madre trabajaba, pero tampoco recuerdo en qué. Me suena una panadería, pero creo que fue más tarde, al instalarse en Connecticut para estar cerca de su hermana Lois y el marido de esta (Fred, que no destacaba ni en cuestión de cervezas ni de simpatía, y cuyo mayor orgullo, cosa extraña, era ir en convertible con el techo... ¡puesto!).

La época de Wisconsin coincidió con una interminable sucesión de niñeras. No sé si se marchaban porque David y yo éramos demasiado traviesos, porque encontraban trabajos mejor pagados o porque mi madre les exigía más de lo que estaban dispuestas a dar. Sólo sé que hubo muchas, aunque sólo me acuerdo bien de una: Eula, o puede que Beulah. Era una verdadera mole adolescente que se reía mucho. Yo sólo tenía cuatro años, pero no dejé de observar que Eula-Beulah tenía un sentido del humor estupendo; por desgracia, además de estupendo era peligroso: cada estallido de júbilo, con su aparato de palmadas, meneos de culo y movimientos espasmódicos de la cabeza, parecía ocultar la amenaza de un trueno. Cada vez que veo filmaciones con cámara oculta de alguna niñera que le da un golpe al niño que le han confiado, me vuelven a la memoria los días de Eula-Beulah.

¿Y mi hermano David? ¿Recibía un tratamiento igual de duro? No lo sé. No aparece en ninguna de las imágenes. Imagino que estaría menos expuesto al peligroso soplo del *Huracán* Eula-Beulah, porque ya tenía seis años y debía de estar en primero de primaria, a salvo de la artillería durante muchas horas.

He aquí una escena típica: Eula-Beulah hablando por teléfono, riendo y haciéndome gestos de que me acercara. Cuando me tenía al alcance, me abrazaba, me hacía cosquillas y, a carcajada limpia, me empujaba la cabeza con tanta fuerza que me tiraba al suelo. Después seguía haciéndome cosquillas con sus pies descalzos, hasta que volvíamos a reírnos.

Eula-Beulah era propensa a los pedos, en su variedad sonora y olorosa. En ocasiones, avecinándose uno, me tiraba en el sofá, me ponía el culo en la cara (con falda de lana interpuesta) y disparaba, gritando eufórica: «¡Bum!» Era como quedar sepultado por fuegos artificiales a base de metano. Recuerdo la oscuridad, la sensación de asfixia y las risas; porque, sin dejar de ser horrible, la experiencia tenía su lado divertido. Puede decirse que Eula-Beulah me fogueó para la crítica literaria. Después de haber tenido encima a una niñera de noventa kilos tirándote pedos en la cara y gritando «¡Bum!», el *Village Voice* da muy poco miedo.

No sé cómo acabaron las demás, pero a Eula-Beulah la despidieron. Fue por los huevos. Un día me hizo un huevo frito para desayunar. Yo me lo comí y pedí otro. Eulah-Beulah me frió el segundo, y luego me preguntó si quería más. Miraba como diciendo: «Seguro que no te atreves a comerte otro, Stevie.» Yo le pedí el tercero, claro. Y otro. Y otro. Creo que me quedé en siete; es el número que tengo en la memoria. Es posible que se acabaran los huevos, o que me echara a llorar. Quizá Eulah-Beulah se asustó. No lo sé, pero calculo que fue una suerte dejar el juego en siete. Para un niño de cuatro años, siete huevos son muchos huevos.

Al principio me encontraba bien, pero de repente me retorcí por el suelo. Eulah-Beulah rió, me dio un golpazo en la cabeza y me encerró en el clóset. Bum. Si hubiera elegido el baño quizá no la hubieran despedido, pero eligió el clóset. A mí no me importó. Estaba oscuro pero olía al perfume de mi madre, Coty, y por debajo de la puerta se colaba una franja de luz que me tranquilizaba.

Me puse a cuatro patas y me arrastré hasta el fondo, los abrigos y vestidos de mamá rozándome la espalda. Luego empecé a soltar una batería de eructos que me quemaban la garganta. No recuerdo ningún dolor de estómago, pero debí de tenerlo, porque al abrir la boca para soltar otro eructo lo que salió fue vómito. En los zapatos de mi madre. Eulah-Beulah estaba sentenciada. Cuando volvió mi madre del trabajo, la niñera dormía como un tronco en el sofá y el pequeño Stevie estaba encerrado en el clóset, igual de dormido que ella y con huevos fritos medio digeridos secándosele en el pelo.

3

Nuestra estancia en West De Pere no fue ni larga ni muy lucida. Nos echaron del departamento, en un tercer piso, porque un vecino vio a mi hermano de seis años en el tejado y avisó a la policía. No sé dónde estaba mi madre, ni la niñera de la semana; sólo sé que yo estaba en el baño, descalzo y subido sobre el calentador, vigilando a mi hermano para ver si se caía del tejado o conseguía volver sano y salvo al baño. Lo consiguió. Ahora tiene cincuenta y cinco años y vive en Nueva Hampshire.

4

A los cinco o seis años le pregunté a mi madre si había visto morir a alguien. Contestó que sí, que una vez de vista y otra de oídas. Yo le pregunté cómo se podía oír morir a alguien, y me explicó que se trataba de una niña que se había ahogado delante de Prout's Neck, en los años veinte. Al parecer nadó demasiado lejos y, no pudiendo volver, pidió ayuda a gritos. Varios hombres intentaron rescatarla, pero la corriente tenía una resaca muy fuerte y no consiguieron llegar. Al final tuvieron que quedarse todos en la playa, turistas y gente del pueblo (entre ellos la adolescente que sería mi madre), esperando una lancha de rescate que ni siquiera llegó, y oyendo gritar a la niña hasta que se quedó sin fuerzas y se hundió. Según dijo mi madre, el cadáver apareció en Nueva Hampshire. Le pregunté la edad de la niña, y me dijo que catorce años. Después me leyó un cómic y me acostó. Otro día me contó la muerte que había visto: un marinero que se tiró a la calle desde el tejado del hotel Graymore de Portland (Maine).

—Reventó —dijo mi madre como si fuera lo más normal del mundo, y tras una pausa añadió—: Lo salpicó todo de un líquido verde. Todavía me acuerdo.

Yo también, mamá.

5

La mayor parte de los nueve meses que deberían haber sido mi primer año de escuela los pasé en la cama. Mis problemas empezaron con el sarampión (un caso normalísimo), y poco a poco fueron complicándose. Tuve varias recaídas de una enfermedad cuyo nombre entendí mal, creyendo que se llamaba «garganta rayada». Me pasaba el día en la cama bebiendo agua fría e imaginando que tenía el cuello con rayas rojas y blancas. (Es probable que no me equivocara demasiado.)

Después se pasó a los oídos, y un día mi madre (que no tenía licencia de manejo) llamó a un taxi y me llevó a un médico demasiado importante como para visitar a domicilio, un especialista en oídos. (No sé por qué, pero me quedé con la palabra «otiólogo».) A mí me daba igual que fuera especialista en oídos o en culos. Tenía cuarenta de fiebre y no podía tragar sin que se me encendiesen de dolor los lados de la cara, como una rocola.

El doctor me examinó los oídos, dedicando (creo) casi todo el tiempo al izquierdo. Después hizo que me recostara en la mesa del consultorio. La enfermera dijo que me incorporara un poco y colocó un trozo grande de tela absorbente (tal vez un pañal) a la altura de la cabeza, para tenerlo apoyado contra la mejilla cuando volviera a acostarme. Debería haberme dado cuenta de que algo olía a podrido en Dinamarca. Es posible que lo hiciera. No digo que no.

Olía mucho a alcohol. Se oyó un ruido metálico, el del médico abriendo el esterilizador. Viéndole en la mano la jeringa (que parecía igual de larga que la regla de mi estuche escolar), me puse tenso. El doctor sonrió para tranquilizarme y soltó la mentira que debería llevar a la cárcel a todos los médicos (con sentencia doble si el paciente es un niño):

—Tranquilo, Stevie, no duele.

Me lo creí. Entonces me metió la aguja en la oreja y perforó el tímpano. Fue un dolor como no he vuelto a sentir nunca. Lo más parecido fue el mes de recuperación después de que me atropellara una camioneta en el verano de 1999: un sufrimiento más prolongado, pero menos intenso. El pinchazo en el tímpano fue un dolor inhumano. Grité. Entonces oí algo dentro de la cabeza, como un beso muy fuerte, y me salió líquido de la oreja. Era como llorar por el agujero equivocado, y eso que en los otros no faltaban precisamente lágrimas. Levanté la cara, que estaba chorreando, y miré al médico y la enfermera con incredulidad. Luego me fijé en la tela, que la enfermera había puesto en el tercio superior de la mesa. Tenía una mancha muy grande de líquido. Y otra cosa: hilitos de pus amarillo.

—Listo —dijo el especialista de oídos, dándome una palmada en el hombro—. Has sido muy valiente, Stevie. Ya terminamos.

A la semana siguiente mi madre pidió otro taxi, volvimos al médico de los oídos y tuve que estirarme otra vez de lado con el recuadro de tela absorbente debajo de la cabeza. El especialista volvió a hacer que oliera a alcohol (olor que sigo asociando, supongo que como mucha gente, al dolor, la enfermedad y el miedo), acompañándolo con la aparición de la larga jeringa. Volvió a asegurarme que no dolería, y yo a creérmelo; no del todo, pero lo bastante para no moverme cuando me metieron la aguja en la oreja.

Y sí, sí que dolió. La verdad es que casi tanto como la primera vez. El ruido interior de succión fue más intenso; esta vez era un beso de gigantes.

—Listo —dijo la enfermera del especialista en oídos, cuando ya estaba la jeringa fuera y yo llorando en un charco de pus aguado—. Vamos, tampoco duele tanto. No quieres quedarte sordo, ¿verdad? Además ya acabamos.

Me lo creí durante unos cinco días, a cuyo término vino otro taxi. Volvimos al especialista, y recuerdo que el taxista le decía a mi madre que o se callaba el niño o nos bajábamos.

Se repitió la escena: yo en la mesa con el pañal debajo de la cabeza, y mi madre en la sala de espera con una revista que no debía de poder leer (al menos es lo que me gusta imaginar). De nuevo el olor penetrante del alcohol, y el doctor acercándose con una aguja que parecía igual de larga que mi regla. Otra vez la sonrisa, y las garantías de que esta vez seguro que no dolería.

Desde que me agujerearon varias veces el tímpano a los seis años, uno de mis principios más sólidos ha sido el siguiente: al primer engaño, la vergüenza es del que engaña; al segundo, del engañado; y al tercero de los dos. Al verme acostado por tercera vez en la mesa del especialista en oídos, me retorcí, chillé, di patadas y opuse toda la resistencia posible. Cada vez que la aguja se acercaba, yo la apartaba con la mano. Al final la enfermera salió a la sala de espera, avisó a mi madre y entre las dos consiguieron sujetarme para que el médico pudiera meter la aguja. Yo pegué un grito tan largo y bestial que todavía lo oigo. De hecho, creo que en algún valle profundo de mi cabeza sigue resonando aquel último grito.

6

Poco después (hacia enero o febrero de 1954, si acierto en la secuencia), un mes gris y frío, volvió el taxi. En esta ocasión el especialista no era el de oídos, sino uno del cuello. Mi madre volvió a sentarse en la sala de espera, yo a acostarme en la mesa con una enfermera rondando, y el consultorio volvió a oler a alcohol, aroma que aún hoy conserva su capacidad de duplicar mi frecuencia cardíaca en cinco segundos.

La diferencia es que esta vez no hizo su aparición ninguna aguja, sino una esponjilla para limpiarme la boca. Picaba y tenía un sabor asqueroso, pero era pan comido en comparación con la descomunal aguja del médico de los oídos. El doctor del cuello se puso en la cabeza un artilugio muy interesante, con correa para sujetarlo. Tenía un espejo en medio, y una luz fortísima que parecía un tercer ojo. Dedicó un buen rato a inspeccionarme la garganta, pidiéndome que abriera tanto la boca que casi me descoyunta la mandíbula, pero como no había agujas me cayó de maravilla. Después me dejó cerrar la boca y llamó a mi madre.

—Es un problema de amígdalas —dijo—. Parece como si las hubiera arañado un gato. Habrá que extirparlas.

Transcurrido un tiempo que no sé concretar, tengo el recuerdo de ir en camilla debajo de unas luces muy vivas. Un hombre con mascarilla blanca se inclinó sobre mí. Estaba de pie en la cabecera de la mesa donde estaba yo tendido (1953 y 1954 fueron mis años de tumbarme en mesas), y parecía que estuviera al revés.

—Stephen —dijo—. ¿Me oyes?

Contesté que sí.

—Pues respira hondo —dijo él—. Cuando despiertes podrás comer todo el helado que quieras.

Luego me colocó un aparato en la cara. Mi memoria lo presenta con aspecto de motor de lancha. Yo respiré hondo y se puso todo negro. Al despertar, efectivamente, me dejaron comer todo el helado que quisiera; lo gracioso es que no se me antojaba. Me notaba la garganta hinchada y gruesa, aunque bueno, siempre era mejor que la aguja en la oreja. ¿Que es necesario sacarme las amígdalas? Adelante. ¿Ponerme una jaula en la pierna? También. Pero que Dios me libre del otiólogo.

7

El mismo año, mi hermano David pasó a cuarto de primaria y a mí me sacaron de la escuela. Mi madre y la escuela estuvieron de acuerdo en que me había perdido demasiados meses del primer curso. Ya empezaría en otoño desde cero, salud mediante.

Pasé la mayor parte del año en cama o sin poder salir de casa. Me leí aproximadamente seis toneladas de cómics, di el salto a Tom Swift y Dave Dawson (un aviador, héroe de la Segunda Guerra Mundial, que siempre «arañaba las alturas») y progresé hasta Jack London y sus relatos escalofriantes sobre animales. A partir de cierto punto empecé a escribir mis propios cuentos. La imitación precedió a la creación: copiaba en la libreta cómics de *Combat Casey*, sin cambiar ni una coma, y si me parecía oportuno añadía descripciones de cosecha propia. Era capaz de escribir: «Estaban acampados en las jolinas.» Todavía tardé uno o dos años en descubrir que «jolines» y «colinas» eran palabras diferentes. Me acuerdo de que en la misma época creía que una puta era una mujer altísima. Un hijo de puta tenía condiciones para jugar a baloncesto. A los seis años, todavía están revueltas casi todas las bolas del bingo.

Un día le enseñé a mi madre uno de mis híbridos, y le encantó. Recuerdo una sonrisa un poco sorprendida, como si le pareciera increíble tener un hijo tan listo. ¡Caray, si prácticamente era un superdotado! Yo nunca le había visto poner aquella cara (al menos por mí), y me entusiasmó.

Me preguntó si lo había inventado, y no tuve más remedio que reconocer que había copiado la mayor parte de un cómic. La cara de decepción que puso mi madre hundió mi gozo en un pozo. Me devolvió la libreta y dijo:

—Escribe tú uno, Stevie. Los cómics de *Combat Casey* no valen nada. Se pasa el día partiéndole la cara a la gente. Escribe uno tú.

8

Recuerdo haber acogido la idea con la sensación abrumadora de que abría mil posibilidades, como si me hubieran dejado entrar en un edificio muy grande y con muchas puertas cerradas, dándome permiso para abrir la que quisiera. Pensaba (y sigo pensando) que había tantas puertas que no bastaba una vida para abrirlas todas.

Acabé por escribir un cuento sobre cuatro animales mágicos que iban en un coche viejo ayudando a los niños. El jefe, y conductor del automóvil, era un gran conejo blanco. El cuento constaba de cuatro páginas escritas a lápiz con mucho trabajo, y que yo recuerde no describía ningún salto desde el tejado del hotel Graymore. Después de acabarlo se lo di a mi madre, y ella se sentó en la sala, dejó en el suelo su libro de bolsillo y leyó el cuento entero.

Vi que le gustaba, porque se reía donde había que reírse, pero no supe si lo hacía por amor a su hijo, para que estuviera contento, o porque el cuento era bueno.

—¿Este no es copiado? —preguntó al acabar.

Dije que no. Ella comentó que merecía publicarse. Desde entonces no me han dicho nada que me haya hecho tan feliz. Escribí otros cuatro cuentos sobre el conejo blanco y sus amigos. Mi madre me los pagaba a veinticinco centavos y se los mandaba a sus cuatro hermanas, que a mi juicio le tenían cierta lástima. Claro, ellas aún estaban casadas. No las habían abandonado. Cierto que el tío Fred no tenía mucho sentido del humor y estaba obsesionado con el cofre de su coche, y que el tío Oren bebía un poco demasiado y tenía teorías ligeramente sospechosas sobre el dominio del mundo por los judíos, pero al menos estaban en casa. En cambio Ruth, abandonada por Don, se había quedado sola con un bebé. Quería demostrar que al menos era un bebé con talento.

Cuatro cuentos. A veinticinco centavos cada uno. Fue el primer dólar que gané en la profesión.

9

Nos mudamos a Stratford, en Connecticut. Entonces yo ya iba en segundo y suspiraba por la hija adolescente de los vecinos, que era una monada. De día ni me miraba, pero de noche, cuando me dormía, huíamos constantemente del mundo cruel de la realidad. Mi nueva profesora era la señora Taylor, una mujer muy amable con el pelo gris como Elsa Lanchester en *La novia de Frankenstein*, y ojos saltones. Decía mi madre:

—Siempre que hablo con la señora Taylor me dan ganas de aguantarle los ojos para que no se le caigan.

Nuestro nuevo departamento, también en un tercer piso, estaba en West Broad Street. A una manzana, bastante cerca de Teddy's Market y enfrente de Burrets Building Materials, había un terreno enorme que hacía pendiente, un verdadero bosque con un depósito de chatarra al fondo y una vía de tren cortándolo en dos. Es uno de los lugares adonde siempre regresa mi imaginación, una presencia recurrente en mis novelas y cuentos, aunque le cambie el nombre. Los niños de *It* lo llaman «los Barrens». Nosotros lo llamábamos «la selva». La primera vez que lo exploramos Dave y yo fue al poco tiempo de mudarnos. Era verano y hacía calor. En plena exploración de los misterios verdes de aquel terreno de juego, nuevo y fresco, me dieron unas ganas irreprimibles de evacuar.

—¡Dave —dije—, vamos a casa, que tengo que empujar! —era el nombre que le habíamos puesto a aquella actividad.

Dave no quiso saber nada.

—Hazlo en el bosque —dijo.

Nuestro domicilio estaba a media hora o más, y Dave no tenía ninguna intención de renunciar a un momento tan esplendoroso sólo porque su hermano pequeño tuviera que cagar.

—¡No puedo! —repuse, indignado por la idea—. ¡No hay papel!

—Da igual. Límpiate con hojas. Es lo que hacen los vaqueros y los indios.

De todos modos ya debía de ser demasiado tarde para volver a casa. Mi impresión es que no me quedaba alternativa. Además, me encantaba la idea de cagar como los vaqueros. Ni corto ni perezoso, adopté el papel de Hopalong Cassidy de cuclillas entre los arbustos con la pistola en la mano, para que no me tomaran desprevenido en un momento tan íntimo. Acto seguido hice mis necesidades y, siguiendo las indicaciones de mi hermano, me limpié el culo escrupulosamente con puñados de hojas lustrosas y verdes. Resultaron ser ortigas.

A los dos días tenía todo rojo como un tomate, desde detrás de las rodillas a los omóplatos. Mi pene se salvó, pero mis testículos se convirtieron en dos semáforos. Tenía la sensación de que me escocía el trasero hasta la caja torácica, pero lo peor era la mano que había usado para limpiarme: se hinchó como la de Mickey Mouse después de haberle dado un martillazo el pato Donald, y en la unión de los dedos aparecieron ampollas gigantescas. Al abrirse dejaron círculos rosados de carne. Me pasé seis semanas tomando baños de asiento en agua tibia con almidón, sintiéndome deprimido, humillado y estúpido y oyendo reír a mi madre y mi hermano al otro lado de la puerta, mientras escuchaban la radio y jugaban cartas.

10

Dave era muy buen hermano, pero demasiado listo para alguien de diez años. Siempre lo metía en líos su cerebro, y llegó el día (probablemente después de mi limpieza de culo con ortigas) en que se dio cuenta de que el hermanito Stevie solía dejarse arrastrar al ojo del huracán cuando soplaban vientos problemáticos. Dave no era delator ni cobarde, y nunca me pidió cargar con toda la culpa de sus meteduras de pata (que solían ser brillantes), pero en varias ocasiones sí me pidió compartirla. Creo que esa fue la razón de que pasáramos los dos un mal rato cuando Dave construyó una presa en el arroyo de la selva e inundó el tramo inferior de West Broad Street. La idea de repartir las culpas también explica que compartiéramos el riesgo de matarnos durante la ejecución de su trabajo, potencialmente letal, para la clase de ciencias.

Debió de ser en 1958. Yo iba a la Center Grammar School, y Dave a Stratford Junior High. Mamá tenía un empleo en la lavandería de Stratford, donde era la única mujer blanca que trabajaba en el rodillo; que es lo que hacía (meter sábanas en el rodillo) cuando Dave construyó su proyecto científico. Mi hermano mayor no era un niño que se contentara con dibujar esquemas o fabricarse una Casa del Futuro con piezas de plástico y cilindros de papel de baño pintados. Dave apuntaba a las estrellas. Su proyecto de aquel año era «el Superelectroimán de Dave». Mi hermano era muy aficionado a todo lo súper, y a todo lo que contuviera su nombre; preferencia que culminó con la revista Dave's Rag, como explicaré en breve.

La primera prueba del Superelectroimán no fue muy súper; de hecho es posible que no funcionara, aunque no estoy seguro. Lo que puedo asegurar es que procedía de un libro, no de la mente de Dave. La idea era la siguiente: imantar un clavo grande frotándolo con un imán normal. Según el libro, la carga

35

magnética conferida al clavo sería débil, pero suficiente para recoger unas cuantas limaduras de metal. Después de hacer el experimento, había que enrollar un hilo de cobre al clavo y unir las puntas del hilo a los polos de una batería. El libro aseguraba que la electricidad aumentaría el magnetismo, para poder atraer más limaduras.

Pero Dave no estaba dispuesto a limitarse a algo tan ridículo como unos trocitos de metal. Él quería levantar Buicks, vagones de tren y hasta aviones de carga. Quería mover al mundo en su órbita.

¡Bum! ¡Súper!

Cada uno tenía asignado un papel en la creación del Superelectroimán. El mío sería probarlo.

La nueva versión del experimento hecha por Dave se saltaba la humilde batería a favor del enchufe. Mi hermano cortó el cable de una lámpara vieja que alguien había dejado en la acera con el resto de la basura, lo peló hasta el enchufe y enrolló el cable pelado en el clavo. Luego se sentó en el suelo de la cocina de nuestro piso de West Broad Street, me hizo entrega del Superelectroimán y me pidió que lo enchufara en cumplimiento de mi parte.

Yo (dicho sea en mi defensa) vacilé, pero al final el entusiasmo obsesivo de Dave fue imposible de contrarrestar y enchufé el cable. No se apreció ningún magnetismo, pero el dispositivo tuvo otro efecto: hacer saltar todas las luces y aparatos eléctricos del piso, todas las luces y aparatos eléctricos del edificio y todas las luces y aparatos eléctricos del edificio de al lado (en cuya planta baja vivía la chica de mis sueños). En el transformador de la calle explotó algo, y acudieron varios policías. Dave y yo pasamos una hora horrible mirando por la ventana del dormitorio de nuestra madre, que era la única que daba a la calle. (Las demás ofrecían hermosas vistas del patio trasero, baldío y sembrado de cacas, donde el único ser vivo era un perro sarnoso que se llamaba *Roop-Roop*.) Al marcharse la poli llegaron los técnicos en camioneta. Uno, que llevaba zapatos de clavos, se subió al poste que había entre los dos edificios para inspeccionar el transformador. En otras circunstancias el espectáculo habría absorbido toda nuestra atención, pero ese día no. Ese día sólo pensábamos en cuando viniera nuestra madre y nos metiera en el reformatorio. Al final volvió la luz y se marchó la camioneta. No nos descubrieron, y sobrevivimos. Dave decidió que era mejor cambiar el Superelectroimán por un Superplaneador. Me dijo que me correspondía pilotar el primer vuelo. ¿No sería emocionante?

11

Nací en 1947, pero no tuvimos tele hasta 1958. Lo primero que recuerdo haber visto es *Robot Monster*, una película donde un individuo con traje de mono y pecera en la cabeza (llamado Ro-Man) se pasaba el día intentando matar a los últimos supervivientes de una guerra nuclear. Me pareció arte de una calidad bastante elevada.

También vi *Highway Patrol*, con Broderick Crawford como el intrépido Dan Matthews, y *One Step Beyond*, presentado por John Newland, dueño de la mirada más terrorífica de la historia. Pasaban *Cheyenne, Sea Hunt, Your Hit Parade* y *Annie Oakley*. Salía Tommy Rettig interpretando al primer amigo de los muchos que tuvo Lassie, Jock Mahoney haciendo de *The Range Rider* y Andy Devine diciendo «¡Espérame, Wild Bill!» con esa voz de pito que tenía, tan rara. Era un mundo de aventuras vicarias, en blanco y negro, pantalla de catorce pulgadas y anuncios de una serie de marcas que siguen sonándome a pura poesía. A mí me gustaba todo.

De todos modos, la aparición de la tele en el domicilio de los King fue relativamente tardía, de lo cual me alegro. Pensándolo bien, pertenezco a un grupo bastante selecto: el de la última promoción de novelistas estadounidense que aprendieron a leer y escribir antes que a tragarse su ración diaria de basura visual. Quizá no sea importante, aunque también es verdad que un escritor en ciernes puede hacer cosas mucho peores que pelar el cable de la televisión, enrollarlo en un clavo y volver a meterlo en el enchufe. A ver qué explota, y hasta dónde.

Nada, ideas mías.

12

A finales de los años cincuenta, un agente literario y coleccionista compulsivo de objetos relacionados con la ciencia ficción, Forrest J. Ackerman, les cambió la vida a millares de niños (yo entre ellos) con la aparición de una revista titulada *Famous Monsters of Filmland*. Cualquier persona que haya tenido algo que ver con el género fantástico, de terror o de ciencia ficción durante los últimos treinta años, y a quien se le pregunte por la mencionada publicación, contestará con una risa, un brillo en la mirada y un torrente de recuerdos felices. Puedo poner la mano en el fuego.

Hacia 1960, Forry (quien se refería a veces a sí mismo como «Ackermonster») creó *Spacemen*, una revista efímera pero interesante cuyo tema eran las películas de ciencia ficción. En 1960 mandé un cuento, mi primer envío a una publicación, si no me falla la memoria. Se me ha olvidado el título, pero aún estaba en mi fase de desarrollo Ro-Man, y no me cabe duda de que el cuento reflejaba una deuda clarísima hacia el mono asesino con cabeza de pecera.

Me lo rechazaron, pero Forry se lo quedó. (Forry se lo queda absolutamente todo, como puede corroborar cualquier persona que haya visitado su casa, la Ackermansión.) Unos veinte años después, durante una sesión de autógrafos en una librería de Los Ángeles, apareció Forry en la fila... con mi cuento, redactado a un espacio con la máquina de escribir Royal que me regaló mi madre en Navidad al cumplir once años (máquina de la cual hace tiempo que no quedan vestigios). Quería que se lo firmara, y supongo que lo hice, aunque fue un encuentro tan surrealista que no puedo estar seguro. Para que hablen luego de fantasmas. Habrá que ver.

13

Mi primer cuento publicado (esta vez sí) apareció en un fanzine de terror dirigido por Mike Garrett, de Birmingham (Alabama). (Mike sigue en activo, y en el mismo sector.) Publicó el relato con el título «In a Half-World of Terror», pero sigo prefiriendo el mío por mucho. Le había puesto «I Was a

Teen-Age Graverobber» («Fui un ladrón de cadáveres adolescente»). ¡Súper! ¡Bum!

14

Mi primera idea original para un cuento, original de verdad (yo creo que siempre se sabe reconocer), se me ocurrió hacia el final de los ocho años de reinado benévolo de Eisenhower. Estaba sentado delante de la mesa de la cocina de nuestra casa de Durham, viendo a mi madre pegar hojas de sellos verdes en un álbum. (Eran los «S&H Green Stamps», unos puntos que acompañaban a determinados productos y podían canjearse por premios; para otras anécdotas pintorescas sobre ellos, léase *The Liars' Club*.) Nuestra pequeña troika familiar había vuelto a instalarse en Maine, a fin de que mamá pudiera cuidar a sus padres en el ocaso de sus vidas. La abuela andaba sobre los ochenta años y era obesa e hiperactiva, pese a estar casi ciega. El abuelo tenía ochenta y dos y era un hombre escuálido, taciturno y propenso a arranques vocales esporádicos en el mejor estilo del pato Donald, que sólo entendía mi madre. Mamá lo llamaba «Fazza».

Le habían dado el trabajo sus hermanas, quizá con la esperanza de matar dos pájaros de un tiro: los abuelos gozarían de un entorno acogedor y los cuidados de una hija afectuosa, y quedaría resuelto el eterno, acuciante «problema» de Ruth. Adiós a su trashumancia de madre de dos hijos viajando sin rumbo entre Indiana, Wisconsin y Connecticut, haciendo pasteles a las cinco de la mañana o planchando sábanas en una lavandería donde las temperaturas veraniegas rebasaban con frecuencia los 43 grados, y donde el jefe, de julio hasta finales de septiembre, repartía pastillas de sal a la una y las tres.

Yo creo que mamá aborrecía su nuevo empleo. Queriendo cuidarla, sus hermanas sólo consiguieron convertir a una madre autosuficiente, divertida y un poco loca en una simple granjera corta de fondos. La mensualidad que le mandaban cubría la comida, pero poco más. A los niños nos enviaban cajas de ropa. Cada año, hacia el final de verano, el tío Clayt y la tía Ella (a quienes creo recordar que no nos ligaba ningún parentesco real) traían cajas llenas de conservas. La casa donde vivíamos pertenecía a los tíos Ethelyn y Oren. En cuanto se instaló, mamá cayó en la trampa. A la muerte de sus padres consiguió otro empleo, pero siguió viviendo en la misma casa hasta que se la llevó el cáncer. Tengo la impresión de que en su última partida de Durham (durante las últimas semanas de su enfermedad la cuidaron David y su mujer Linda) ya no veía la hora de marcharse.

15

Si no hay objeción, me gustaría aclarar algo lo antes posible. No hay ningún Depósito de Ideas, Central de Relatos o Isla de los Bestsellers Enterrados. Pareciera que las buenas ideas narrativas surgen de la nada, planeando hasta aterrizar en la cabeza del escritor: de repente se juntan dos ideas que no habían tenido ningún contacto y procrean algo nuevo. El trabajo del narrador no es encontrarlas, sino reconocerlas cuando aparecen.

El día del aterrizaje de la idea a la que me he referido (la primera interesante), mi madre hizo el comentario de que necesitaba seis álbumes de sellos más para conseguir una lámpara (que era el regalo de Navidad que quería darle a su hermana Molly), pero que le parecía que no tendría tiempo. Dijo:

—Bueno, ya se la regalaré para el cumpleaños. Estos andrajos siempre hacen mucho bulto, pero luego los pegas y nada.

Bizqueó a propósito, me sacó la lengua y vi que la tenía verde de tanto pegar sellos. Entonces pensé que estaría muy bien poder fabricarlos en el sótano de casa. Había nacido el relato «Happy Stamps». Lo crearon al instante la ocurrencia de falsificar Green Stamps en el sótano y la imagen de la lengua verde de mi madre.

El protagonista de mi relato era el típico desgraciado, un tal Roger que ya había ido dos veces a la cárcel por falsificar dinero. Un día empieza a falsificar sellos «Happy Stamps» en lugar de dinero… hasta que descubre que el dibujo es de una sencillez tan necia que en realidad no los falsifica, sino que crea cantidades industriales de sellos auténticos. En una escena divertida (probablemente la primera que he escrito con un poco de oficio), Roger y su anciana madre, ambos sentados en la sala, sueñan con el catálogo de Happy Stamps, mientras en el sótano trabaja la imprenta escupiendo fajos y fajos.

—¡Jesús bendito! —dice la madre—. Según la letra pequeña, Roger, con estos sellos se puede tener de todo. Les dices lo que quieres y calculan los álbumes que hace falta para conseguirlo. ¡Fíjate! ¡Con seis o siete millones de álbumes, hasta podríamos tener una casa en las afueras!

Por desgracia, Roger descubre que en sí los sellos son perfectos, pero que el pegamento es defectuoso. Mojándolos con la lengua se enganchan bien al álbum, pero pasándolos por un humedecedor mecánico pasan de ser rosas a azules. Al final del relato, Roger está en el sótano delante de un espejo. Tiene detrás una mesa con unos noventa álbumes completos, todos con los sellos pegados con la lengua. Nuestro héroe tiene los labios rosas. Asoma la lengua y todavía está más rosa. Hasta empiezan a ponérsele rosa los dientes. La madre lo llama desde arriba y, con gran alegría, le explica que acaba de hablar por teléfono con el centro de canje y que una señora le ha dicho que por 11,600,000 álbumes es casi seguro que podrían conseguir una casa de estilo Tudor en Weston.

—Muy bien, mamá —dice Roger.

Se observa un poco más en el espejo, con los labios rosa y una mirada de angustia, y vuelve lentamente hacia la mesa. Tiene detrás varios botes con miles de millones de sellos rebosando. Poco a poco, nuestro héroe abre un álbum nuevo y empieza a lamer hojas y pegarlas. Sólo quedan 11,590,000 álbumes, piensa al final del relato. Entonces mamá podrá tener su casa.

La historia tenía puntos débiles (el peor, probablemente, que Roger no cambie de pegamento), pero era simpática y bastante original, y fui consciente de haber conseguido algunas páginas bien escritas. Después de muchas horas estudiando el mercado en mi *Writer's Digest* hecho polvo, envié «Happy Stamps» a *Alfred Hitchcock's Mystery Magazine*. Volvió a las tres semanas con una nota estándar de devolución, donde figuraba el perfil inconfundible de Alfred Hitchcock impreso en tinta roja y un texto breve deseándome suerte con el cuento. También había un mensaje escrito a mano y sin firmar, que es la única respuesta personal que recibí del AHMM en más de ocho años de envíos periódicos. «No engrapar los originales —rezaba la posdata—. Lo correcto es enviar las páginas sueltas con clip.» Me pareció un consejo bastante frío, pero no carecía de utilidad. Desde entonces no he vuelto a engrapar ningún original.

16

Mi habitación de la casa de Durham estaba en el piso de arriba, siguiendo la pendiente del tejado. De noche me acostaba en la cama, con la cabecera en la parte más baja (o sea, que si me levantaba de repente me exponía a un buen chichón) y leía a la luz de una lámpara flexible que proyectaba en el techo una sombra muy graciosa, en forma de boa constrictor. Algunas noches no se oía nada en toda la casa excepto el murmullo de la caldera y el ruido de las ratas correteando en el desván. Otras, mi abuela se pasaba una hora (la más cercana a las doce) gritando para que fueran a ver si había comido *Dick*. Era su caballo de cuando trabajaba de maestra, y hacía al menos cuarenta años que había muerto. Yo tenía un escritorio al otro lado de la habitación, con mi vieja máquina de escribir Royal y un centenar de libros de bolsillo (casi todos de ciencia ficción) alineados contra el zoclo. Encima de la cómoda tenía la Biblia que me habían regalado por recitar unos versículos de memoria, y un tocadiscos Webcor con cambiador automático y plato verde aterciopelado. Era donde ponía mis discos, casi todos singles de Elvis, Chuck

Berry, Freddy Cannon y Fats Domino. Fats me gustaba mucho; tenía ritmo y se notaba que se divertía.

Al recibir la nota de rechazo del AHMM, clavé un clavo en la pared de encima del Webcor, escribí «Happy Stamps» en la nota y la enganché en el clavo. Después me senté en la cama y puse «I'm ready», de Fats. La verdad es que estaba bastante contento. A la edad en que todavía no hay que afeitarse, el optimismo es una respuesta perfectamente legítima al fracaso.

Cuando tuve catorce años (y me afeitaba dos veces por semana, hiciera o no falta), el clavo de mi pared ya no aguantaba el peso de todas las notas de devolución que había ido acumulando. Lo sustituí por uno más largo y seguí escribiendo. A los dieciséis ya había recibido algunas notas con mensajes a mano un poco más alentadores que el consejo de no engrapar y usar clips. La primera de las notas esperanzadoras era de Algis Budrys, a la sazón director de *Fantasy and Science Fiction*, que leyó un cuento mío titulado «La noche del tigre» (creo que inspirado en un episodio de *El fugitivo* donde el doctor Richard Kimble trabaja en un zoológico o un circo limpiando jaulas) y escribió: «El cuento es bueno. No está en nuestra línea, pero es bueno. Tiene usted talento. Envíenos más cosas.»

Sólo eran cuatro frases cortas garabateadas con una pluma que manchaba mucho, pero alegraron el triste invierno de mis dieciséis años. Unos diez años más tarde, cuando ya había vendido un par de novelas, descubrí «La noche del tigre» en una caja de originales viejos y consideré que seguía siendo un relato muy digno, aunque se notara que lo había escrito un principiante. Entonces lo reescribí y me di el capricho de volver a enviarlo a *F&SF*. Esta vez lo aceptaron. He observado que, cuando ya has tenido un poco de éxito, las revistas recurren bastante menos a la fórmula «No está en nuestra línea».

17

Mi hermano se aburría en la preparatoria, y eso que tenía un año menos que el resto de la clase. Parte de su aburrimiento se debía a sus capacidades intelectuales (tenía un coeficiente entre 150 y 160), pero yo creo que el motivo principal era su carácter inquieto. La preparatoria no le parecía bastante súper. Faltaba chispa, sorpresa, diversión. Lo solucionó (al menos de manera temporal) inventándose una revista y titulándola *Dave's Rag*, «el periodicucho de Dave».

La redacción era una mesa instalada en el sótano, territorio infestado de arañas donde el suelo era de tierra y las paredes de piedra picada. Estaba entre la caldera y la despensa donde guardábamos amontonadas las cajas de conservas de Clayt y Ella. *Dave's Rag* era una combinación peculiar de noticias familiares y revista quincenal de pueblo. A veces, si a Dave lo absorbían otros intereses (hacer azúcar con jarabe de maple, hacer sidra, construir cohetes o instalar accesorios en coches, por poner algunos ejemplos), la revista adoptaba una periodicidad mensual; entonces circulaban bromas, para mí incomprensibles, sobre que a Dave se le retrasaba la regla.[1]

Al margen de los chistes, poco a poco fue aumen-

1. Una de las acepciones de *rag*, en registro coloquial, es «regla». (*N. del T.*)

tando el tiraje, que pasó de unos cinco ejemplares (vendidos a la parentela) a cincuenta o sesenta. Nuestra familia, y la de los vecinos del pueblo (en 1962 Durham tenía unos novecientos habitantes), ya aguardaban su aparición con verdadera impaciencia. Un número representativo podía contener noticias sobre la pierna rota de Charley Harrington, los oradores invitados que acudirían a la iglesia metodista, la cantidad de agua que sacaban de la bomba del pueblo los hijos de la señora King para que no se vaciara el pozo de detrás de la casa (claro que daba igual el agua que lleváramos, porque el muy jodido se secaba cada verano), quién visitaba a los Brown o los Hall y quién esperaba la visita veraniega de algún familiar. Dave también publicaba secciones de deportes, pasatiempos, información meteorológica («la temporada está siendo muy seca, pero dice el granjero Harold Davis, vecino nuestro, que como en agosto no llueva como Dios manda, aunque sea una vez, sonreirá y le dará un beso a un cerdo».), recetas, un relato en entregas (escrito por mí) y los chistes de Dave, con auténticas perlas.

En su primer año de vida, la letra de *Dave's Rag* era violeta, porque se imprimía en una placa de gelatina que recibía el nombre de hectógrafo. Mi hermano, sin embargo, no tardó en llegar a la conclusión de que el hectógrafo era una lata. Le parecía demasiado lento. Hasta de pequeño, con pantalones cortos, Dave no soportaba las interrupciones. Cada vez que Milt, el novio de nuestra madre («más cariñoso que listo», me dijo un día mamá, meses después de quitárselo de encima), se quedaba parado en un embotellamiento o un semáforo, Dave asomaba la cabeza desde el asiento trasero del Buick de Milt y exclamaba:

—¡Pasa por encima, tío Milt!

De adolescente, el tiempo que había que esperar para que «se refrescara» el hectógrafo entre página y página (proceso durante el cual la tinta se deshacía hasta quedarse pegada a la gelatina en forma de membrana violeta, como la sombra de un manatí) ponía a Dave frenético. También tenía muchas ganas de incluir fotos. Era buen fotógrafo, y a los dieciséis años ya revelaba solito. Montó un cuarto oscuro en un clóset, de cuyo minúsculo interior, con peste a productos químicos, salían fotos que en muchas ocasiones sorprendían por su claridad y su composición. (El retrato de la contraportada de *Posesión*, donde aparezco con un ejemplar de la revista que contiene mi primer relato publicado, lo hizo Dave con una Kodak vieja y lo reveló en el taller del clóset.)

Además de las frustraciones que acabo de referir, el ambiente insalubre del sótano hacía que las placas de gelatina del hectógrafo tuvieran tendencia a incubar y alimentar colonias de una especie de esporas muy raras, aunque a diario, después de la sesión de imprenta, tomáramos la precaución de tapar el puñetero y tortuguil aparato. El lunes podía presentar un aspecto perfectamente normal, y el fin de semana haberse convertido en algo digno de un cuento de terror de H. P. Lovecraft.

En Brunswick, que era donde iba a la preparatoria, Dave encontró una tienda donde vendían una imprenta pequeña de tambor. Funcionaba… más o menos. El original se redactaba a máquina en un papel especial que vendían en una tienda de material de oficina del pueblo al precio de 99 centavos por hoja. La tarea de mecanógrafo solía recaer en mí, porque escribía a máquina con menos errores. Las hojas especiales se enganchaban al tambor de la imprenta, se embadurnaban con la tinta más apestosa del mundo y ¡a dar vueltas a la manivela hasta que se te cayera el brazo! En dos noches conseguíamos el mismo resultado que en una semana de hectógrafo, y aunque la imprenta fuera una porquería no parecía infectada por ninguna enfermedad mortal. *Dave's Rag* ingresó en su breve edad de oro.

18

Mi interés por el proceso de impresión era escaso, y nulo el que me inspiraban los misterios del revelado y posterior reproducción de fotografías. Mis aficiones tampoco englobaban la instalación de accesorios automovilísticos, la elaboración de la sidra o la puesta en práctica de una fórmula determinada con el objetivo de averiguar si era capaz de enviar un cohete de plástico a la estratosfera. (Por lo general no conseguían llegar ni al otro lado de la casa.) Entre 1958 y 1966, mi gran pasión fue el cine.

Cuando los cincuenta cedieron el paso a los sesenta, cerca de Durham sólo había dos salas, ambas en Lewiston. La de estreno era el Empire, donde pasaban películas de Walt Disney, superproducciones bíblicas y musicales con cuerpos de baile de aspecto irreprochable danzando y cantando en formato panorámico. Si me llevaba alguien, iba (porque bueno, una película siempre era una película), pero no acababan de gustarme. Eran aburridamente saludables. Y previsibles. Durante la proyección de *Tú a Boston y yo a California*, mi mayor deseo era que Hayley

Mills se encontrara con el Vic Morrow de *Semilla de maldad*. ¡Al menos habría animado un poco el ambiente! Intuía que la navaja de Vic, y su mirada penetrante, habrían dado a Hayley una perspectiva más sensata sobre sus insignificantes problemas domésticos. De noche, en mi cama de debajo del tejado, mientras oía el viento entre los árboles o las ratas correteando en el desván, no soñaba con Debbie Reynolds, Tammy o Sandra Dee haciendo de Gidget, sino con Yvette Vickers en *Attack of the Giant Leeches* (*El ataque de las sanguijuelas gigantes*) o Luana Anders en *Dementia 13*. A mí que no me vinieran con ñoñerías, mensajes optimistas y Blancanieves y los siete enanos. A los trece años quería monstruos que devoraran ciudades, cadáveres radiactivos salidos del mar comiéndose a los surfistas y chicas de aspecto barriobajero y brasier negro.

Películas de terror, de ciencia ficción, historias de pandilleros, de perdedores en moto... Lo que me mocionaba era eso. Y no había que buscarlo en el Empire, que estaba en la parte alta de Lisbon Street, sino en el otro extremo, en el Ritz, entre las casas de empeño y a poca distancia de Louie's Clothing, donde me compré las primeras botas beatle en 1964. La distancia entre mi casa y el Ritz era de veinte kilómetros, y durante ocho años, entre 1958 y 1966 (año en que obtuve la anhelada licencia), pedí aventón casi cada semana. A veces me acompañaba mi amigo Chris Chesley, pero no siempre. Yo sólo fallaba por causas mayores, como estar enfermo. Fue en el Ritz donde vi *I Married a Monster from Outer Space*, con Tom Tryon, *The Haunting*, con Claire Bloom y Julie Harris, y *Los ángeles del infierno*, con Peter Fonda y Nancy Sinatra. También vi a Olivia de Havilland sacándole los ojos a James Caan con un par de cuchillos improvisados (era *Lady in a Cage*), vi a Joseph Cotten resucitando en *Canción de cuna para un cadáver*, y el suspenso de ver si Allison Hayes seguía creciendo hasta romper toda la ropa (en *Attack of the 50 Ft. Woman*) me dejó sin respiración (pero no sin interés lúbrico). El Ritz ofrecía todo lo bueno de la vida. Era cuestión de sentarse en la tercera fila, permanecer atento y no parpadear en el momento equivocado.

A Chris y a mí nos gustaban todas las películas de terror, pero sentíamos debilidad por aquella serie de la Universal con títulos de Edgar Allan Poe y Roger Corman de director. Prefiero no decir «inspirada» en Edgar Allan Poe, porque apenas contienen nada relacionado con los relatos y poemas del escritor. (Con *El cuervo* hicieron una comedia, y no es broma.) A pesar de ello, las mejores de la tanda (*The Haunted Palace*, *The Conqueror Worm*, *La máscara de la muerte roja*) se distinguían por un clima alucinógeno de misterio. Chris y yo teníamos un nombre para calificarlas, convirtiéndolas en un género aparte. Había westerns, películas de amor, de guerra... y «películas de Poe».

—¿No quieres ir al cine el sábado por la tarde? —preguntaba Chris—. ¿Pedimos aventón y vamos al Ritz?

—¿Qué proyectan? —preguntaba yo.

—Una de motos y una de Poe —contestaba él.

El programa, huelga decirlo, parecía hecho a mi medida. Bruce Dern alucinando en una Harley, y Vincent Price igual de alucinado pero en un castillo encantado a la orilla de un mar tumultuoso. ¿Se le podía pedir más a la vida? Con suerte, hasta salía Hazel Court con camisón escotado de encaje.

Entre todas las «películas de Poe», la que nos causó una impresión más honda fue *El péndulo de la muerte*, con guión de Richard Matheson, formato panorámico y en tecnicolor. (En 1961, el año de su estreno, aún predominaban las películas de terror en blanco y negro.) Era una película que partía de ingredientes góticos clásicos, pero que los convertía en algo especial. Es muy posible que fuera la última película buena de terror hecha por un gran estudio antes de que apareciera George Romero con una producción independiente muy violenta, *La noche de los muertos vivientes*, e introdujera cambios irreversibles en el género (algunos para bien y la mayoría para mal). La mejor escena, la que nos dejó tiesos a Chris y a mí en las butacas, era la de John Kerr excavando el muro del castillo y descubriendo el cadáver de su hermana, enterrada, cómo no, viva. No se me ha olvidado el primer plano del cadáver rodado con un filtro rojo y un objetivo deformante que alargaba la cara, figurando un grito silencioso y estremecedor.

Durante el largo regreso (si tardaba mucho en que alguien te diera aventón podías llegar a caminar seis o siete kilómetros y llegar a casa de noche) tuve una idea fabulosa: ¡hacer un libro a partir de *El péndulo de la muerte*! La novelizaría siguiendo el ejemplo de Monarch Books, que habían editado libros sobre clásicos tan inmortales del cine como *Jack the Ripper*, *Gorgo* y *Konga*. ¡Pero atención, que no pensaba limitarme a redactar mi obra maestra! ¡También la imprimiría en la imprenta del sótano, para venderla en el colegio! ¡Qué gran idea!

Dicho y hecho. Con la minuciosidad y la paciencia que me granjearían futuros elogios de la crítica, elaboré mi versión novelesca de *El péndulo de la muerte* en dos días, escribiendo directamente en las hojas especiales que servían para imprimir. No ha sobrevivido ningún ejemplar de tan singular obra maestra (al menos que yo sepa), pero creo que constaba de ocho páginas a un solo espacio y los párrafos estrictamente imprescindibles (recuérdese que cada hoja costaba 99 centavos). Imprimí por los dos lados, como en un libro normal, y añadí una carátula con el dibujo rudimentario de un péndulo goteando manchas negras (y la esperanza de que pareciera sangre). En el último momento me di cuenta de que se me había olvidado hacer constar la editorial. Entonces mecanografié las palabras «A V.I.B. BOOK» en la esquina derecha de la carátula. V.I.B. significaba «Very Important Book» (Libro Muy Importante).

Hice una tirada de unos cuarenta ejemplares, y en mi feliz inconsciencia ni se me ocurrió estar infringiendo ninguna ley sobre plagio y derechos de autor. Casi toda mi actividad mental estaba enfocada en el dinero que ganaría si *El péndulo de la muerte* tenía éxito en la escuela. Las hojas de imprenta me habían costado 1.71 dólares (me parecía un derroche espantoso gastar una hoja entera sólo para la página del título, pero llegué a la dolorosa conclusión de que había que cuidar la imagen, saltar a la palestra guardando las formas); el papel, más o menos 50 centavos, y las grapas nada porque eran robadas a mi hermano. (Una cosa era tener que enviar los cuentos a las revistas con clip, y otra un libro de verdad, cosa seria.) Tras honda reflexión, decidí que V.I.B. #1, *El péndulo de la muerte*, de Stephen King, se comercializaría al precio de 25 centavos. Calculé que podía vender diez ejemplares (el primero a mi madre, que no me fallaría), es decir, que sacaría dos dólares y medio. Los beneficios netos quedarían en 40 centavos, lo suficiente para financiar otro viaje educativo al Ritz. Si vendía dos más podría comprarme una bolsa grande de palomitas y una coca-cola.

El péndulo de la muerte se convirtió en mi primer bestseller. Fui la escuela con toda la tirada en la mochila (en 1961 debía de ir en segundo de secundaria, en un edificio nuevo de cuatro aulas), y a mediodía ya llevaba vendidas dos docenas. Al final de la hora de comer, cuando ya había corrido la voz sobre el cadáver enterrado en la pared («Contemplaron horrorizados los huesos de las puntas de los dedos, comprendiendo que había muerto escarbando frenéticamente para salir»), eran tres las docenas. Sentía el peso de nueve dólares en monedas al fondo de mi mochila (donde estaba escrita casi toda la letra de *The Lion Sleeps Tonight*) y caminaba como en sueños, sin poder digerir mi repentino ascenso a tales y tan insospechadas cumbres de riqueza. Parecía demasiado bueno para ser verdad.

Efectivamente. Al final de la última clase, que acababa a las dos, me llamaron al despacho del director, y ahí me dijo que no podía usar la escuela de mercado, y menos (dijo la señorita Hisler) vendiendo porquerías como *El péndulo de la muerte*. Me sorprendió muy poco su actitud. La señorita Hisler era la maestra del colegio donde había hecho yo quinto y sexto de primaria (una sola aula, en Methodist Corners), época en que me había sorprendido leyendo una novela de adolescentes rebeldes bastante sensacionalista (*Hijos de la calle*, de Irving Shulman) y me la había quitado. Se repetía la situación, y me enfadé conmigo mismo por no haberlo previsto. Había metido la pata hasta el fondo.

—Lo que no entiendo, Stevie —dijo ella—, es que escribas esta basura. Tú escribes bien. ¿Por qué desaprovechas tus facultades?

La señorita Hisler había hecho un tubo con un ejemplar de V.I.B. #1, y lo movía de tal manera que parecía que hubiera doblado un periódico y estuviera regañando al perro por haberse meado encima de la alfombra. Esperaba una respuesta (la pregunta, dicho sea en su descargo, no era del todo retórica), pero yo no supe qué decir. Estaba avergonzado. Desde entonces he pasado muchos años (creo que demasiados) avergonzándome de lo que escribía. Me parece que hasta los cuarenta no entendí que casi todos los escritores de novelas, cuentos o poesía de quienes se ha publicado siquiera una línea han sufrido alguna u otra acusación de estar derrochando el talento que les ha regalado Dios. Cuando una persona escribe (y supongo que cuando pinta, baila, esculpe o canta), siempre hay otra con ganas de infundirle mala conciencia. No tiene mayor importancia. Y conste que no pontifico. Sólo pretendo dar mi visión de las cosas.

La señorita Hisler me dijo que tendría que devolver todo el dinero. Yo obedecí sin rechistar, hasta en los casos en que el comprador (varios de ellos, para satisfacción del que suscribe) insistía en quedarse su ejemplar de V.I.B. #1. Al final perdí dinero, pero al llegar las vacaciones de verano imprimí cuatro docenas de ejemplares de un cuento nuevo y original, «The Invasion of the Star-Creatures», y los vendí todos menos cuatro o cinco. En el fondo, sin embargo, no se me había pasado la vergüenza. Tenía en la cabeza la voz de la señorita Hisler preguntándome por qué quería desaprovechar mi talento, por qué quería malgastar el tiempo, por qué quería escribir basura.

19

Escribir las entregas para *Dave's Rag* era divertido, pero mis demás deberes periodísticos me aburrían. A pesar de ello, podía decirse que había colaborado en una especie de publicación; corrió la voz, y en mi segundo año de preparatoria en Lisbon me puse al frente de la revista del colegio, The Drum (*El tambor*). No recuerdo que me dejaran escoger. Creo que fue un simple nombramiento. A Danny Emond, mi ayudante principal, le interesaba la revista todavía menos que a mí. Sólo le gustaba la idea de que el aula cuatro, que era donde trabajábamos, estuviera cerca del baño de chicas.

—Cualquier día pierdo la cabeza, cojo un hacha y entro, Steve —me dijo en más de una ocasión—. ¡Chac, chac, chac!

Una vez añadió, quizá para justificarse:

—Es donde se levantan las faldas las más guapas de la escuela.

Me pareció un comentario tan estúpido que hasta podía ser sabio, como un koan zen o los primeros cuentos de John Updike.

Bajo mi dirección, *The Drum* no prosperó. Yo entonces ya era propenso a alternar épocas de pereza con otras de laboriosidad desenfrenada. Durante el año escolar de 1963-1964 *The Drum* sólo publicó un número, pero era una monstruosidad más gruesa que el directorio telefónico de Lisbon Falls. Una noche en que tenía que redactar pies de fotos para *The Drum*, hartísimo de «Noticias del centro» y «Nuevas incorporaciones al equipo de porristas», y de los escarceos poético-escolares del subnormal de turno, monté por mi cuenta una revista satírica. El resultado fueron cuatro páginas bautizadas como *The Village Vomit*, parodia del *Village Voice*. Fue un arranque de humor idiota que me metió en el único lío gordo de todos mis años de preparatoria. También propició la clase de escritura más provechosa que se me haya impartido jamás.

En el más puro estilo de la revista *Mad*, llené el *Vomit* de chismes falsos sobre el profesorado del centro, usando apodos que el alumnado reconocería enseguida. El señor Ricker, por ejemplo, el profesor de lengua (y el integrante más educado del cuerpo docente), pasaba a ser «el Vacas», porque su familia era dueña de la lechería Ricker. Me pasó lo mismo que a todos los humoristas inexpertos: me dejé arrastrar por el ingenio. ¡Qué gracia tenía! ¡Había que llevar el *Vomit* al colegio y enseñárselo a los amigos! ¡Todos se morirían de risa!

La verdad es que sí, que se murieron de risa. Yo tenía algunas ideas muy acertadas sobre lo que hacía reír a los alumnos de preparatoria, y las había reflejado en *The Village Vomit*. En un artículo, la mejor vaca de raza Jersey del señor Ricker (el profesor de lengua, cuya familia tenía una lechería) ganaba un concurso de pedos en la feria de Topsham; en otro despedían al profesor de biología (el señor Diehl) por meterse ojos de feto de cerdo por la nariz. Humor en la mejor tradición swiftiana, como se apreciará. Qué sofisticación, ¿eh?

Durante la cuarta clase se reían tanto tres de mis amigos que la señorita Raypach, alias «la Rata», se acercó sigilosamente al fondo de la sala de estudio para averiguar la causa de su hilaridad y les confiscó *The Village Vomit*, donde yo, movido por un orgullo desmedido o una ingenuidad casi inverosímil, había hecho figurar mi nombre como redactor jefe. Por segunda vez en mi carrera estudiantil, me convocaban al despacho al final de las clases para pedirme cuentas por algo que había escrito.

Esta vez me había metido en un lío bastante grande. Casi todos los profesores se inclinaban por tomarse bien mis bromas (hasta Diehl estaba dispuesto a olvidar lo de los ojos de cerdo), pero hubo una excepción. Se trataba de la señorita Margitan, profesora de taquigrafía y mecanografía para las niñas, que infundía respeto y temor a partes iguales. Siguiendo la tradición de las maestras de antaño, la señorita Margitan no pretendía ser amiga, psicóloga ni inspiradora de sus alumnas. Su trabajo era enseñar una serie de técnicas comerciales, y se proponía ajustar la labor docente a una serie de reglas: las suyas. A veces las alumnas de la señorita Margitan tenían que arrodillarse en medio del aula, y si no les llegaba la falda al suelo, debían volver a casa y cambiarse. La señorita Margitan no se dejaba ablandar por ninguna súplica o lágrima. Tampoco había argumentos capaces de modificar su visión del mundo. Sus listas de alumnas castigadas eran las más largas de todo el colegio, pero sus alumnas figuraban sistemáticamente en el cuadro de honor, y solían conseguir buenos empleos. A la larga, muchas le tomaban afecto. También había otras que la odiaban, y han seguido odiándola hasta hoy. Las de la segunda categoría la llamaban «la Gusano», como debían de haber hecho sus madres. Pues bien, *The Village Vomit* contenía un artículo que empezaba así: «La señorita Margitan, a quien todo Lisbon apoda, afectuosamente, la Gusano...»

El señor Higgins, nuestro director (que, siendo calvo, recibía en el *Vomit* el simpático apelativo de Bola de Billar), me dijo que la señorita Margitan estaba muy ofendida y molesta con mi artículo. Por lo visto, la ofensa no le impedía recordar una admonición bíblica: «Mía es la venganza, dice la profesora de taquigrafía.» Añadió el señor Higgins que le había pedido expulsarme.

En mi manera de ser se mezcla una especie de salvajismo con el conservadurismo más profundo, como dos cabellos en una trenza. La responsable de redactar el *Village Vomit* y llevarlo a la escuela era mi parte loca, mi Mr. Hyde. Ahora la muy intrigante se había marchado sigilosamente, y quedó el doctor Jekyll haciendo suposiciones sobre la reacción de mi madre, su mirada de pena al enterarse de que me habían expulsado. Era urgente no pensar más en ella. Iba en primero de preparatoria, tenía un año más que casi todos los de la clase y estaba entre los más altos (1.85 m). Anhelé desesperadamente no llorar en el despacho del señor Higgins, porque el pasillo estaba lleno de alumnos curiosos observándonos por la ventana: al señor Higgins detrás de la mesa, y a mí en la silla de los niños problemáticos.

Al final, la señora Margitan se conformó con una petición formal de disculpas y dos semanas de castigo para el desgraciado que se había atrevido a llamarla Gusano en letra impresa. Mala cosa, pero como todo en la preparatoria. Cuando estamos dentro, como rehenes en un baño turco, la preparatoria nos parece (salvo excepciones) lo más serio del mundo. Hay que esperar a la segunda o tercera reunión de ex alumnos para empezar a darse cuenta de lo absurdo que era todo el montaje.

Uno o dos días más tarde me hicieron pasar al despacho del señor Higgins y tuve que enfrentarme con la profesora. La señorita Margitan estaba tiesa como un palo, con sus manos artríticas en el regazo y sus ojos grises taladrándome. Al verla me di cuenta de que se diferenciaba en algo de los demás adultos. Primero no supe precisarlo, pero comprendí que tenía delante a una mujer inmune a cualquier halago o maniobra. Más tarde, tirando aviones de papel con los demás castigados y castigadas (resultó que no era tan grave), llegué a la conclusión de que era muy sencillo: a la señorita Margitan no le gustaban los niños. Nunca había conocido a nadie que les tuviera tan poca (nula) afición.

Diré, por si sirve de algo, que mis disculpas eran sinceras. Comprendía que mi artículo había ofendido gravemente a la señorita Margitan. Dudo que me odiara (debía de estar demasiado ocupada), pero era la representante de la National Honor Society, la organización que aglutinaba a todos los alumnos que destacaban por méritos académicos y personales, y a los dos años, cuando apareció mi nombre en la lista de candidatos, me vetó diciendo que la Honor Society no era para chicos «de sus características». El tiempo me ha convencido de que tenía razón. Es muy probable que una persona que ha llegado a limpiarse el culo con ortigas desentone en un club de gente elegante.

Desde entonces no he querido saber casi nada del género satírico.

20

No había pasado una semana desde el final de mi castigo y ya volvían a convocarme al despacho del director. Fui con el corazón en un puño, sin saber en qué otro lío me había metido.

Al menos esta vez no quería verme el señor Higgins. La convocatoria procedía del orientador de la preparatoria. Dijo que mi caso había sido objeto de discusiones, con el objetivo de encauzar mi «pluma inquieta» por vías más constructivas. Él se había puesto en contacto con John Gould, el director del semanario de Lisbon, y se había enterado de que había una vacante en la sección de deportes. Si bien la preparatoria no podía «insistir» en que aceptara, toda la directiva coincidía en que era buena idea. La mirada del orientador contenía un aviso: «Acepta o atente a las consecuencias.» Quizá fueran paranoias mías, pero han pasado cuarenta años y me parece que no.

Contuve un gemido. Primero *Dave's Rag*, luego *The Drum*, y ahora el *Weekly Enterprise* de Lisbon. Mi obsesión no era el agua, como Norman Maclean en *El río de la vida*, sino los periódicos. Claro que no podía hacer nada. Comprobé que la mirada del orientador fuera la que me había parecido, y contesté que tendría mucho gusto en hablar con el director del periódico.

Gould me recibió con una mezcla de recelo e interés. Dijo que, si yo no tenía inconveniente, nos pondríamos mutuamente a prueba.

Como estaba lejos de los despachos de la preparatoria, apelé a cierto grado de sinceridad y le dije al señor Gould que no sabía mucho de deporte. Él contestó:

—Piensa que la gente va al bar, se emborracha y entiende los partidos. Sólo tienes que esforzarte un poco.

Acto seguido me entregó un rollo enorme de papel amarillo para escribir a máquina las crónicas (me parece que sigo teniéndolo) y prometió pagarme medio centavo por palabra. Era la primera vez que me ofrecían dinero a cambio de escribir.

Los primeros dos artículos que presenté versaban sobre un partido de basquetbol en cuyo transcurso un jugador de la preparatoria había superado el récord de puntos del centro. Uno era la típica crónica, y el otro un apunte sobre el partido que había hecho Robert Ransom, el detentor del nuevo récord. Le llevé los dos a Gould el día después del partido, para que pudiera tenerlos el viernes (que era el día en que se publicaba el semanario). Gould leyó la crónica, corrigió dos detalles y la descartó. Después, bolígrafo en mano (grande y negro), acometió la lectura del articulito de fondo.

Los dos años que faltaban para acabar la preparatoria me depararían muchas clases de literatura, y la facultad muchas de narrativa y poesía, pero aprendí más en diez minutos con John Gould. Ojalá conservara el artículo, porque merecería enmarcarse con las correcciones, pero guardo un recuerdo bastante claro del texto y de su aspecto después de que Gould lo hubiera repasado con el bolígrafo negro. He aquí un ejemplo:

Anoche, en el ~~popular~~ gimnasio de la preparatoria de Lisbon, la afición local y la de Jay Hills reaccionaron con el mismo asombro ante una proeza deportiva sin parangón en

la historia del centro. Bob Ransom, ~~cuya es-~~
~~tatura y puntería le han granjeado el apodo~~
~~de «Bob el Bala»,~~ marcó treinta y siete puntos. No, no han ustedes leído mal. Lo hizo,
~~además,~~ con elegancia, rapidez... y una educación poco frecuente, que se tradujo en dos
únicas faltas en toda su búsqueda caba-
lleresca de un récord que no se había roto en
Lisbon desde l~~os años de Corea~~... *1953*

Al llegar a «los años de Corea», Gould interrum-
pió la lectura y me miró.
—¿De qué año era el último récord? — preguntó.
Suerte que yo tenía mis apuntes.
—De 1953 —contesté.
Gould gruñó y siguió corrigiendo. Cuando ter-
minó de marcar el texto tal como aparece encima de
estas líneas, levantó la cabeza y vio algo en mi cara.
Debí de parecerle horrorizado, pero estaba en éxtasis. Pensé: ¿por qué no hacen lo mismo los profesores de lengua? Era como el «hombre visible» que tenía Diehl en su mesa del aula de biología.
—Oye, sólo borró lo que está mal, ¿eh? —dijo
Gould—. En general es muy correcto.
—Sí —dije yo, refiriéndome a las dos cosas: a
que en general era muy correcto y a que sólo quitaba lo que estaba mal—. No se repetirá.
Él rió.
—Pues entonces nunca tendrás que ganarte la
vida trabajando. Podrás dedicarte a esto. ¿Quieres
que te explique alguna de las correcciones?

—No —dije yo.

—Escribir una historia es contársela uno mismo —dijo él—. Cuando reescribes, lo principal es quitar todo lo que no sea la historia.

El día en que presenté mis primeros dos artículos, Gould dijo otra cosa interesante: que hay que escribir con la puerta cerrada y reescribir con la puerta abierta. Dicho de otra manera: al principio sólo escribes para ti, pero después para afuera. Cuando ya tienes clara la historia y la has contado bien (al menos dentro de tus posibilidades), pertenece a cualquier persona que quiera leerla. O criticarla. Si tienes mucha suerte (ahora es una idea mía, no de John Gould, pero creo que él habría suscrito el concepto), serán mayoría los que prefieran lo primero a lo segundo.

21

Justo después del viaje de fin de estudios a Washington, conseguí un empleo en la fábrica textil Worumbo, de Lisbon Falls. No me atraía nada (era un trabajo duro y aburrido, y la fábrica un antro pegado a las aguas contaminadas del río Androscoggin, como en las novelas de Dickens), pero necesitaba un sueldo. Mi madre ganaba una miseria haciendo de encargada en un asilo de enfermos mentales de New Gloucester, pero estaba decidida a enviarme a la universidad, como a mi hermano David (Universidad de Maine, promoción del 66, *cum laude*). La educación, a su manera de ver, casi era secundaria. Durham, Lisbon Falls y la Universidad de Maine, que estaba en Orono, formaban parte de un mundo pequeño donde seguía haciéndose vida de barrio, y donde el vecindario compartía alegrías y penas gracias a que las líneas telefónicas que enlazaban con el exterior aún se agrupaban por cuatro o seis abonados. En el otro mundo, el grande, los jóvenes que no iban a la universidad eran enviados a ultramar para participar en la guerra no declarada del presidente Johnson, y muchos volvían a casa dentro de una caja. Mi madre aplaudía la «guerra contra la pobreza» de Johnson («es la mía», solía decir), pero no sus proyectos en el sudeste asiático. Un día le comenté que quizá me conviniera enlistarme, alegando que obtendría material para un libro.

—No seas burro, Stephen —me contestó—. Con la vista que tienes te matarían al primer tiro. Muerto no se puede escribir.

Lo decía muy en serio. Su decisión, tomada con la cabeza y el corazón, era inamovible. Pedí becas, pedí prestamos y entré en la fábrica, teniendo claro que con los cinco o seis dólares semanales que sacaba informando sobre torneos de boliche para el *Enterprise* no llegaría muy lejos.

Durante mis últimas semanas de preparatoria, mi jornada era más o menos la siguiente: levantarse a las siete, salir de casa a las siete y media, salir de la escuela a las dos, checar tarjeta en la tercera planta de Worumbo a las 2:58, empaquetar telas durante ocho horas, salir a las 11:02, llegar a casa hacia el cuarto para las doce, cenar un plato de cereales, caer rendido en la cama, levantarse a la mañana siguiente y vuelta a empezar. Llegué a hacer unos cuantos turnos dobles, dormir una o dos horas en mi Ford Galaxie del 60 (heredado de Dave) antes de las clases y, después de comer, pasarme la quinta y sexta clase durmiendo en la enfermería.

La llegada de las vacaciones de verano mejoró bastante el panorama, entre otras cosas porque en la fábrica me cambiaron a la sala de tinte, que estaba en la planta baja y tenía una temperatura treinta grados inferior. Cogía telas de lana y las teñía de morado o azul marino. Seguro que en Nueva Inglaterra aún hay alguien que guarda en el clóset una chamarra teñida por un servidor. No fue el mejor verano de mi vida, pero conseguí que no me comiera la maquinaria ni me cosieran los dedos las máquinas grandes que usábamos para la tela sin teñir.

Durante la semana del 14 de julio cerró la fábrica. Los empleados de Worumbo con cinco o más años de antigüedad disfrutaron de una semana de vacaciones pagadas. Los que bajaban de los cinco recibieron la propuesta de sumarse a una brigada de limpieza que adecentaría la fábrica de arriba abajo, incluido el sótano, que no se había tocado en cuarenta o cincuenta años. Yo no creo que lo hubiera rechazado (pagaban un cincuenta por ciento más), pero antes de llegar a los alumnos de preparatoria, que se marcharían en septiembre, el capataz ya tenía ocupadas todas las plazas. A la semana siguiente, cuando me reincorporé al trabajo, me dijo uno de los de la sala de tinte que me lo había perdido.

—En el sótano había ratas como gatos —dijo—. Te juro que hasta alguna como un perro.

¡Ratas del tamaño de un perro! ¡Caray!

Tocando a su fin el último semestre de preparatoria, hechos los exámenes finales y con mucho tiempo libre, me acordé de lo que me había contado el de la sala de tinte sobre las ratas de debajo de la fábrica (como gatos, y hasta perros) y empecé a escribir un cuento que titulé «El último turno». Sólo era una

manera de amenizar una tarde de finales de primavera, pero a los dos meses me compró el cuento la
revista *Cavalier* por 200 dólares. Antes ya había
vendido dos, pero en total sólo había cobrado 65 dólares. Era el triple, y de golpe. Me quedé alucinado.
Era rico.

22

En el verano de 1969 conseguí una especie de beca
de colaboración en la biblioteca de la Universidad de
Maine. Fue una temporada con aspectos buenos y
malos. Nixon había puesto en marcha su plan de
punto final a la guerra de Vietnam, plan que parecía
consistir en arrasar todo el sudeste asiático con bom-
bardeos indiscriminados. The Who cantaba: *Meet
the new boss (same as the old boss)*. «Conozcan al
nuevo jefe, justo igual que el anterior.» Eugene
McCarthy, el rival de Johnson entre las filas demócratas, se dedicaba a fondo a la poesía, y los felices
hippies llevaban pantalones acampanados y camisetas con lemas como «Matar por la paz es como
coger por castidad». Yo llevaba unas patillas de
concurso, casi hasta la barbilla. Credence Clearwater
Revival cantaba «Green River» (chicas descalzas bailando a la luz de la luna), y Kenny Rogers seguía con
The First Edition. Habían muerto Martin Luther
King y Robert Kennedy, pero Janis Joplin, Jim
Morrison, Bob *the Bear* Hite, Jimi Hendrix, Cass
Elliott, John Lennon y Elvis Presley seguían vivos y
en activo. Yo me alojaba justo al lado del campus, en
las habitaciones que alquilaba un tal Ed Price (siete
dólares semanales, incluido un cambio de sábanas).

El hombre había llegado a la luna, y yo a la lista de alumnos problemáticos. Ocurrían verdaderos milagros, cosas prodigiosas.

Un día de finales de julio, yo y otros de la biblioteca habíamos salido a comer al césped de detrás de la librería universitaria, y Paolo Silva y Eddie Marsh tenían sentada entre los dos a una chica delgada de risa escandalosa, pelo teñido de rojo y unas piernas impresionantes, perfectamente a la vista gracias a una minifalda amarilla. Llevaba *Soul on Ice*, de Eldridge Cleaver. Nunca la había visto en la biblioteca, y me pareció imposible que una risa tan estupenda, tan sin complejos, perteneciera a una estudiante universitaria. Encima, por muy lectora que fuera, decía palabrotas más propias de una fábrica que de una facultad. (Yo podía afirmarlo, porque había trabajado en una.) Se llamaba Tabitha Spruce. Nos casamos al año y medio. Seguimos juntos, y nunca ha dejado que me olvidase de que al conocerla la tomé por novia de Eddie Marsh, no por estudiante. Quizá una mesera de la pizzería, aficionada a la lectura y aprovechando su tarde libre.

23

Ha funcionado. Nuestro matrimonio ha durado más que todos los dirigentes mundiales a excepción de Castro, y si seguimos hablando, discutiendo, haciendo el amor y bailando con los Ramones, lo más probable es que siga funcionando. Nos habían educado en confesiones distintas, pero Tabby, como feminista, nunca había tenido mucha afición por el catolicismo, una religión donde los hombres hacen las leyes (incluida la directriz emanada de Dios de meterla sin condón) y las mujeres lavan la ropa interior. En cuanto a mí, si bien creo en Dios, no me interesa la religión organizada. Compartíamos orígenes sociales humildes. Los dos comíamos carne, éramos políticamente demócratas y teníamos el típico recelo hacia todo lo que no fuera vivir en Nueva Inglaterra. Sexualmente éramos compatibles, y de naturaleza monógama. No obstante, lo que más nos une son las palabras, el lenguaje y el oficio compartido.

Nos conocimos trabajando los dos en una biblioteca, y yo me enamoré de ella en otoño de 1969, durante un taller de poesía, yendo yo en cuarto y ella en tercero. En parte me enamoré porque comprendía la intención de sus escritos. Y ella la de los míos. También me enamoré porque llevaba un vestido sexy y medias de seda de las que se ponen con liguero.

No quiero hablar de mi generación con un tono demasiado despectivo (o sí: tuvimos la oportunidad de cambiar el mundo y preferimos los infomerciales), pero todos los aspirantes a escritores que conocí en la universidad estaban convencidos de que sólo se escribía bien de manera espontánea, en un estado de arrebato que era un pecado desaprovechar. El constructor de la «escalera a las estrellas» soñada no podía limitarse a andar por el suelo con un martillo. Quizá el arte poética de 1969 nunca se haya expresado mejor que en una letra de Donovan: «Primero hay una montaña / Luego no hay ninguna montaña / Luego sí.» Los aspirantes a poetas vivían en un mundo brumoso con resabios de Tolkien, cazando poemas en el éter. Era una opinión bastante unánime: el arte de verdad procedía de... ¡del más allá!

Los escritores eran taquígrafos bienaventurados que obedecían al dictado divino. Como no quiero avergonzar a ninguno de mis compañeros de clase de entonces, pondré un ejemplo ficticio de lo que explico, creado con fragmentos de varios poemas reales:

> *cierro los ojos*
> *veo a oscuras a*
> *Rimbaud*
> *a oscuras*
> *trago la tela de*
> *la soledad*
> *aquí estoy grajo*
> *aquí estoy cuervo*

Si se le ocurría a alguien preguntar al poeta por el «significado» del poema, se exponía a una mirada de desprecio y al silencio incómodo del resto del grupo. Es evidente que no les habría quitado el sueño la posibilidad de que el poeta fuera incapaz de explicar algo sobre el mecanismo de la creación. Si se insistía en ello, el autor o autora podían contestar con toda tranquilidad que no existía ningún mecanismo, sólo la emoción seminal: primero hay una montaña, luego no hay ninguna montaña, luego sí. Y si el poema resultante peca de vago, si se basa en la premisa de que las palabras genéricas como «soledad» tienen el mismo sentido para todos... pues nada, hombre, olvídate de rollos anticuados y a disfrutar. Era una actitud que a mí me convencía bastante poco (pese a no atreverme a decirlo en voz alta o explícitamente), y me alegró comprobar que a la chica guapa del vestido negro y las medias de seda tampoco. No es que se plantara y lo dijera, pero tampoco hacía falta. Se notaba en lo que escribía.

Los integrantes del taller celebraban dos o tres reuniones semanales en la sala del profesor, Jim Bishop. Éramos alrededor de una docena de alumnos y tres profesores, trabajando en un ambiente de igualdad maravilloso. Antes de cada sesión se pasaban los poemas a máquina y se mimeografiaban en el departamento de literatura. Gracias a ello podíamos seguir por escrito la lectura de cada poema por su autor. Reproduzco uno de los que escribió Tabby ese otoño:

CÁNTICO GRADUAL PARA AGUSTÍN

Despierta en invierno al oso más delgado
la risa dormida de las langostas,
la algarabía de las abejas soñando,
el perfume meloso de la arena del desierto
que lleva al viento en su matriz
hacia los montes lejanos, las casas de Cedro.

El oso ha oído una promesa en firme.
Hay palabras comestibles; alimentan
más que la nieve amontonada en bandejas de plata
o el hielo desbordando fuentes de oro. No siempre
*   [son mejores*
las esquirlas de hielo en la boca de un amante,
ni un desierto soñando eternamente espejismos.
El oso, despierto, entona un cántico gradual
tejido con arenas que conquistan ciudades
en virtud de un lento ciclo. Su alabanza seduce
a un viento que pasa de viaje hacia el mar
donde un pez, cautivo en su red minuciosa,
oye el canto de un oso en la nieve de tibios aromas.

La lectura de Tabby fue recibida en silencio. Nadie sabía muy bien cómo reaccionar. El poema parecía atravesado por cables que tensaran los versos casi hasta hacerlos zumbar. La combinación de lenguaje elaborado e imágenes delirantes me pareció emocionante y esclarecedora. El poema de Tabby, por añadidura, me hizo sentir menos solo en mi convicción de que la buena literatura podía ser embriagadora sin renunciar al hilo conductor de las ideas. Si hasta el más serio del mundo es capaz de coger como un loco (es más: puede perder la cabeza en el torbellino del acto), ¿por qué a un escritor no puede botársele la canica y seguir siendo una persona cuerda?

Del poema también me gustó su ética del trabajo, señal de que escribir poesía (o cuentos, o ensayo) tenía tanto que ver con fregar suelos como con los episodios míticos de revelación. En *A Raisin in the Sun*, la novela de Lorraine Hansberry, hay un fragmento donde un personaje exclama: «¡Quiero volar! ¡Quiero tocar el sol!», y su mujer contesta: «Primero cómete los huevos estrellados.»

Durante el debate que siguió a la lectura de Tab, vi que la autora entendía su poema. Tenía plena conciencia de qué había querido decir, y lo había dicho casi todo. Estaba familiarizada con San Agustín por dos frentes: su formación católica y sus estudios de historia. La madre del santo (que también fue canonizada) era cristiana, y el padre pagano. Antes de su conversión, Agustín sólo buscaba dinero y mujeres. Después de ella siguió batallando con sus impulsos sexuales, y es conocida su «oración libertina», donde pide: «Señor, hazme casto... pero no todavía.» Sus obras ponen el acento en la lucha del hombre por renunciar a la fe en sí mismo a favor de la fe en Dios. Y en ocasiones se comparó con un oso. Un gesto típico de Tabby, cuando sonríe, es bajar la barbilla, con el resultado de que pone cara de saber mucho pero al mismo tiempo se ve bellísima. Me acuerdo de que en el debate lo hizo y dijo:

—Además me gustan los osos.

Lo de que sea un cántico gradual quizá responda a que el despertar del oso también es gradual. El oso es fuerte y sensual, aunque delgado, porque está desfasado de tiempo. Cuando le pidieron que explicase su poema, Tabby dijo que en cierto modo puede entenderse el oso como símbolo de la tendencia humana, incómoda y maravillosa tendencia, a soñar lo adecuado en el momento menos oportuno. Son sueños difíciles por inoportunos, pero lo que prometen es maravilloso. El poema también insinúa que los sueños tienen poder: el oso posee la fuerza necesaria para seducir al viento, consiguiendo que lleve su canción a un pez atrapado en una red.

No pretendo sostener que «Cántico gradual» sea una obra maestra (aunque sí me parece un buen poema). Viene a cuento reproducirlo porque era un poema sensato en una época histérica, un ejemplo de ética literaria que me caló en lo más hondo del corazón y el alma.

Aquella noche, Tabby ocupaba una de las mecedoras de Jim Bishop y yo estaba sentado en el suelo al lado de ella. Mientras recitaba le puse la mano en la pantorrilla, sintiendo la calidez de la carne a través de la media. Me sonrió, y yo a ella. A veces las cosas así no son fortuitas. Estoy casi seguro.

A los tres años de casados ya teníamos dos hijos. Ni los esperábamos ni dejábamos de esperarlos. Llegaron cuando tenían que llegar, y los recibimos con felicidad. Naomi tenía propensión a las infecciones de oído. Joe era un bebé sano, pero parecía que no durmiera nunca. El día en que Tabby sintió los primeros dolores de parto, yo estaba con un amigo en un autocinema de Brewer, viendo un programa triple de terror. Cuando íbamos por la tercera película (*The Corpse Grinders*, un fabricante asesino que hace comida para gatos picando carne humana) y el segundo paquete de cervezas, se oyó un comunicado de la dirección por toda la zona de estacionamiento: ¡SE RUEGA A STEVE KING QUE VUELVA A CASA! ¡TU MUJER ESTÁ A PUNTO DE PARIR!

Mientras mi viejo Plymouth rodaba en dirección a la salida, recibió el saludo burlesco de un par de bocinas. Mucha gente nos hacía luces, bañándonos en un resplandor parpadeante. Mi amigo Jimmy Smith se reía tanto que quedó encogido al pie del asiento del copiloto, donde permaneció casi hasta Bangor entre convulsiones y latas de cerveza. Al llegar a casa encontré a Tabby tranquila y preparada. Tardó menos de tres horas en dar a luz a Joe. Su ingreso en el mundo fue fácil, lo único fácil de sus primeros cinco años de vida, pero era una monada. Los dos. Siempre fueron monísimos, hasta cuando Naomi arrancaba el papel de pared de encima de la cuna (creyendo quizá ayudar en las tareas de la casa), y cuando Joe se hacía caca en la mecedora de mimbre del porche de nuestro apartamento de Sanford Street.

Mi madre conocía mis pretensiones de ser escritor (¿y cómo no, con tantas notas de rechazo en el clavo de la pared de mi habitación?), pero me aconsejó obtener el título de maestro «para que tengas un cojín».

—Piensa que un día puedes querer casarte, y las buhardillas a la orilla del Sena sólo son románticas para los solteros.

Acaté su consejo matriculándome en la facultad de ciencias de la educación de la Universidad de Maine, de donde salí a los cuatro años con el título de maestro... como un golden retriever de un estanque con un pato muerto en las fauces: tan muerto el título como el pato. Como no encontraba ninguna plaza de maestro, entré a trabajar en la lavandería New Franklin, donde el sueldo no era mucho mayor que el de hacía cuatro años, en la fábrica Worumbo. Las sucesivas buhardillas donde alojé a mi familia no tenían vistas al Sena, sino a algunas de las calles menos acogedoras de Bangor, las más propensas a que pasara una patrulla a las dos de la mañana del sábado.

La poca ropa de vestir que vi en New Franklin eran restos de incendios pagados por alguna compañía de seguros. (Solían componerse de ropa de aspecto normal, pero con olor de carne de mono a la brasa.) Casi todo lo que metía y sacaba en las máquinas eran sábanas de moteles de la costa de Maine y manteles de los restaurantes de playa. Los manteles eran literalmente repugnantes. En Maine, cuando un turista va a comer al restaurante lo habitual es que pida almejas y langosta. Sobre todo langosta. Cuando llegaban a mis manos los manteles donde habían sido servidos tales manjares, apestaban a mil demonios, y muchos eran un hervidero de gusanos intentando subírsete a los brazos mientras cargabas las lavadoras. ¡Qué cabrones! ¡Parecían darse cuenta de que pensabas hervirlos! Supuse que me acabaría acostumbrando, pero no. Si los gusanos eran asquerosos, la peste a almejas podridas lo superaba todo. Llenando febrilmente los tambores con la mantelería de Testa's (un restaurante de Bar Harbor), siempre me hacía la misma pregunta: ¿Por qué la gente es tan sucia? ¿Por qué serán tan sucios los muy hijos de puta?

Aún había algo peor: las sábanas y manteles de hospital. En verano también había gusanos pululando, pero no se alimentaban de carne de langosta ni de almejas, sino de sangre. Cuando se consideraba que una bata, una sábana o una funda de almohada estaba infectada, la metíamos en unas bolsas («las bolsas de la peste negra») que se disolvían al contacto del agua caliente, pero en aquella época la sangre no tenía reputación de entrañar grandes peligros. Muchas partidas de hospital venían con suplemento, como si fueran cajas de sorpresas con premios rarísimos. Una vez encontré un calientacamas de metal, y otra unas tijeras de cirujano. (El calientacamas no servía de nada, pero las tijeras se revelaron perfectas para la cocina.) Ernest Rockwell, *Rocky*, mi compañero de trabajo, encontró veinte dólares en una partida del Eastern Maine Medical Center, y salió a mediodía a tomarse las copas que hiciera falta. (En su vocabulario no se salía de trabajar a las seis, sino a «las seltz».)

En una ocasión oí un ruido extraño dentro de una de las máquinas Washex de triple carga que estaban a mi cuidado. Pensé que se estaba estropeando el motor y pulsé el botón de parada de emergencia. Después abrí la compuerta y saqué una montaña de batas y gorras verdes de médico mojadas, quedando a mi vez hecho una sopa. En el fondo del compartimiento del medio quedaron varios objetos con aspecto de componer una dentadura humana completa. Se me ocurrió que eran perfectos para un collar original, pero al final los tiré a la basura. Mi mujer ha tenido que aguantarme muchas cosas, pero su sentido del humor no es ilimitado.

26

Desde el punto de vista económico, tener dos hijos quizá no fuera lo más sensato para dos licenciados que trabajaban en una lavandería y en el turno de tarde de Dunkin' Donuts. Nuestra única ayuda provenía de revistas como *Dude, Cavalier, Adam* y *Swank*, las que mi tío Oren llamaba «revistas de tetas». En 1972 enseñaban bastante más que pechos desnudos, y la sección narrativa estaba de baja, pero tuve la suerte de subirme a la última ola. Escribía después del trabajo. Cuando vivíamos en Grove Street, cerca de la lavandería, a veces también escribía un poco a la hora de comer. Parece sacado de la biografía de Lincoln, pero tampoco era tan duro. Lo cierto es que me divertía. Hasta los cuentos más tétricos eran una manera de descansar del jefe, el señor Brooks, y de Harry, el responsable de sala.

Harry no tenía manos, sino ganchos, porque durante la Segunda Guerra Mundial se había caído en el rodillo. (Quitaba el polvo encima de la máquina y perdió el equilibrio.) Como era un poco payaso, a veces iba al baño y ponía un gancho debajo del grifo del agua fría y el otro en el del agua caliente. Luego se te colocaba detrás sin que lo oyeras, mientras estabas llenando las lavadoras, y te aplicaba los dos ganchos a la nuca. Rocky y yo gastábamos mucho tiempo en conjeturas sobre la manera que tenía Harry de ejecutar determinadas tareas de higiene en el baño.

—Bueno —dijo Rocky un día en que estábamos los dos en su coche, bebiendo el almuerzo—, al menos no tiene que lavarse las manos.

Había veces (sobre todo en verano, al tomarme la pastilla de sal de la tarde) en que tenía la impresión de repetir la vida de mi madre. Solía no darle importancia, menos cuando estaba cansado o se me acumulaban las facturas. Entonces me deprimía y pensaba: ¿Para esto he nacido? No puede ser. Luego me decía: Media humanidad piensa lo mismo.

Los relatos que vendí a las revistas para hombres entre agosto de 1970 (cuando recibí el cheque de doscientos dólares por «El último turno») y el invierno de 1973-1974 eran lo único que nos separaba de la asistencia social, y por poco. (Mi madre, republicana de toda la vida, me había contagiado su aversión a las ayudas del gobierno, que Tabby compartía en cierto grado.)

El recuerdo más nítido que conservo de esos años es volver de Durham un domingo por la tarde y entrar en nuestro departamento de Grove Street después de pasar el fin de semana en casa de mi madre. Debió de coincidir con la época en que empezaban a declararse los primeros síntomas del cáncer que acabaría con ella. De ese domingo guardo una foto donde sale mamá cansada pero de buen humor, sentada en el porche con Joe en las rodillas y Naomi firmemente plantada al lado de la silla. Por la tarde Naomi ya no estaba tan firme. Se le había infectado un oído y ardía de fiebre.

El lento camino desde el coche a la puerta fue un momento bajo. Yo llevaba en brazos a Naomi, y una bolsa grande con el equipo de supervivencia para bebés (biberones, pañales, piyamas, camisetas, calcetines); Tabby cargaba con Joe, que le había vomitado encima. También arrastraba una bolsa de pañales sucios. Los dos sabíamos que Naomi necesitaba «el líquido rosa», que era como llamábamos a la amoxicilina líquida. «El líquido rosa» era caro, y no teníamos ni un centavo. Lo que se dice ni uno.

Conseguí abrir la puerta de la calle sin soltar a mi hija, y cuando hacía maniobras para entrar con ella en brazos (tenía tanta fiebre que era como sostener una brasa contra el pecho) vi la punta de un sobre saliendo del buzón, cosa rara, porque el sábado no solía haber correo. Los matrimonios jóvenes reciben pocas cartas. Parece que se haya olvidado todo el mundo de ellos, menos las compañías del gas y la electricidad. Abrí el sobre rezando por que no fuera otro recibo. No lo era. Mis amigos de la Dugent Publishing Corporation, proveedores de *Cavalier* y otras dignísimas publicaciones orientadas al público adulto, me enviaban un cheque por «A veces vuelven», un relato de cierta extensión en cuya venta no había confiado. Se trataba de un cheque por quinientos dólares, mi récord absoluto de honorarios. De repente podíamos costearnos la visita del médico y el líquido rosa, y darnos el lujo de salir a cenar. Supongo que de noche, con los niños durmiendo, Tabby y yo nos pusimos cariñosos.

Mi opinión sobre esos años es que fuimos muy felices, pero que también pasamos mucho miedo. En el fondo éramos muy jóvenes, casi unos niños, como se suele decir, y el cariño ayudaba a olvidar los números rojos. Nos cuidábamos (cada uno a sí mismo, mutuamente y a los niños) lo mejor que sabíamos. Tabby iba a Dunkin' Donuts con su uniforme rosa y avisaba a la poli cada vez que armaban un escándalo los borrachos que entraban pidiendo café. Yo lavaba sábanas de motel y seguía escribiendo películas de terror de un solo rollo.

27

Cuando empecé Carrie me habían contratado como profesor de lengua en la localidad cercana de Hampden. El sueldo estipulado eran 6,400 dólares anuales, cantidad que parecía inconcebible después de la lavandería y sus 1.60 dólares por hora. Si yo hubiera hecho cálculos, incorporando las horas de reuniones y corrección de exámenes, me habría dado cuenta de que era una suma más que concebible, y de que nuestra situación era más grave que nunca. A finales del invierno de 1973 vivíamos en Hermon, pequeña población al oeste de Bangor, y nuestra casa era una casa rodante de doble ancho. (Mucho más tarde, en una entrevista para *Playboy*, dije que Hermon era «el culo del mundo». En vista del enfado de los hermonitas, me disculpo públicamente. La verdad es que Hermon sólo es el sobaco del mundo.) Yo tenía un Buick con problemas de transmisión, pero no el dinero para arreglarlo; Tabby seguía en Dunkin' Donuts y carecíamos de teléfono, por el simple motivo de que no estábamos en situación de pagarlo. Fue la época en que Tabby ejercitó su pluma en el género de las confesiones ficticias (tipo «Demasiado guapa para ser virgen»), obteniendo respuestas inmediatas en la modalidad «no responde del todo a nuestra línea, pero no desista». De haber dispuesto de una hora más al día seguro que habría acabado vendiendo algo, pero sólo tenía las veinticuatro de siempre. Por otro lado, la gracia inicial que pudiera haberle hecho la fórmula de las revistas de confesiones (resumida en las tres erres: rebelión, ruina y redención) tardó muy poco en disiparse.

Mi carrera de escritor tampoco prosperaba. En las revistas para hombres, los cuentos de terror, ciencia ficción y policiacos estaban siendo sustituidos por los de sexo, cada vez más explícitos. Se añadía al problema otro más grave: por primera vez en la vida me costaba escribir. El lastre eran las clases. Trabajaba con gente que me caía bien, y me gustaban los niños (todos tenían su interés, hasta los del tipo Beavis y Butt-Head), pero siempre llegaba al viernes por la tarde con la sensación de que mi cabeza era una batería, y de que durante toda la semana había tenido puestos unos cables para cargar otras cabezas. Ha sido la época en que he estado más cerca de dar por perdido mi futuro como escritor. Me veía treinta años más viejo, llevando los mismos abrigos gastados y con coderas, y con panza de bebedor de cerveza encima de los pantalones. Tendría tos de fumador por exceso de Pall Malls, los anteojos más gruesos, más caspa, y en el cajón del escritorio seis o siete originales inacabados que muy de vez en cuando, casi siempre borracho, desempolvaría y retocaría un poco. Cuando me preguntaran a qué dedicaba el tiempo libre, contestaría que a escribir un libro. ¿Qué va a hacer con su tiempo un profesor de escritura creativa que se respete? Luego, claro, me mentiría a mí mismo, diciéndome que no era demasiado tarde, que algunos novelistas no habían empezado hasta los cincuenta. ¡Qué cincuenta! ¡Sesenta, carajo! Seguro que muchos.

En mis años de profesor en Hampden (y de lavandero en la New Franklin durante las vacaciones de verano), mi mujer desempeñó un papel decisivo. Si ella, en algún momento, hubiera insinuado que escribir en el porche de nuestra casa de alquiler de Pond Street, o en el cuartito de lavar de la casa rodante de Klatt Road (también de alquiler), era perder el tiempo, creo que me habría quedado sin ánimos. Tabby, sin embargo, no expresó ninguna duda. Su apoyo era constante, de lo poco bueno en que se podía confiar. Ahora, cada vez que veo una novela dedicada a la mujer (o marido) del autor, sonrío y pienso: Este sabe de qué va. Escribir es una labor solitaria, y conviene tener a alguien que crea en ti. Tampoco es necesario que hagan discursos. Basta, normalmente, con que crean.

28

Durante la carrera, mi hermano Dave aprovechaba los veranos para trabajar de conserje en la preparatoria de Brunswick, su antigua alma máter. Yo sólo lo hice medio verano, pero no sé cuál. Sólo puedo concretar que era antes de conocer a Tabby y después de empezar a fumar; o sea, que debía de tener unos diecinueve o veinte años. Trabajaba con un tal Harry, un hombre un poco cojo con uniforme verde y una cadena muy gruesa para las llaves. (Este Harry tenía manos, no ganchos.) Un día, a la hora de comer, me contó la experiencia de haber hecho frente a un ataque japonés en la isla de Tarawa, con todos los oficiales japoneses blandiendo espadas hechas con latas de café, y detrás los soldados pegando gritos, drogadísimos y oliendo a amapola quemada. Dotes de narrador no le faltaban, al bueno de Harry.

Un día nos encargaron que limpiáramos las manchas de óxido que había en la regadera de las chicas. Al entrar en el vestidor, lo observé todo con el interés de un joven musulmán trasladado por ensalmo a los aposentos femeninos. Era igual que el vestidor masculino, pero al mismo tiempo no se parecía en nada. Como es obvio no había urinarios de pared, y sí dos cajas de metal atornilladas a las baldosas, sin nada escrito y de un tamaño que no servía para toallas de papel. Me interesé por su contenido.

—Cubreconchas —dijo Harry—. Para cuando están en sus días.

También me fijé en que las regaderas, a diferencia de las del vestidor de los chicos, tenían cortinas de plástico rosa colgadas con argollas. Era posible bañarse con intimidad. Al comentárselo a Harry, se encogió de hombros.

—Es que a las chicas les da un poco más de vergüenza estar desnudas que a los chicos.

Un día, en la lavandería, me acordé del vestidor y empecé a visualizar la escena inicial de un relato: un grupo de niñas bañándose sin argollas, cortinas de plástico rosa ni intimidad, y una de ellas que empieza a tener la regla. Lo malo es que no sabe qué es, y las demás (asqueadas, horrorizadas, divertidas) empiezan a tirarle toallas femeninas. O tampones, descritos por Harry como «cubreconchas». La niña se pone a gritar. ¡Cuánta sangre! Cree estar muriendo, y que sus compañeras se burlan de ella en plena agonía... Reacciona... Contraataca... Pero ¿cómo?

Hacía unos años que había leído un artículo en *Life* donde se planteaba la hipótesis de que ciertos casos de *poltergeist* fueran fenómenos de telequinesia (entendiéndose por ello la facultad de desplazar objetos con el pensamiento). Ciertas pruebas, sostenía el artículo, apuntaban a que la gente joven era más propensa a tener esa clase de poderes, sobre todo las niñas en el inicio de la adolescencia, cuando tienen la primera...

¡Zas! Acababan de unirse dos ideas sin relación previa, la crueldad adolescente y la telequinesia, y se me ocurrió una idea. No interrumpí mi trabajo con la Washex número dos, ni eché a correr por la lavandería moviendo los brazos y gritando «¡Eureka!». No era mi primera idea buena, ni de hecho la mejor. Consideré, sin embargo, que podía ser la base de un buen cuento para *Cavalier*. En el fondo me rondaba la idea de intentarlo con *Playboy*, que pagaba hasta dos mil dólares por relato. Dos mil billetes darían para cambiarle la transmisión al Buick, y aún sobraría bastante para comida. La idea se quedó una temporada en punto muerto, fermentando en la zona del cerebro que no pertenece ni a la conciencia ni al subconsciente. Hubo que esperar al inicio de mi carrera de profesor para que me sentara una noche y pusiera manos a la obra. Empecé con un borrador de tres páginas a un solo espacio, pero me gustaba tan poco que las arrugué y las tiré a la basura.

Les veía cuatro inconvenientes. El primero y menos importante era el hecho de que el argumento no me despertara ninguna emoción. El segundo, algo más importante, era el hecho de que no me cayera muy bien la protagonista. Carrie White me parecía obtusa y pasiva, una víctima fácil. Las demás niñas le tiraban tampones y toallas, coreando «¡Que se lo ponga! ¡Que se lo ponga!», pero me daba igual. El tercer obstáculo, en orden creciente de importancia, era no sentirme en mi terreno ni con el entorno ni con mi reparto exclusivamente femenino. Había aterrizado en el Planeta Hembra, y para recorrerlo no me servía de mucho una antigua visita al vestidor femenino de la preparatoria de Brunswick. Siempre he escrito más a gusto cuando ha sido un acto íntimo, con el erotismo de dos pieles en contacto. Carrie me daba la sensación de llevar un traje de neopreno y no poder quitármelo. El cuarto inconveniente, y primero en importancia, fue darme cuenta de que la única manera de sacarle partido al argumento era escribir un relato bastante largo, quizá más que «A veces vuelven», que ya rozaba el límite estricto de lo que aceptaba el mercado de revistas para hombres en términos de cómputo de palabras. Había que dejar mucho espacio para las fotos de porristas que se han olvidado (¿por qué será?) de ponerse los calzones, porque era lo que vendía. Recelé de perder dos semanas elaborando una novela corta que ni me gustaba ni podría venderse. Solución: tirarla a la basura.

La noche siguiente, cuando volví del colegio, el borrador estaba en poder de Tabby. Lo había visto al vaciar la papelera, había limpiado de ceniza las páginas arrugadas, las había alisado y se había sentado a leerlas. Expresó su deseo de que acabara el relato. Yo alegué que no tenía ni puta idea sobre las niñas de preparatoria, y dijo ella que me ayudaría. Tenía la cabeza un poco inclinada, y sonreía de aquella manera tan mona.

—Tiene posibilidades —concluyó—. Lo digo en serio.

29

Carrie White no llegó a caerme bien, ni yo a confiar en los motivos de Sue Snell para prestarle a su novio en el baile, pero es verdad que el argumento tenía posibilidades. Toda una carrera de escritor, por ejemplo. Lo había intuido Tabby, y lo entreví yo cuando llevaba amontonadas cincuenta hojas a un solo espacio. Para empezar, dudé que el baile de Carrie White pudiera olvidársele a alguno de los asistentes. Los pocos que sobrevivieran, vaya.

Antes de *Carrie* ya había escrito tres novelas: *Rabia*, *La larga marcha* y *El fugitivo*, todas publicadas con posterioridad. La más inquietante es *Rabia*, y la mejor quizá *La larga marcha*, pero ninguna de las tres me enseñó tanto como Carrie White. Aprendí dos cosas: primero, que la impresión inicial del autor sobre el personaje o personajes puede ser tan errónea como la del lector. Segundo (pero no en importancia), darse cuenta de que es mala idea dejar algo a medias sólo porque presente dificultades emocionales o imaginativas. A veces hay que seguir aunque no haya ganas. A veces se tiene la sensación de estar acumulando mierda, y al final sale algo bueno.

Tabby me prestó una gran ayuda, empezando por el dato de que los dispensadores de toallas femeninas de las preparatorias no suelen funcionar con monedas. Dijo que ni los profesores ni la dirección tenían mucho interés en que hubiera niñas paseándose por el colegio con el vestido manchado de sangre sólo por no traer 25 centavos. Yo también contribuí, desenterrando recuerdos de la preparatoria (mi plaza de profesor de lengua no servía, porque ya tenía veintiséis años y estaba en el lado malo de la mesa) y haciendo un esfuerzo de memoria sobre las dos chicas más solitarias e impopulares de mi clase: su aspecto físico, qué hacían, cómo las trataban los demás... Mi carrera me ha deparado pocas ocasiones de volver a explorar un territorio tan desagradable.

Me referiré a la primera de las chicas como Sondra. Vivía con su madre y un perro (Cheddar Cheese) en una casa rodante, bastante cerca de mi casa. Tenía una voz carrasposa e irregular, como si siempre hablara con la garganta tapada por alguna mucosidad. No estaba gorda, pero su carne presentaba un aspecto flácido y descolorido, como la parte inferior de ciertas setas. Tenía caireles que se le pegaban a las mejillas, cubiertas de acné. Sondra no tenía amigos (a excepción, imagino, de *Cheddar Cheese*). Un día su madre me pagó por cambiar de sitio unos muebles. La pieza más destacada de la sala de la casa rodante era un crucifijo casi de tamaño natural con los ojos hacia arriba, la boca torcida y la corona de espinas goteando sangre. La única ropa que llevaba era un trapo enrollado en las caderas, como un taparrabos; encima, la barriga y las costillas eran de prisionero de campo de concentración. Pensé que Sondra había pasado su infancia bajo la mirada agónica de aquel dios moribundo, lo cual, indudablemente, debía de tener una parte de responsabilidad en que se hubiera convertido en la niña que conocía yo: una paria tímida y fea que correteaba por las aulas de la preparatoria como un ratón asustado.

—Es Jesucristo, mi Señor y Salvador —dijo la madre de Sondra, siguiendo la dirección de mi mirada—. ¿Tú estás salvado, Steve?

Me apresuré a explicarle que estaba todo lo salvado que se pudiera estar, aunque me parecía difícil que hubiera alguien digno de beneficiarse de la intervención de aquella versión de Jesús. Se había vuelto loco de dolor. Se le notaba en la cara. Si ese tipo regresaba, dudé que estuviera de humor para salvar a nadie.

Me referiré a la segunda chica como Dodie Franklin, aunque las demás de la clase la llamaban Dodo o Doodoo. Sus padres sólo tenían un interés en la vida: participar en concursos. La verdad es que lo hacían bien, porque habían ganado premios rarísimos, como latas de atún para todo un año o un coche de marca Maxwell que había pertenecido a Jack Benny. Lo tenían estacionado a la izquierda de su casa, en la parte de Durham que recibía el nombre de Southwest Bend, y estaba en proceso de ser engullido por el paisaje. Una vez al año, o cada dos, alguna de las revistas de la zona (el *Press-Herald* de Portland, el *Sun* de Lewiston o el *Weekly Enterprise* de Lisbon) publicaba un artículo sobre todas las porquerías que habían ganado los padres de Dodie en rifas, loterías y sorteos. Solía aparecer una foto del Maxwell o de Jack Benny con su violín, o las dos.

Los Franklin podían haber ganado muchos premios, pero no un suministro de ropa para adolescentes. Durante el primer año y medio de preparatoria, Dodie y su hermano Bill llevaron cada día lo mismo: él pantalones negros y camisa de cuadros con manga corta, y ella falda negra larga, calcetines negros hasta la rodilla y blusa blanca sin mangas. Es posible que la literalidad de las palabras «cada día» provoque dudas, pero no en los lectores que hayan crecido en poblaciones rurales durante los años cincuenta y sesenta. El Durham de mi infancia no se preocupaba mucho por la imagen. En mi clase había niños con el cuello sucio durante meses, otros con la piel llena de llagas y eccemas, otros con esa piel tan rara, como de manzana seca, que dejan las quemaduras sin tratamiento médico, otros que llegaban a la escuela con piedras en la bolsa de la comida y el termo lleno de aire... No era la Arcadia, no.

En la escuela primaria de Durham, Dodie y Bill Franklin no tuvieron problemas, pero ir a la preparatoria significaba trasladarse a una población mucho mayor, y para los niños como Dodie y Bill, Lisbon Falls era sinónimo de ridículo y desastre. Para burla y espanto de los demás alumnos, la camisa de Bill fue descolorándose y deshilachándose. La caída de un botón se solucionó mediante un clip. Como remedio a un desgarrón detrás de la rodilla, apareció cinta adhesiva pintada minuciosamente con lápiz negro, el color del pantalón. La blusa blanca sin mangas de Dodie empezó a amarillear a consecuencia del uso, los años y la acumulación de manchas de sudor. Día a día transparentaba con mayor claridad los tirantes del brasier. Las otras niñas se reían de ella, primero con disimulo y después a la cara. Las burlas fueron subiendo de tono, aunque siempre limitadas al sexo femenino, porque los chicos ya teníamos bastante trabajo con Bill. (Sí, yo también contribuí; no mucho, pero puse mi grano de arena.) Creo que lo pasó peor Dodie. No es que rieran, es que la odiaban. Personificaba todos los temores de sus compañeras de clase.

El segundo año de preparatoria, a la vuelta de las vacaciones de Navidad, Dodie protagonizó una reaparición espectacular. La falda negra de saldo había cedido su lugar a una falda roja que sólo llegaba hasta la rodilla, no a media pantorrilla, como la anterior. Ya no llevaba los calcetines gastados de siempre, sino medias de nailon que le quedaban bastante bien, más que nada porque había decidido afeitarse los pelos negros que proliferaban en sus piernas. El lugar de la vetusta blusa sin mangas lo ocupaba un suave suéter de lana. Hasta se había hecho un permanente. Dodie era otra, y se le notaba en la cara que lo sabía. Ignoro si se había comprado la ropa nueva con sus ahorros, si era un regalo de Navidad de sus padres o si le había costado meses de insistencia. Tampoco importa, porque el hábito no hizo al monje. En materia de burlas, el primer día fue insuperable. Las compañeras de Dodie no tenían la menor intención de renunciar a molestarla. Es más: la castigaron por haber querido escapar de su prisión. Yo, que compartí varias horas de clase, tuve ocasión de observar directamente la destrucción de Dodie. Vi apagarse su sonrisa, y parpadear y extinguirse la luz de sus ojos. Al final del día volvía a ser la misma de antes de las vacaciones navideñas: un espectro de cara fofa y pecas en las mejillas que se escabullía por los pasillos mirando al suelo y apretando los libros contra el pecho.

Al día siguiente se presentó con la falda y el suéter nuevos. Y al siguiente. Y al siguiente. Los llevó hasta el último día de curso, si bien para entonces hacía demasiado calor para llevar lana, y siempre tenía gotas de sudor en las sienes y el labio superior. El permanente casero, en cambio, no se repitió, y la ropa nueva perdió todo su lustre. En cuanto a las burlas, ya habían revertido a sus niveles prenavideños, y cesaron del todo los insultos. Lo ocurrido se limitaba a una tentativa de escapatoria, velozmente reprimida. Frustrado el arranque, y garantizado el cómputo de presos habitual, podía volverse a la rutina.

Cuando empecé a escribir *Carrie* ya no vivían ni Sondra ni Dodie. Sondra había abandonado la casa rodante, Durham y la mirada agónica del salvador moribundo, mudándose a un piso de Lisbon Falls. Debía de trabajar cerca, en alguna fábrica textil o de zapatos. Era epiléptica y murió de un ataque; como vivía sola, nadie pudo evitar que se cayera al suelo con la cabeza en mala posición. Dodie contrajo matrimonio con el hombre del tiempo de una cadena de televisión, merecedor de cierta fama en Nueva Inglaterra por su acento casi ininteligible, típico de la zona. Después de haber dado a luz (creo que por segunda vez), bajó al sótano y se pegó un tiro en el abdomen con una bala del veintidós. Fue un buen disparo (o malo, según se mire), porque le seccionó la vena porta y provocó su muerte. En la ciudad se atribuyó el suicidio a una depresión posparto (¡pobre chica!). Por mi parte, sospeché que tenía algo que ver con las secuelas de la preparatoria.

Carrie nunca me ha caído bien, pero al menos Sondra y Dodie me ayudaron a entenderla un poco. La compadecía a ella y a sus compañeros de clase, de quienes yo, en algún momento, formé parte.

30

El original de *Carrie* fue expedido a Doubleday, con uno de cuyos empleados, William Thompson, yo había trabado amistad. Después de enviarlo olvidé su existencia y proseguí mi vida normal, que en aquella época consistía en dar clases, ejercer de padre, querer a mi esposa, emborracharme cada viernes por la tarde y escribir relatos.

Durante aquel semestre, mi hora libre era la quinta, justo después de comer. Solía pasarla en la sala de profesores, corrigiendo exámenes y soñando con tomar una siesta en el sofá. (Mi energía a primera hora de la tarde era como la de una boa constrictor después de haberse tragado una cabra.) Se encendió el intercomunicador, y Colleen Sites, de la administración, preguntó por mí. Yo hice constar mi presencia, y ella me convocó a su despacho. Tenía una llamada. De mi mujer.

El camino desde la sala de profesores a la administración, ambas en la planta baja, se me hizo largo, y eso que era hora de clase y estaban los pasillos prácticamente vacíos. Caminaba casi corriendo, con el corazón a mil por hora. Para usar el teléfono de los vecinos, Tabby tendría que haberles puesto el abrigo y las botas a los niños, y sólo se me ocurrían dos motivos para ello: o uno de los dos se había roto una pierna o me compraban *Carrie*.

Mi mujer me leyó un telegrama con la voz entrecortada, pero en el colmo de la felicidad. Lo enviaba Bill Thompson (en cuya carrera posterior figura el descubrimiento de un tal John Grisham) después de haber querido llamar por teléfono y descubrir que los King ya no disponían de dicho accesorio. El texto: FELICIDADES. *CARRIE* YA ES OFICIALMENTE DE DOUBLEDAY. ¿QUÉ TAL 2,500 DE ADELANTO? ESTO SÓLO ES EL PRINCIPIO. UN ABRAZO. BILL.

Dos mil quinientos dólares era un adelanto modesto, hasta para principios de los años setenta, pero ni yo lo sabía ni tenía agente literario que pudiera informarme. Antes de que se me ocurriera la conveniencia de hacerme con uno, mi pluma ya había generado unos ingresos netamente superiores a los tres millones de dólares, buena parte de los cuales se quedó el editor. (Entonces el contrato estándar de Doubleday era un poco mejor que un pacto de servidumbre, pero no mucho.) Y mi novelita de terror en la preparatoria se encaminaba hacia la publicación con una lentitud exasperante. La habían aceptado a finales de marzo o principios de abril de 1973, pero sólo se fijó la fecha de lanzamiento en primavera de 1974. No era un caso excepcional. Doubleday, en aquella época, era una verdadera y enorme fábrica de literatura de ficción que sacaba novelas policiacas, rosas, de ciencia ficción y del oeste a razón de cincuenta o más al mes, sin contar la colección estrella de la casa, con pesos pesados como Leon Uris y Allen Drury. Yo sólo era un pececito en un río muy transitado.

Tabby me preguntó si podía dejar la enseñanza, pero le dije que no; 2,500 dólares no daban para tanto, y la posibilidad de ganar más era demasiado vaga. Viviendo solo quizá sí, pero con mujer y dos hijos… No, imposible. Recuerdo que por la noche comimos pan tostado en la cama y hablamos hasta la madrugada. Tabby me preguntó cuánto ganaríamos en caso de que Doubleday pudiera vender los derechos de reedición en bolsillo de *Carrie*, y le contesté que no lo sabía. Acababa de enterarme de la barbaridad de adelanto que le habían dado a Mario Puzo por los derechos en bolsillo de El padrino (400,000 dólares, según el periódico), pero dudaba que *Carrie* pudiera aspirar siquiera a la mitad, suponiendo que se editara en bolsillo, que ya era mucho suponer.

Entonces Tabby (con una timidez poco habitual, porque no suele tener pelos en la lengua) preguntó por mis esperanzas de que saliera el libro en bolsillo. Yo contesté que veía bastantes posibilidades, un setenta u ochenta por ciento. Luego me preguntó cuánto dinero podía significar, y yo expresé mis estimaciones entre diez mil y sesenta mil dólares.

—¿Sesenta mil dólares? —Parecía casi atónita—. ¿Tanto?

Dije que quizá no fuera probable, pero que entraba dentro de lo posible. A continuación le recordé que mi contrato especificaba el reparto en dos mitades de las ganancias en formato de bolsillo, es decir, que si llegaba a ocurrir que Ballantine o Dell pagaran sesenta mil billetes, nosotros sólo cobraríamos treinta. Tabby no se molestó en contestar. Tampoco hacía falta. Treinta mil dólares era lo que podía aspirar a ganar en cuatro años dando clases, contando la subida anual de sueldo. Era mucho dinero. Casi seguro que eran castillos en el aire, pero esa noche tocaba soñar.

31

Carrie avanzaba a paso de tortuga hacia su publicación. Nos gastamos el adelanto en un coche nuevo (aburguesamiento que mereció las críticas de Tabby, expresadas en su más que pintoresca jerga de obrero), y yo firmé el contrato de profesor para el curso 1973-1974. Ya había empezado a escribir otra novela, una combinación peculiar de *Drácula* y *Peyton Place* a la que bauticé como *Second coming*. Entretanto habíamos vuelto a Bangor. Ahora vivíamos en una planta baja que era un verdadero cuchitril, pero volvíamos a estar en la ciudad, teníamos un coche con garantía y disponíamos de teléfono.

Confieso que *Carrie* se había borrado casi por completo de mi radar, porque tenía mucho trabajo con los niños, tanto en el colegio como en casa. Por otro lado, empezaba a estar preocupado por mi madre. A sus sesenta y un años seguía trabajando en el Pineland Training Center y conservaba su sentido del humor, pero Dave me había contado que sufría malestares frecuentes. Tenía la mesita de noche llena de analgésicos, y mi hermano sospechaba alguna dolencia grave.

—Ya sabes que siempre ha fumado como una chimenea —me dijo.

¡Ese Dave! Para chimenea él (y yo, para indignación de mi esposa ante el gasto y el rastro sempiterno de cenizas), pero comprendí el comentario. También es cierto que, si bien vivía a mayor distancia que Dave y veía menos a mi madre, en mi última visita la había notado más delgada.

—¿Qué podemos hacer? —pregunté.

Detrás de la pregunta estaba todo lo que sabíamos acerca de nuestra madre, que en lo tocante a sus cosas era una mujer muy reservada. Esta filosofía de vida había generado un gran espacio gris donde las otras familias tenían historias. Dave y yo no sabíamos casi nada de nuestro padre y su familia, y apenas lo justo sobre el pasado de nuestra madre, incluida la increíble cantidad (al menos para mí) de ocho hermanos muertos de ambos sexos, y la ambición frustrada de ser concertista de piano (si bien afirmaba haber tocado el órgano en radionovelas de la NBC y espectáculos parroquiales durante la guerra).

—Nada —contestó Dave—. No podemos hacer nada hasta que lo pida ella.

Poco después, un domingo, me llamó Bill Thompson desde Doubleday. Yo estaba solo en el piso. Tabby había ido a ver a su madre con los niños, y yo trabajaba en el nuevo libro, concebido como una mezcla de novela de vampiros y descripción costumbrista a lo Thornton Wilder en *Nuestra ciudad*.

—¿Estás sentado? —preguntó Bill.

—No —dije yo. Como teníamos el teléfono en la pared de la cocina, estaba de pie entre esta y la sala—. ¿Debería?

—Te lo aconsejo —contestó Bill—. Los derechos de *Carrie* en bolsillo se los ha quedado Signet Books por cuatrocientos mil dólares.

Una vez, siendo yo muy pequeño, mi padre le había dicho a mi madre: «¿Por qué no haces callar al niño, Ruth? Este Stephen, cada vez que abre la boca saca las tripas.» Era verdad y lo ha seguido siendo, pero el Día de la Madre de mayo de 1973 la llamada de Bill me dejó completamente mudo. No podía articular palabra. Bill preguntó si aún estaba al teléfono, aguantándose la risa. Sabía que sí.

No podía haberlo entendido bien. Imposible. La idea me permitió encontrar la voz perdida.

—¿Has dicho cuarenta mil?

—Cuatrocientos mil —me corrigió Bill—. Según las reglas —(refiriéndose al contrato que había firmado yo)— te corresponden cien mil. Felicidades, Steve.

Yo seguía de pie al lado de la puerta, mirando el dormitorio del fondo de la sala, con la cuna de Joe. Pagábamos noventa dólares de renta al mes, y un hombre a quien sólo había visto en una ocasión me comunicaba que me había tocado la lotería. Se me doblaron las piernas. No es que me cayera, pero me quedé sentado en el suelo.

—¿Estás seguro? —le pregunté a Bill.

Dijo que sí. Entonces le pedí que repitiera la cantidad muy lentamente y esmerando la pronunciación, para estar seguro de no confundirme. Dijo que era un cuatro con cinco ceros detrás.

—Luego un punto y dos ceros más —añadió.

Seguimos hablando media hora, pero no recuerdo una sola palabra de la conversación. Al término de ella intenté llamar a Tabby a casa de su madre, pero me dijo Marcella, su hermana menor, que acababa de marcharse. Entonces me paseé en calcetines por todo el apartamento, con la sensación de que si no le contaba a nadie la buena noticia explotaría. Me decidí a calzarme y bajar al centro. En toda la avenida principal de Bangor sólo quedaba una tienda abierta, La Verdiere's. De repente sentí la obligación de comprarle a Tabby un regalo para el Día de la Madre, algo lujoso y excesivo. Lo intenté, pero he aquí una de las grandes verdades de la vida: en La Verdiere's no venden nada muy lujoso ni excesivo. Le compré lo más próximo a la definición: una secadora.

Volví a casa y la encontré en la cocina deshaciendo las bolsas de los niños y cantando lo que pasaban por la radio. Le di la secadora y se la quedó mirando como si fuera la primera que veía.

—¿Para qué es? —preguntó.

La tomé por los hombros y le conté lo de los derechos de bolsillo. Viendo que no lo entendía, se lo repetí. Entonces Tabby miró por encima de mi hombro, contempló (como yo antes) nuestra mierda de departamento y empezó a llorar.

32

Tuve mi primera borrachera en 1966, durante un viaje de fin de curso a Washington. Íbamos en autobús, unos cuarenta alumnos y tres acompañantes (entre ellos el mismísimo Bola de Billar), y dormimos la primera noche en Nueva York, que en esa época toleraba el consumo de alcohol a partir de los dieciocho años. Yo casi tenía diecinueve, gracias a mis problemas de oído y mis desgraciadas amígdalas.

Yo y un grupo de los más atrevidos encontramos una tienda de bebidas alcohólicas al lado del hotel. Examiné los anaqueles sin perder de vista que mi dinero para gastos personales no era precisamente una fortuna. Había demasiado de todo: botellas, marcas y precios por encima de diez dólares. Acabé rindiéndome y preguntándole a la persona del mostrador (el mismo individuo calvo con bata gris y cara de aburrimiento que ha vendido la primera botella a todos los vírgenes alcohólicos desde el inicio del comercio, seguro) qué era lo más barato. Él sacó una botella de whisky Old Log Cabin y, sin mediar palabra, la dejó encima de la alfombrilla de Winston que había al lado de la caja. En la etiqueta decía «$ 1.95». Buen precio.

Conservo el vago recuerdo de haber sido llevado al elevador (no sé si de noche o ya de día) por Peter Higgins (el hijo de Bola de Billar), Butch Michaud, Lenny Partridge y John Chizmar. Más que un recuerdo, parece una escena vista por la tele. Es como si la presenciara desde fuera de mi cuerpo. Lo poco que queda dentro es suficiente para notar que estoy jodidísimo a escala planetaria, y hasta puede que galáctica.

La cámara sigue nuestra ascensión hacia el departamento de las chicas y recoge mis tumbos por el pasillo, empujado por varias manos. El espectáculo parece divertido. Las chicas están en camisón o bata, con rizos y crema en la cara, y se ríen todas de mí, pero no parece una risa malintencionada. Se trata de un sonido amortiguado, como si lo oyera con algodón en las orejas. Intento decirle a Carole Lemke que me encanta su peinado, y que tiene los ojos azules más bonitos del mundo, pero sólo me sale algo como: «Uauauaua azules, uauauaua mundo.» Carole ríe y mueve la cabeza como si se entendiera todo. Estoy contentísimo. Es evidente que estoy haciendo el ridículo, pero un ridículo feliz y merecedor del afecto general.

Pasa cierto tiempo y aparezco en la cama. No se mueve, pero la habitación empieza a dar vueltas a creciente velocidad con ella como eje. Pienso que gira como el plato de mi tocadiscos Webcor, donde ponía a Fats Domino, y ahora a Bob Dylan y Dave Clark Five. El eje soy yo, y hablando de platos, estoy a punto de echar el primero y el segundo. Hasta el postre.

Sufro un breve desmayo, y me despierto de rodillas en el baño de la habitación doble que comparto con mi amigo Louis Purington. Ignoro por completo cómo he entrado, pero es una suerte, porque el suelo está cubierto de vómito amarillo. Parece maíz en grano, pienso. La idea sirve de detonante para otra arcada. Sólo salen hilitos de baba con olor a whisky, pero tengo la sensación de que va explotarme la cabeza. No puedo caminar. Vuelvo a gatas a la cama con el pelo sudado cayéndome encima de los ojos. Mañana estaré mejor, pienso. Y vuelvo a desmayarme.

Por la mañana se me ha apaciguado ligeramente el estómago, pero me duele el diafragma de tanto vomitar, y tengo una jaqueca digna de toda una dentadura infectada. Mis ojos se convirtieron en lupas. La luz horriblemente intensa que entra por las ventanas del hotel se concentra en ellas y no tardará en prenderle fuego a mi cerebro.

Ni hablar de mi participación en las actividades programadas del día (a pie a hasta Times Square, en barco a la estatua de la Libertad y en elevador al último piso del Empire State). ¿Caminar? Uf. ¿Un barco? Doble uf. ¿Un elevador? Uf a la cuarta potencia. ¡Carajo, si no puedo ni moverme! Alego una excusa poco convincente y me paso casi todo el día en la cama. Hacia finales de la tarde me encuentro un poco mejor. Me visto, recorro el pasillo como buenamente puedo hasta llegar al elevador y bajo a la recepción. Comer sigue siendo imposible, pero me siento capaz de enfrentarme con un ginger ale, un cigarro y una revista. ¿A quién veo en el vestíbulo, leyendo el periódico en un sillón? Al mismísimo señor Higgins, alias Bola de Billar. Paso de largo con toda la discreción a mi alcance, pero no basta. A mi regreso de la tienda del hotel, lo encuentro con el periódico en las rodillas y mirándome. Me da un vuelco el estómago. Acabo de ganarme otro lío con el director, puede que hasta peor que el de *The Village Vomit*. Higgins me llama, y descubro algo interesante: resulta que es buen tipo. Cuando pasó lo del noticiario satírico me dio un buen regaño, pero debió de pedírselo la señora Margitan. Además, yo entonces sólo acababa de cumplir los dieciséis. El día de mi primera cruda me faltaba poco para cumplir diecinueve, me aceptaron en la universidad pública y al final del viaje de fin de cursos me espera un trabajo en una fábrica.

—Me habían dicho que te encontrabas demasiado mal para visitar Nueva York con el resto de los alumnos —dice Bola de Billar, mirándome de pies a cabeza.

Confirmo que he estado enfermo.

—¡Lástima que te lo hayas perdido! —dice Bola de Billar—. ¿Ya estás mejor?

Sí, bastante mejor. Alguna gastroenteritis, de las que sólo duran veinticuatro horas.

—Espero que no te vuelva a pasar —dice él—. Al menos en este viaje.

Me mira un rato más, preguntándome con los ojos si nos hemos entendido.

—Seguro que no —digo yo sinceramente.

Ahora ya sé qué significa estar borracho: una vaga sensación de buena voluntad, otra más nítida de tener casi toda la conciencia fuera del cuerpo, flotando encima como una cámara en una película de ciencia ficción y filmándolo todo, y por último el mareo, el vómito y el dolor de cabeza. No, me digo que no volverá a darme, ni en este viaje ni nunca. Es suficiente una vez, sólo para averiguar de qué se trata. Repetir el experimento sería de imbéciles, y dedicar una parte de la vida a beber, de locos, locos masoquistas.

Al día siguiente proseguimos el viaje a Washington, con una parada en territorio amish. Cerca de donde estaciona el autocar hay una bodega. Entro a echar un vistazo. En Pennsylvania no se puede beber alcohol con menos de veintiún años, pero seguro que mi traje (el único bueno que tengo) y el abrigo negro de Fazza me hacen aparentar esa edad como mínimo.

De hecho, lo más probable es que parezca un preso recién salido de la cárcel, alto, hambriento y con pinta de desquiciado. El encargado me vende una botellita de Four Roses sin pedirme ningún documento, y cuando paramos a dormir vuelvo a estar borracho. Pasan unos diez años y estoy con Bill Thompson en una taberna irlandesa. Tenemos muchas cosas que celebrar, sobre todo el punto final a mi tercer libro, *El resplandor*. Es, justamente, la novela que trata de un escritor y ex profesor alcohólico. Estamos en julio, la noche del partido de basquetbol de los All-Star. Tenemos planeado cenar abundantemente, y a continuación agarrar una borrachera de campeonato. Empezamos con dos rondas en la barra, y yo empiezo a leer todos los letreros que incitan a la bebida: «En Manhattan, tómate un manhattan», «El jueves, tonto si no bebes», «El trabajo es el opio de la clase bebedora». Y justo delante de mí hay uno donde dice: «¡Especial para madrugadores! De lunes a viernes, de 8 a 10 de la mañana, a dólar el desarmador.»

Le hago gestos al barman y se acerca. Es calvo y lleva chamarra gris. Podría ser el mismo que me vendió la primera botella en 1966. Quizá lo sea. Señalo el letrero y pregunto:

—¿Quién llega al diez para las nueve y pide un desarmador?

Sonrío, pero él no.

—Universitarios como tú —contesta.

33

En 1971 o 1972, Carolyn Weimer, la hermana de mamá, murió de cáncer de mama. Mi madre y mi tía

Ethelyn (melliza de Carolyn) fueron en avión a Minnesota para asistir al entierro de la tía Cal. Era el primer vuelo que tomaba mi madre en veinte años. Durante el vuelo de regreso empezó a sangrar profusamente por lo que habría llamado ella «sus partes». A pesar de que ya hacía mucho tiempo que su cuerpo había abandonado ese ciclo, se dijo que sólo era una menstruación final. Se encerró en el minúsculo baño de un jet de la TWA en pleno vuelo, cortó la hemorragia con tampones («¡Que se lo ponga! ¡Que se lo ponga!», habrían dicho Sue Snell y sus amigas) y volvió a su asiento. No dijo nada a nadie, ni a Ethelyn, ni a David ni a mí. Tampoco fue a ver a Joe Mendes, de Lisbon Falls, que era su médico de cabecera desde tiempos inmemoriales. Prefirió reaccionar como siempre que tenía problemas: guardándose sus cosas. Pasó una temporada bastante buena, sin señales de alarma: le gustaba su trabajo y disfrutaba con sus amistades y sus cuatro nietos, dos de la familia de Dave y dos de la mía. Pero llegó el final de la buena racha. En agosto de 1973, con motivo de un chequeo posterior a la operación que le quitó unas cuantas várices de las muchas y grandes que tenía, le diagnosticaron a mi madre cáncer de útero. Yo creo que Nellie Ruth Pillsbury King, entre cuyas hazañas se contaba vaciar en el suelo un recipiente de gelatina y bailar encima mientras sus dos hijos se morían de risa en un rincón, se murió de vergüenza, y no es una simple expresión.

El final se produjo en febrero de 1974. Para entonces *Carrie* ya empezaba a generar algunos dividendos, y pude contribuir a los gastos médicos. Triste consuelo, pero algo es algo. Y estuve presente en los últimos días, durmiendo en la habitación de invitados de Dave y Linda. Afortunadamente, la borrachera de la noche anterior sólo me había dejado una cruda moderada. Dudo que le guste a nadie la idea de presentarse con cruda en el lecho de muerte de su madre.

Dave me despertó a las seis y cuarto de la mañana susurrando al otro lado de la puerta que temía lo peor. Al entrar en el dormitorio principal, lo encontré sentado al lado de la cama y aguantándole un cigarro a mamá, que lo fumaba entre jadeos. Estaba medio inconsciente, y su mirada oscilaba entre Dave y yo. Me senté al lado de Dave, cogí el cigarro y lo apliqué a los labios de la moribunda, que abocinó los labios para apresar el filtro. Tenía al lado de la cama una galerada encuadernada de *Carrie*, que se reflejaba hasta el infinito en un conjunto de espejos. Se lo había leído en voz alta la tía Ethelyn, más o menos un mes antes de su muerte.

Los ojos de mamá miraban a Dave y luego a mí, a Dave y a mí, a Dave y a mí. Había bajado de setenta y dos kilos a cuarenta. Tenía la piel amarilla, y tan tirante que parecía una de esas momias que sacan a pasear los mexicanos el Día de Muertos. Nos turnamos para aguantarle el cigarro, y cuando sólo quedaba el filtro lo apagué yo.

—Mis niños —dijo ella, antes de caer no sé si en el sueño o la inconsciencia.

Me dolía la cabeza. Cogí dos aspirinas de uno de los muchos frascos de medicamentos que tenía mamá en la mesita. Dave le cogió una mano, y yo la otra. Lo que había debajo de la sábana no era el cuerpo de nuestra madre, sino el de una niña desnutrida y deforme. Dave y yo fumamos y conversamos un poco, no recuerdo sobre qué. Por la noche había llovido y había bajado bruscamente la temperatura, las calles amanecieron heladas. Oímos que se alargaba la pausa entre jadeo y jadeo. Por último ya no hubo ninguno, sólo pausa.

34

Mi madre fue enterrada en la iglesia congregacionalista de Southwest Bend. La de Methodist Corners, que la había tenido por feligresa, y donde habíamos ido de niños Dave y yo, estaba cerrada por el frío. El panegírico corrió a mi cargo y creo que me salió bastante bien, sobre todo en vista de lo borracho que estaba.

35

Los alcohólicos erigen defensas como diques los holandeses. Yo me pasé los primeros doce años de mi vida matrimonial diciéndome que «sólo me gustaba beber». También empleé la Defensa Hemingway, famosa en el mundo entero. Nunca se ha expuesto con claridad (porque no sería de machos), pero consiste más o menos en lo siguiente: soy escritor, y por lo tanto muy sensible, pero también soy un hombre, y los hombres de verdad no se dejan gobernar por la sensibilidad. Eso sería de maricas. En conclusión, bebo. ¿Hay alguna otra manera de afrontar el horror existencial y seguir trabajando? Mira, no pasa nada, yo lo controlo. Como buen machote.

Todo hasta que a principios de los ochenta la asamblea legislativa del estado de Maine aprobó una ley sobre botellas y latas retornables. A partir de entonces mis latas de medio litro de Miller Lite ya no acababan en la basura, sino en un contenedor de plástico que había en el garaje. Un jueves por la noche salí a tirar unas cuantas, caídas en combate. Para mi sorpresa, el contenedor, vacío el lunes por la noche, estaba casi lleno. Y siendo yo el único bebedor de Miller Lite de toda la casa...

¡Caramba, hombre!, pensé. ¡Soy alcohólico! Y no se elevó en mi cabeza ninguna opinión disonante. Téngase en cuenta que hablo de alguien que había firmado *El resplandor* sin darse cuenta de estar escribiendo sobre sí mismo (al menos hasta la noche que acabo de referir). Mi reacción a la idea no fue desmentirla ni matizarla, sino tomar una decisión muy influida por el miedo. Recuerdo claramente que pensé: pues ahora mucho cuidado, porque si lo arruinas...

Si lo arruinaba (manejando de noche y dando una vuelta de campana en alguna carretera poco transitada, o perdiendo el control en una entrevista en vivo por la tele), no faltaría quien me aconsejara dominar mi afición a la bebida, y decirle a un alcohólico que controle lo que bebe es como decirle a alguien con una diarrea de las que hacen historia que controle los esfínteres. Tengo un amigo que ha pasado por lo mismo y cuenta una anécdota graciosa sobre su primera tentativa de recuperar el dominio de una vida que se le escapaba. Acudió a un psicólogo y dijo que a su mujer le parecía mal que bebiera tanto.

—¿Cuánto bebe? —preguntó el psicólogo.

Mi amigo lo miró con incredulidad.

—Todo —contestó, como si cayera por su peso.

Sé lo que sentía. Yo ya hace casi doce años que no pruebo el alcohol, pero sigue pareciéndome inconcebible la visión de alguien en un restaurante con una copa de vino a medias. Me dan ganas de levantarme, ir a su mesa y gritarle a la cara: «¡Acábatela! ¿Por qué no te la has acabado?» Me parecía ridícula la idea de beber alcohol como acto social. ¿Por qué no te tomas una coca-cola, ya que no quieres emborracharte?

Durante mis cinco últimos años de bebedor, siempre remataba las noches con el mismo ritual: vaciar en el fregadero las cervezas que quedaran en el refrigerador. Si no, al acostarme las oía hablar y no tenía más remedio que acabar levantándome y coger otra. Y otra. Y otra.

36

En 1985 se había sumado a mi problema de alcoholismo la adicción a las drogas, pero seguí funcionando con relativa normalidad, como muchos consumidores de estupefacientes. La idea de no hacerlo me provocaba pavor. Se me había olvidado por completo cómo vivir de otra manera. Me desvivía por esconder las sustancias que tomaba, tanto por miedo (¿qué me ocurriría sin droga? Me había desacostumbrado a la vida normal) como por vergüenza. Volvía a limpiarme el culo con ortigas, y esta vez a diario, pero no podía pedir ayuda. En mi familia no se hacía así. En mi familia se fumaba, se bailaba pisando gelatina y cada cual se guardaba sus cosas.

Aun así, la parte de mí que escribe novelas y cuentos, la parte profunda que en 1975 (año en que escribí *El resplandor*) ya sabía que era alcohólico, no estaba dispuesta a aceptarlo. Como no entiende de silencios, empezó a gritar pidiendo ayuda de la única manera que sabía: a través de mis relatos y de mis monstruos. A finales de 1985 y principios de 1986 escribí *Misery* (título que describe perfectamente mi estado de ánimo), la historia de un escritor que cae prisionero de una enfermera sicópata y es torturado por ella. En primavera y verano de 1986 escribí *Tommyknockers* en sesiones que solían prolongarse hasta la medianoche, con el corazón a ciento treinta pulsaciones por minuto y las ventanas de la nariz tapadas con algodón para cortar la hemorragia debida al consumo de coca.

Tommyknockers es un relato de ciencia ficción como de los años cuarenta donde la protagonista, que es escritora, descubre una nave alienígena enterrada en el suelo. La tripulación sigue dentro, pero no muerta, sino en hibernación. Se trata de unos extraterrestres que se te meten en la cabeza y hacen travesuras. El resultado es energía y una inteligencia de índole superficial (la escritora, Bobbi Anderson, inventa entre otras cosas una máquina de escribir telepática y un calentador de agua atómico), pero se paga con el alma. Fue la mejor metáfora de las drogas y el alcohol que se le ocurrió a mi cerebro, cansado y sometido a un estrés brutal.

Poco tiempo después, mi mujer llegó a la conclusión de que no saldría solo de aquella espiral descendente e intervino. Dudo que fuera fácil, porque yo ya estaba muy lejos de cualquier sensatez, pero lo consiguió. Montó un grupo de intervención formado por parientes y amigos, y fui sermoneado con una especie de *Esta es su vida en el infierno*. El primer paso que dio Tabby fue vaciar en la alfombra una bolsa de basura llena de cosas de mi despacho: latas de cerveza, colillas, cocaína en envases de un gramo, más cocaína en bolsitas, cucharitas para coca manchadas de mocos y sangre seca, Valium, Xanax, frascos de jarabe Robitussin para la tos y de NyQuil anticatarro, y hasta botellas de enjuague bucal. Aproximadamente un año antes, al observar la rapidez con que desaparecían del lavabo auténticos botellones de Listerine, me preguntó Tabby si me lo bebía. Mi respuesta, imbuida de altivez y superioridad, fue que cómo iba a bebérmelo. Y era verdad. Prefería beberme el Scope, que era más agradable porque sabía un poco a menta.

El sentido de la intervención, de la cual puedo asegurar que fue igual de desagradable para mi mujer e hijos que para mí, es que yo me estaba matando delante de sus narices. Dijo Tabby que tenía dos alternativas: o hacer un tratamiento de rehabilitación o marcharme enseguida de casa. Dijo que me querían los tres, ella y los niños, y que por eso no querían presenciar mi suicidio.

Yo regateé, que es lo que hacen los adictos. Estuve encantador, como todos los adictos, y conseguí dos semanas para pensármelo. Ahora, visto en perspectiva, se me antoja el resumen de toda la locura de aquella época. Hay alguien en la azotea de un edificio en llamas. Llega un helicóptero, se coloca encima, suelta una escalerilla de cuerda y grita alguien desde la cabina: «¡Suba!» Contesta el del edificio: «Deme dos semanas para pensarlo.»

La verdad, sin embargo, es que pensé (al menos hasta donde me lo permitía mi estado), y acabó por convencerme Annie Wilkes, la enfermera de *Misery*. Annie personificaba la coca y la bebida, y decidí que estaba cansado de ser su escritor mascota. Temí no poder seguir trabajando sin alcohol ni droga, pero decidí (repito, hasta donde me lo permitía mi estado de confusión y desánimo) darlo todo a cambio de seguir casado y ver crecer a los niños. Si de veras había que escoger.

Que no fue el caso, evidentemente. La idea de que la creación y las sustancias sicotrópicas vayan de la mano es uno de los grandes mitos de nuestra época, tanto a nivel intelectual como de cultura popular. Los cuatro escritores del siglo veinte cuya obra ha tenido mayor responsabilidad en ello deben de ser Hemingway, Scott Fitzgerald, Sherwood Anderson y el poeta Dylan Thomas. Son los que han formado nuestra visión de un yermo existencial en lengua inglesa donde la gente ya no se comunica y vive en un ambiente de asfixia y desesperación emocionales. Ninguno de esos conceptos le es desconocido a la mayoría de los alcohólicos, pero la reacción habitual es encontrarlo gracioso. Los escritores que se enganchan a determinadas sustancias no se diferencian en nada de los demás adictos; son, en otras palabras, borrachos y drogadictos *vulgaris*. Las afirmaciones de que la droga y el alcohol son necesarios para atenuar un exceso de sensibilidad no pasan de ser la típica tontería para justificarse. He oído el mismo argumento en boca de operadores de quitanieves: que beben para calmar a los demonios. Da lo mismo ser James Jones, John Cheever o un simple borracho estación del tren; para un adicto, el derecho al alcohol o la droga elegida debe protegerse a toda costa. Hemingway y Fitzgerald no bebían porque fuesen personas creativas, alienadas o débiles moralmente, sino por la misma razón que todos los alcohólicos. No digo que la gente creativa no corra mayor riesgo de engancharse que en otros trabajos, pero ¿y qué? A la hora de vomitar en la zanja, nos parecemos todos bastante.

37

Al final de mis aventuras bebía cada noche una caja de latas de medio litro, y tengo una novela, *Cujo*, que apenas recuerdo haber escrito. No lo digo con orgullo ni con vergüenza; sólo con la vaga sensación de haber perdido algo. Es un libro que me gusta, y ojalá guardara un recuerdo agradable de haber redactado las partes buenas.

En los peores momentos no quería beber ni estar sobrio. Me sentía desahuciado de mi propia vida. Al iniciar el camino de vuelta, mi máxima ambición era creerles a los que me prometían una mejora a cambio de tiempo. Y en ningún momento dejé de escribir. Me salieron muchas páginas flojas, como de aprendiz, pero al menos salían. Luego las sepultaba en el último cajón del escritorio y pasaba al proyecto siguiente. Poco a poco volví a encontrar el ritmo, y después la alegría. Me reintegré a mi familia con gratitud, y a mi trabajo con alivio. Volvía como cuando se vuelve a la casa de campo después de un largo invierno y se empieza comprobando que no hayan robado ni roto nada durante los meses de frío. Estaba todo intacto; todo en su sitio, completo. Una vez deshonradas las cañerías, y encendida la corriente, funcionaba todo.

38

Lo último que quiero contar en esta sección versa sobre mi escritorio. Había soñado muchos años con tener un escritorio grande de roble macizo, que dominara la habitación. Adiós a las mesitas infantiles en el cubículo de un remolque, y a las estrecheces de las casas de alquiler donde se pone la mesa en cualquier rincón. En 1981 encontré la que soñaba y la puse en un estudio amplio y con luz cenital. (Está detrás de casa y había sido un pajar.) Seis años me pasé detrás de ella, borracho o alucinando, como el capitán de un barco con el rumbo perdido.

Al año o dos de abandonar el alcohol y las drogas me libré del monstruo y convertí el estudio en sala de estar, eligiendo los muebles y el tapete (turco, precioso) con mi mujer. A principios de los noventa, antes de independizarse, mis hijos subían algunas noches para ver un partido de basquetbol o una película, y comerse una pizza. Solían dejar cajas llenas de cortezas, pero no me molestaba. Me compré otra mesa (una maravilla, hecha a mano y la mitad de grande que el tiranosaurio anterior) y la instalé al fondo del despacho, en el lado oeste, donde ya bajaba el techo. Se parece bastante a donde dormía en Durham, pero sin ratas en las paredes ni abuelas seniles gritando desde el piso de abajo que den de comer a su caballo *Dick*. Es donde escribe estas líneas un hombre de cincuenta y tres años con mala vista, un poco cojo y sin cruda. Hago lo que sé, y lo mejor que sé. He superado todo lo que acabo de contar (y mucho más que he dejado en el tintero), y ahora contaré todo lo que pueda sobre mi trabajo. Sin alargarme, como tengo prometido.

Se empieza así: poniendo el escritorio en una esquina y, a la hora de sentarse a escribir, recordando el motivo de que no esté en medio de la habitación. La vida no está al servicio del arte, sino al revés.

QUÉ ES ESCRIBIR

Telepatía, por supuesto. Pensándolo bien, tiene su gracia: la gente se ha pasado años discutiendo si existe tal cosa, hay personajes como J. B. Rhine que se han devanado los sesos para crear un procedimiento válido de comprobación que lo aísle, y resulta que siempre ha estado perfectamente a la vista, como la carta robada de Poe. Todas las artes dependen de la telepatía en mayor o menor medida, pero opino que la literatura ofrece su destilación más pura. Es posible que esté predispuesto a su favor, pero no importa: quedémonos con la escritura, ya que es de lo que hemos venido a pensar y hablar.

Me llamo Stephen King, y escribo el primer borrador de este texto en mi mesa de trabajo (la que está puesta donde baja el techo) una mañana de nieve de diciembre de 1997. Tengo varias cosas en la cabeza. Algunas son preocupaciones (problemas de vista, no haber empezado las compras de Navidad, que mi mujer haya salido de casa con un virus); otras, en cambio, son agradables (nuestro hijo menor nos ha hecho una visita sorpresa desde la universidad, y en un concierto de los Wallflowers subí a tocar con ellos «Brand New Cadillac» de The Clash), pero ahora mismo tiene prioridad el papeleo. Estoy en otra parte, en un sótano con mucha luz e imágenes claras. Me ha costado muchos años construírmelo. Domina una gran perspectiva. Ya sé que no cuadra mucho con que sea un sótano, que es un poco raro y contradictorio, pero yo funciono así. Otro construirá su atalaya en la copa de un árbol, o en el techo del World Trade Center, o al borde del Gran Cañón. Allá cada cual con sus preferencias.

La publicación de este libro está prevista para finales de verano o principios de otoño de 2000. De confirmarse el dato, tú, lector, estarás a cierta distancia cronológica de mí... pero es muy probable que estés en tu propia atalaya, donde recibes los mensajes telepáticos. No es que sea necesario, ¿eh? Los libros son la magia más portátil que existe. Yo suelo escuchar uno en el coche (siempre en versión completa, porque las lecturas de textos abreviados me parecen el colmo), y en general nunca salgo sin un libro. Nunca se sabe cuándo necesitarás una válvula de escape: filas kilométricas en las casetas, las salas de abordar de los aeropuertos, las lavanderías automáticas en tardes de lluvia, o lo peor de todo: el consultorio del médico cuando se retrasa y tienes que esperar media hora para que te torturen una parte sensible del cuerpo. En ocasiones así me parecen indispensables los libros. Si resulta que tengo que pasar una temporada en el purgatorio antes de que me manden arriba o abajo, preveo que mientras haya biblioteca no me quejaré. (Si la hay, seguro estará llena de novelas de Danielle Steel y libros de cocina; ja ja, ¿ahora quién se ríe, Steve?)

O sea, que leo siempre que puedo, pero tengo un lugar de lectura favorito, y seguro que tú también: un sitio con buena luz y mejor ambiente. El mío es el sillón azul de mi estudio. Tú quizá prefieras el sofá, la mecedora de la cocina o la cama: leer en la cama puede ser paradisíaco, a condición de tener la página bien iluminada y no ser propenso a tirar el café o el coñac en las sábanas.

Supongamos, por lo tanto, que estás en tu lugar de recepción favorito, igual que yo en el mío de transmisión. Nuestro ejercicio de comunicación mental tendrá que realizarse en el tiempo, además de en la distancia; pero bueno, no pasa nada: si todavía podemos leer a Dickens, Shakespeare y (con la mediación de algunas notas) Heródoto, la distancia entre 1997 y 2000 no parece insalvable. ¿Listo? Pues adelante con la telepatía. Te habrás fijado en que no tengo nada en las mangas, y en que no muevo los labios. Es muy probable que tú tampoco.

Fíjate en esta mesa cubierta con una tela roja. Encima hay una jaula del tamaño de una pecera. Contiene un conejo blanco con la nariz rosa y los bordes de los ojos del mismo color. El conejo tiene un trozo de zanahoria en las patas delanteras y mastica con fruición. Lleva dibujado en el lomo un ocho perfectamente legible en tinta azul.

¿Estamos viendo lo mismo? Para estar seguros del todo tendríamos que reunirnos y comparar nuestros apuntes, pero yo creo que sí. Claro que es inevitable que haya ciertas variaciones: algunos receptores verán una tela granate, y otros más viva. (Los receptores daltónicos la verán gris ceniza.) Puede que algunos vean adornos en el borde de la tela. Las almas decorativas habrán añadido un poco de encaje, y son muy libres de hacerlo. Mi mantel es de ustedes.

Siguiendo el mismo principio, el tema de la jaula deja mucho espacio a la interpretación individual. Para empezar, ha sido descrita mediante una «comparación imprecisa», que sólo será operativa si vemos el mundo y medimos las cosas con criterios similares. Cuando se hacen comparaciones imprecisas es fácil caer en el descuido, pero la alternativa es una atención pedante al detalle que quita toda la diversión al acto de escribir. ¿Qué tendría que haber dicho? ¿Que «encima hay una jaula de un metro de profundidad, sesenta centímetros de anchura y treinta y cinco centímetros de altura»? Más que prosa sería un manual de instrucciones. El párrafo tampoco especifica el material de la jaula. ¿Alambre? ¿Barras de acero? ¿Cristal? ¿Tiene alguna importancia? Todos entendemos que la jaula es un objeto que permite ver su contenido. Lo demás nos es indiferente. De hecho, lo más interesante ni siquiera es el conejo que come zanahoria, sino el número del lomo. No es un seis, un cuatro ni un diecinueve punto cinco. Es un ocho. Es el foco de atracción, y lo vemos los dos. Ni yo lo he dicho ni tú me lo has preguntado. Yo no he abierto mi boca, ni tú la tuya. Ni siquiera coincidimos en el año, y no digamos en la habitación. Y sin embargo estamos juntos. Muy cerca.

Se han tocado nuestras mentes.

Yo te he enviado una mesa con una tela roja, una jaula, un conejo y el número ocho en tinta azul. Tú lo has recibido todo, y en primer lugar el ocho azul. Hemos protagonizado un acto de telepatía. Telepatía de verdad, ¿eh? Sin tonterías místicas. No pienso ahondar en lo expuesto, pero antes de seguir deseo hacer una puntualización: no es que me haga el listo, es que hay algo que exponer.

El acto de escribir puede abordarse con nerviosismo, entusiasmo, esperanza y hasta desesperación (cuando intuyes que no podrás poner por escrito todo lo que tienes en la cabeza y el corazón). Se puede encarar la página en blanco apretando los puños y entornando los ojos, con ganas de repartir golpes y poner nombres y apellidos, o porque quieres que se case contigo una chica, o por ganas de cambiar el mundo. Todo es lícito mientras no se tome a la ligera. Repito: no hay que abordar la página en blanco a la ligera.

No te pido que lo hagas con reverencia, ni sin sentido crítico. Tampoco pretendo que haya que ser políticamente correcto o dejar de lado el humor (¡ojalá lo tengas!). No es ningún concurso de popularidad, ni las olimpiadas de la moral; tampoco es ninguna iglesia, pero carajo, se trata de escribir, no de lavar el coche o ponerse rímel. Si eres capaz de tomártelo en serio, hablaremos. Si no puedes, o no quieres, cierra el libro y dedícate a otra cosa.

A lavar el coche, por ejemplo.

CAJA DE HERRAMIENTAS

1

Mi abuelo era carpintero.
Hacía casas, tiendas, bancos;
fumaba Camel sin parar
y clavaba tablas con clavos.
Era un hombre muy cabal,
que cepillaba bien sus puertas
y que votó por Eisenhower
porque Lincoln ganó la guerra.

Es una de mis letras favoritas de John Prine, quizá porque mi abuelo también era carpintero. Tiendas y bancos no sé, pero casas hizo muchas Guy Pillsbury, y dedicó cantidad de años a que el Atlántico y los duros vientos invernales de la costa no se llevaran la casa que tenía en Prout's Neck el famoso pintor Winslow Homer. La diferencia es que Fazza fumaba puros. El fumador de Camel era mi tío Oren, en cuyas manos quedó la caja de herramientas al jubilarse Fazza. No recuerdo que estuviera en el garaje el día en que se me cayó el bloque de cemento en el pie, pero debía de ocupar su emplazamiento habitual, al lado del rincón donde guardaba mi primo Donald sus palos de hockey, sus patines de hielo y su guante de beisbol. Era una caja de las grandes, con tres pisos, dos de los cuales (los de encima) se podían quitar, y divididos los tres de manera muy ingeniosa, como cajitas chinas. Huelga decir que estaba hecha a mano, a base de maderas, clavitos y tiras de latón, y en la tapa unos cierres que a mi vista infantil parecían los de la lonchera de un gigante. La tapa tenía un forro interior de seda, que en aquel contexto resultaba un poco extraño, y más por el dibujo: rosas de un rojo medio claro borradas por la grasa y la suciedad. La caja tenía un asidero grande en cada lado. Puedo asegurar que en Wal-Mart o Western Auto no había cajas de herramientas comparables. Cuando mi tío se la quedó, encontró al fondo, grabada en latón, una reproducción de una pintura famosa de Homer (creo que *La resaca*). Después de unos años hizo que la autentificara un experto en Homer de Nueva York, y tengo entendido que la vendió a los pocos años por bastante dinero. El cómo y el porqué de que llegara a manos de Fazza son un misterio, pero el origen de la caja no tenía nada de enigmático: la hizo por sí mismo.

Un verano ayudé al tío Oren a cambiar una puerta mosquitera del fondo de la casa, porque se había roto. Creo que tenía ocho o nueve años. Me acuerdo de haberlo seguido con la de repuesto en la cabeza, como los nativos de las películas de Tarzán. Mi tío llevaba la caja a la altura del muslo, cogida por las dos asas. Iba vestido como siempre, con pantalones caquis y una camiseta blanca limpia. Su pelo entrecano, de corte militar, brillaba de sudor. Tenía un Camel colgando del labio inferior. (Años después, viéndome llegar con un paquete de Chesterfield en el bolsillo de la camisa, el tío Oren le dedicó una mirada desdeñosa y lo definió como «tabaco de calabozo».)

Cuando llegamos a la ventana donde se había roto la mosquitera, el tío Oren dejó la caja en el suelo con un suspiro de alivio. Dave y yo habíamos intentado levantarla varias veces del suelo del garaje, cada uno por un asa, pero apenas se movía. Claro que éramos pequeños, pero calculo que, llena del todo, la caja de herramientas de Fazza pesaba entre cuarenta y sesenta kilos.

El tío Oren me dejó abrir los cierres. La bandeja superior contenía todas las herramientas de uso habitual. Había un martillo, una sierra, pinzas, dos llaves inglesas fijas y otra graduable, un nivel (con su mágica ventanita amarilla en el centro), un taladro (cuyas diversas brocas estaban perfectamente ordenadas en las profundidades) y dos desarmadores. Mi tío me pidió uno.

—¿Cuál? —pregunté.

—El que sea —contestó.

La mosquitera rota tenía tornillos de los de agujero en forma de estrella, y es verdad que daba igual usar un desarmador normal o de cruz. Esa clase de tornillos se quitan metiendo la punta del desarmador en el agujero y haciéndolo girar como las llantas de coche después de haber soltado las tuercas.

El tío Oren retiró los tornillos (un total de ocho, que me dio a mí para tenerlos a mano) y quitó la mosquitera rota. Luego la dejó apoyada en la pared y levantó la nueva. Coincidían perfectamente los agujeros de los dos marcos, el de la mosquitera y el de la ventana. Al comprobarlo, el tío Oren soltó un gruñido de satisfacción. Entonces fui dándole uno a uno los tornillos, los metió en los agujeros y los apretó por el mismo procedimiento de antes, insertando el desarmador y haciéndolos girar.

Cuando la mosquitera estuvo fija, el tío Oren me dio el desarmador pidiéndome que lo pusiera en la caja de herramientas y la cerrara. Yo obedecí, pero estaba perplejo. Le pregunté por qué había llevado la caja de Fazza por toda la casa si sólo necesitaba un desarmador. Podría habérselo metido en el bolsillo trasero de los pantalones.

—Mira, Stevie —dijo él mientras se agachaba para coger las dos asas—, es que no sabía si tendría que hacer algo más. ¿Entiendes? Siempre es mejor llevar todas las herramientas, porque corres el riesgo de encontrarte con algo que no esperabas y dejar todo a medias.

Es una manera de decir que para sacar el máximo partido a la escritura hay que fabricarse una caja de herramientas, y luego conseguir los músculos para poder llevarla. Quizá entonces, en lugar de dejar una tarea a medias, se pueda tomar la herramienta indicada y poner manos a la obra de manera inmediata.

La caja de herramientas de mi abuelo tenía tres niveles. La tuya debería tener al menos cuatro. Supongo que podrían ser hasta cinco o seis, pero llega un punto en que crece demasiado la caja para ser portátil, con lo cual pierde su mayor virtud. También tienes que disponer de varios compartimientos para los tornillos y las tuercas, pero su ubicación y contenido es cosa tuya. Advertirás que ya tienes casi todas las herramientas necesarias, pero te recomiendo volver a examinarlas una por una al guardarlas en la caja. Conviene verlas como si fueran nuevas, acordarse de su función y, si hay alguna oxidada (lo cual es muy posible, sobre todo si hace tiempo que no se utiliza a fondo), limpiarla.

La bandeja superior es para las herramientas normales. La más normal, el pan del escritor, es el vocabulario. En este caso puedes aprovechar lo que tengas sin ningún sentimiento de culpa ni de inferioridad. Es lo que dijo la puta al marinero tímido «Oye, guapo, no es cuestión de lo que tienes, sino de cómo lo usas.»

Hay escritores con un léxico enorme, el tipo de persona que no ha fallado una sola respuesta en los concursos de vocabulario de la tele desde hace como mínimo treinta años. Un ejemplo:

> **Las cualidades de correoso, indeteriorable y casi indestructible eran atributos inherentes a la forma de organización de la cosa, pertenecientes a algún ciclo paleógeno de la evolución de los invertebrados que se hallaba fuera del alcance de nuestras capacidades especulativas.**
> **—H. P. Lovecraft, *En las montañas de la locura***

¿Qué tal? Ahí va otro:

> **En algunas [tazas] no se advertía la menor señal de que se hubiera plantado algo; otras presentaban tallos marrones y agostados, testimonio de inescrutables estragos.**
> **—T. Coraghessan Boyle, *Budding Prospects***

Alguien le arrebató la venda a la anciana, y fue apartada de un manotazo junto con el ma-

labarista. Al congregarse todos para dormir, y crepitar al viento las llamas bajas de la hoguera cual si estuviera viva, seguían los cuatro en cuclillas en los márgenes de la lumbre, rodeados de extraños enseres y viendo combarse las llamas bajo la ventisca como si fueran absorbidas al vacío por alguna vorágine, un vórtice en aquel desierto con respecto del cual quedaban derogados el tránsito del hombre y todos sus cálculos.

—Cormac McCarthy, *Blood Meridian*

También hay escritores que emplean vocabularios más reducidos y sencillos. Parece casi innecesario dar ejemplos, pero pondré unos cuantos de los que prefiero.

Llegó al río. Lo tenía delante.
—Ernest Hemingway, *El río de los dos corazones*

Descubrieron al niño haciendo cochinadas debajo de las gradas.
—Theodore Sturgeon, *Some of Your Blood*

Pasó esto.
—Douglas Fairbairn, *Shoot*

Algunos dueños eran amables porque no les gustaba lo que tenían que hacer; otros estaban enfadados porque no les gustaba ser crueles, y otros eran fríos porque ya hacía tiempo que se habían dado cuenta de que sólo se podía ser dueño siendo frío.
—John Steinbeck, *Las uvas de la ira*

Destaca la frase de Steinbeck. Tiene 44 palabras, 33 de ellas monosílabas o bisílabas. Quedan once de más de dos sílabas, pero no corresponden a palabras cultas, sino a formas verbales, pronombres... La estructura presenta cierta complejidad, pero el vocabulario no se aleja demasiado del de los libros infantiles. *Las uvas de la ira* es indiscutiblemente una buena novela. Considero que *Blood Meridian* también, aunque no entienda del todo muchas partes. ¿Y qué? Tampoco sé descifrar muchas de mis canciones favoritas.

Por otro lado, hay material que no sale en el diccionario pero que sigue siendo vocabulario. Verbigracia:

> —**Qué hay, Lee** —dijo **Killian**—. **Qué pasó, men, qué pasó.**
> —**¡Ya llegó ese cabrón!**
> —**Pues ejjjjjjj...**
> —**¡Sherman... traidor hijoputa!**
> —**¡Yeggghhh! ¡Vete a la mierda!**
> —Tom Wolfe, *La hoguera de las vanidades*

Es un ejemplo de transcripción del vocabulario de la calle. Hay pocos escritores que igualen el talento de Wolfe para ponerlo por escrito. (Otro que sabe es Elmore Leonard.) A veces lo callejero acaba en el diccionario, pero sólo cuando está bien muerto. Y dudo que «¡Yeggghhh!» figure en el diccionario de ninguna academia.

Pon el vocabulario en la bandeja de encima, y no hagas ningún esfuerzo consciente de mejorarlo. (Claro que lo harás al leer, pero... eso viene después.) Vestir al vocabulario con ropa elegante, buscando palabras complicadas por vergüenza de usar las normales, es de lo peor que se le puede hacer al estilo. Es como ponerle un vestido de noche a un animal doméstico. El animal siente vergüenza, pero el culpable de la presunta monería debería sentirla todavía más. Propongo desde ya una promesa solemne: no usar «retribución» en vez de «sueldo», ni «John se tomó el tiempo de ejecutar un acto de excreción» queriendo decir que «John se tomó el tiempo para cagar». Si consideras que tus lectores podrían considerar ofensivo o impropio el verbo «cagar», di «John se tomó el tiempo de hacer sus necesidades» (o «John se tomó el tiempo de evacuar»). No es que quiera fomentar las palabrotas, pero sí el lenguaje directo y cotidiano. Recuerda que la primera regla del vocabulario es usar la primera palabra que se te haya ocurrido, siempre y cuando sea adecuada y dé vida a la frase. Si tienes dudas y te pones a pensar, alguna otra palabra saldrá (eso seguro, porque siempre hay otra), pero lo más probable es que sea peor que la primera, o menos ajustada a lo que querías decir.

Lo de «querer decir» es muy importante. Si tienes alguna duda, piensa cuántas veces has oído frases como: «Es que no puedo describirlo», o «No es lo que quería decir». Piensa cuántas veces lo has dicho tú, con más o menos frustración. Las palabras sólo reflejan contenidos. Aunque uno escriba como los ángeles, casi nunca se logra expresar plenamente lo que se pretendía decir. Hecha esa precisión, ¿a quién se le ocurre empeorar las cosas eligiendo una palabra emparentada en segundo o tercer grado con la que se quería usar?

Y otra cosa: que no te cohíba el decoro. Como observó el comediante John Carlin, una cosa es hacerle a la condesa una visita en domingo, y otra un besito en las domingas. Quedaría mal.

2

En la bandeja superior de la caja de herramientas también debe estar la gramática, y no me vengas con quejas de que no entiendes de gramática, que nunca la has entendido, que reprobaste lengua en la preparatoria, que escribir es divertido pero la gramática es un fastidio... Tranquilo. Que no cunda el pánico. No vamos a dedicarle mucho tiempo, por el simple motivo de que no hace falta. Los principios gramaticales de la lengua materna, o se absorben oyendo hablar y leyendo, o no se absorben. La asignatura de lengua hace (o pretende) poca cosa más que poner nombres a sus partes.

Y aquí no estamos en la preparatoria. Ahora que ya no tienes que preocuparte de a) llevar la falda demasiado larga o demasiado corta, y que se rían las demás, b) no ser aceptado en el equipo de natación de la universidad, c) acabar el bachillerato virgen y con granos (y hasta morirse de la misma manera, ve tú a saber), d) que el profesor de física no ponga las notas según el nivel de la clase, o e) no ser querido por nadie (ni haberlo sido nunca...), ahora que nos hemos quitado de encima toda esa mierda superflua, puedes estudiar determinadas disciplinas académicas con un grado de concentración imposible en los días del manicomio educativo. Además, cuando empieces te darás cuenta de que ya lo sabes casi todo. Ya he dicho que se trata más que nada de desoxidar los taladros y afilar la hoja de la sierra.

Y... menos pretextos, carajo. Si eres capaz de acordarte del contenido de tu cartera, de la alineación de los Yankees de Nueva York o los Oilers de Houston, o del sello donde apareció el *Hang On Sloopy* de los McCoys, también puedes acordarte de las diferencias entre el gerundio y el participio.

He reflexionado muy a fondo sobre la posibilidad de incluir en el librito una sección pormenorizada sobre gramática, y me ha costado tiempo y esfuerzo decidirme. A una parte de mí le gustaría, porque es una disciplina que impartí fructíferamente en la preparatoria (oculta bajo el nombre de «inglés comercial»), y con la que disfruté siendo estudiante. La gramática estadounidense no es tan robusta como la inglesa (un publicista británico con buena formación es capaz de hacer que un anuncio de condones estriados suene igual que la maldita Carta Magna), pero, dentro de su desaliño, tiene cierto encanto.

Al final me he decidido por el no, sin duda por la misma razón que William Strunk para no recapitular lo básico en la primera edición de *The Elements of Style*: porque el que no lo sepa ya no está a tiempo de aprenderlo. Además, a la gente que sea refractaria del todo al aprendizaje de la gramática (como yo a aprender determinados riffs y progresiones de guitarra) tampoco va a interesarles un libro así, o no mucho. En ese sentido, predico a conversos. A pesar de ello, pido permiso para avanzar un poco más.

El vocabulario, oral o escrito, se reparte en siete categorías lingüísticas (ocho si contamos las interjecciones, como «¡ah!», «¡uy!», «¡caray!»). El mensaje que se construye con ellas debe organizarse de acuerdo con unas reglas consensuadas de gramática.

Infringirlas significa romper o dificultar la comunicación. Una gramática defectuosa genera frases defectuosas, como: «En tanto que madre de cinco hijos, y con otro en camino, mi tabla de planchar siempre está abierta.»

Las dos partes indispensables de la escritura son los sustantivos y los verbos. Sin el concurso de ambos no existiría ningún grupo de palabras que mereciera el apelativo de frase, porque frase, por definición, es un grupo de palabras que contiene sujeto (nombre) y predicado (verbo). Las cadenas de palabras así definidas empiezan con mayúscula, acaban con punto y, combinadas, forman un pensamiento completo, que nace en la cabeza del escritor y salta a la del lector.

¿Siempre hay que hacer frases completas? ¿Sin excepción? ¡Dios nos libre! Si lo que escribes está hecho de fragmentos y cláusulas sueltas, no vendrá la brigada gramatical a detenerte. El propio William Strunk, una especie de Mussolini de la retórica, reconoció la deliciosa flexibilidad del idioma. Escribe: «Según consta desde antiguo, a veces los mejores escritores se saltan las reglas de la retórica.» No obstante, añade la siguiente observación, que te aconsejo tomar en cuenta: «A menos que esté seguro de actuar con acierto, probablemente [el escritor] haga bien en seguir las reglas.»

En este caso, la cláusula reveladora es «a menos que esté seguro de actuar con acierto». ¿Cómo estarlo sin una noción, por rudimentaria que sea, de cómo se convierten las partes del discurso en frases coherentes? Es más: ¿cómo reconocer los errores? La respuesta es obvia: no se puede. La persona que tiene nociones básicas de gramática descubre en su núcleo una simplicidad reconfortante, donde lo único imprescindible son los sustantivos, palabras que designan, y los verbos, palabras que actúan.

Juntando un sustantivo cualquiera con un verbo cualquiera siempre se obtiene una frase. No falla. «Las piedras explotan», «Jane transmite», «Las montañas flotan». Son todas frases perfectas. En muchos casos, las ideas obtenidas tienen poco sentido racional, pero hasta las más raras (¡«Las ciruelas deifican»!) seducen por lo que podríamos llamar su peso poético. La simplicidad de la construcción sustantivo-verbo es útil, porque como mínimo suministra una red de seguridad a la escritura. Strunk y White alertan contra el exceso de frases simples encadenadas, pero las frases simples proporcionan un camino al que tiene miedo de perderse en el laberinto de la retórica, con su proliferación de cláusulas restrictivas y no restrictivas, sus complementos circunstanciales, sus yuxtaposiciones, sus subordinadas... Si te parece un alucine ver una extensión tan grande de territorio inexplorado (al menos por ti), ten presente que las piedras explotan, Jane transmite y las ciruelas deifican. La gramática es algo más que una lata. Es un bastón para poner de pie a las ideas y hacer que caminen. Además, ¿a poco no le fue bien a Hemingway con las frases simples? El muy cabrón era un genio, hasta cuando se ponía borracheras de antología.

Si quieres repasar la gramática, ve a una librería de segunda mano y busca un buen manual, como *Warriner's English Grammar and Composition*, el libro que nos llevamos casi todos a casa para forrarlo con papel de estraza cuando hacíamos bachillerato. Creo que te aliviará descubrir que casi todo lo que hace falta está resumido en las guardas del principio y el final.

A pesar de la brevedad de su manual de estilo, William Strunk encontró espacio para exponer sus fobias personales en cuestión de gramática y usos lingüísticos. Odiaba, por ejemplo, la expresión «cuerpo de alumnos»; insistía en que «alumnado» era más claro y no tenía las connotaciones truculentas que le veía a aquella. Tacha de pretencioso al verbo «personalizar». (Strunk sugiere «imprimirle tu nombre» como sustituto de «personalizar el papel de cartas».) También odiaba las expresiones como «el hecho de que» o «por el estilo de».

Yo también tengo mis antipatías. Opino, por ejemplo, que habría que poner de cara a la pared a cualquier persona que empleara la expresión «qué genial», y que los usuarios de otras mucho más aborrecibles, como «en aquel preciso instante» o «al final del día», se merecen acostarse sin cenar (o sin papel para escribir). Tengo dos manías predilectas relacionadas con la escritura al nivel más básico, y no quiero cambiar de tema sin desahogarme.

Los verbos pueden conjugarse en dos voces, activa y pasiva. El sujeto de una frase con el verbo en voz activa hace algo, mientras que al de una frase con el verbo en voz pasiva le están haciendo algo. El sujeto no interviene. *Te recomiendo evitar la voz pasiva.* Y no soy el único en decirlo. *The Elements of Style* contiene el mismo consejo.

Los señores Strunk y White no formulan ninguna hipótesis sobre la afición de muchos escritores a la voz pasiva, pero yo me atrevo. Me parece que es una afición propia de escritores tímidos, igual que los enamorados tímidos tienen predilección por las parejas pasivas. La voz pasiva no entraña peligro. No obliga a enfrentarse con ninguna acción problemática. Basta con que el sujeto cierre los ojos y piense en Inglaterra, parafraseando a la reina Victoria. Creo, además, que los escritores inseguros también tienen la sensación de que la voz pasiva confiere autoridad a lo que escriben, y puede que hasta cierta majestuosidad. Supongo que es verdad, al menos en la medida en que puedan parecer majestuosos los manuales de instrucciones y los escritos jurídicos.

Escribe el tímido: «La reunión ha sido programada para las siete.» Es como si le dijera una vocecita: «Dilo así y la gente creerá que sabes algo.» ¡Fuera esa vocecita traidora! ¡Levanta los hombros, yergue la cabeza y toma las riendas de la reunión! «La reunión es a las siete.» Y punto. ¡Ya está! ¿Verdad que se siente mejor?

Tampoco propongo suprimir del todo la voz pasiva. Supongamos, por ejemplo, que se muere alguien en la cocina, pero que acaba en otra habitación. Una manera digna de explicarlo sería «El cadáver fue trasladado de la cocina y depositado en el sofá de la sala.», aunque confieso que el «fue trasladado» y el «fue depositado» siguen poniéndome los pelos de punta. Los acepto, pero no los aplaudo. Preferiría «Freddie y Myra sacaron el cadáver de la cocina y lo depositaron en el sofá de la sala». Además, ¿por qué tiene que ser el cadáver el sujeto de la frase? ¡Carajo, si está muerto! Bueno, da igual.

Dos páginas seguidas de voz pasiva (las que hay en casi cualquier texto comercial, y en kilos y kilos de narrativa barata) me dan ganas de gritar. Queda fofo, demasiado indirecto, y a menudo enrevesado. «El primer beso siempre será recordado por mi memoria como el inicio de mi idilio con Shayna.» ¿Qué tal? Un bodrio, ¿no? Hay maneras más sencillas de expresar la misma idea, y con más ternura y más fuerza. Por ejemplo así: «Mi idilio con Shayna empezó con el primer beso. Nunca lo olvidaré.» No es que me encante, por el doble «con», pero al menos nos hemos desmarcado de la maldita voz pasiva.

También te habrás fijado en que, partida en dos ideas, la idea original es mucho más fácil de entender. Es una manera de facilitarle las cosas al lector, y siempre hay que pensar primero en el lector; sin él sólo eres una voz que pega rollos sin que la oiga nadie. Tampoco creas que es tan fácil estar al otro lado, el de la recepción. «Will Strunk ha visto que el lector casi siempre tiene graves dificultades —dice E. B. White en su introducción a *The Elements of Style*—, que está como atrapado en arenas movedizas, y que cualquier persona que escriba en inglés tiene el deber de sacar el pantano con la mayor celeridad y poner al lector en tierra firme, o como mínimo lanzarle una cuerda.» Dicho queda.

El otro consejo pendiente antes de progresar hacia el segundo nivel de la caja de herramientas es el siguiente: desconfía del adverbio.

Recordarás, por las clases de lengua, que el adverbio es una palabra que modifica un verbo, adjetivo u otro adverbio. Son las que acaban en -mente. Ocurre con los adverbios como con la voz pasiva, que parecen hechos a la medida del escritor tímido. Cuando un escritor emplea la voz pasiva, esta suele expresar miedo a no ser tomado en serio. Es la voz de los niños que se pintan bigote con betún, y de las niñas que intentan caminar con los tacones de mamá. Mediante los adverbios, lo habitual es que el escritor nos diga que tiene miedo de no expresarse con claridad y de no transmitir el argumento o imagen que tenía en la cabeza.

Examinemos la frase «cerró firmemente la puerta». Reconozco que no es del todo mala (al menos tiene la ventaja de un verbo en voz activa), pero pregúntate si es imprescindible el «firmemente». Me dirás que expresa un grado de diferencia entre «cerró la puerta» y «dio un portazo», y no es que vaya a discutírtelo... pero ¿y el contexto? ¿Qué decir de toda la prosa esclarecedora (y hasta emocionante) que precedía a «cerró firmemente la puerta»? ¿No debería informarnos de cómo la cerró? Y, si es verdad que nos informan de ello las frases anteriores, ¿no es superflua la palabra «firmemente»? ¿No es redundante?

Ya oigo a alguien acusándome de pesado. Lo niego. Creo que de adverbios está empedrado el camino al infierno, y estoy dispuesto a gritarlo desde las ventanas. Dicho de otro modo: son como el diente de león. Uno en el césped tiene gracia, queda bonito, pero, si no lo arrancas, al día siguiente encontrarás cinco, al otro cincuenta... y a partir de ahí, amigos míos, tendrán el césped «completamente», «avasalladoramente» cubierto de dientes de león. Entonces los verán como lo que son, malas hierbas, pero entonces, ¡ay!, entonces será demasiado tarde.

Ojo, que yo también puedo ser comprensivo con los adverbios. En serio. Con una excepción: las atribuciones en el diálogo. Te ruego que sólo uses adverbios en el diálogo en ocasiones muy especiales, y sólo si no puedes evitarlo. Examinemos tres frases, más que nada para estar seguros de que hablamos de lo mismo:

—¡Suéltalo! —exclamó.
—Devuélvemelo —suplicó—. Es mío.
—No sea tonto, Jekyll —dijo Utterson.

En estas tres frases, «exclamó», «suplicó» y «dijo» son verbos de atribución de diálogo. Veamos ahora las siguientes, y dudosas, revisiones:

—¡Suéltalo! —exclamó amenazadoramente.
—Devuélvemelo —suplicó lastimosamente—. Es mío.
—No sea tonto, Jekyll —dijo despectivamente Utterson.

Las tres tienen menos fuerza que el original, por una razón que a pocos lectores se les escapará. La mejor del grupo es «no sea tonto, Jekyll —dijo despectivamente Utterson»; sólo es un lugar común, al contrario que las otras, francamente risibles. Las atribuciones de esta clase también se llaman «Swifties», en referencia a Tom Swift, el valiente héroe-inventor que protagonizó una serie de novelas de aventuras escritas por Victor Appleton II. El autor tenía afición por frases como: «¡Hagan conmigo lo que quieran! —exclamó valientemente Tom», o «Me ha ayudado mi padre con las ecuaciones —dijo modestamente Tom». En mi adolescencia había un juego que consistía en crear *swifties* ingeniosos (o simplemente idiotas), como: «Salgamos del camarote —dijo encubiertamente», o «Hoy salgo de la cárcel —dijo expresamente». Cuando tengas que decidir si vas a plantar algún pernicioso diente de león adverbial en la atribución, sugiero que te preguntes si te dan ganas escribir algo que acabe como excusa para un juego.

Algunos escritores intentan esquivar la regla antiadverbios inyectando esteroides al verbo de atribución. A cualquier lector de novelas baratas le sonará el resultado:

—¡Suelte la pistola, Utterson! —graznó Jekyll.
—¡No pares de besarme! —jadeó Shayna.
—¡Qué jodido! —le espetó Bill.

No caigas en ello. Te lo pido por favor.

La mejor manera de atribuir diálogos es «dijo». El que quiera verlo aplicado de manera estricta, que lea o relea alguna novela de Larry McMurtry, el Shane de la atribución dialogística. Parecerá una ironía, pero lo digo con absoluta sinceridad. McMurtry ha dejado que le crezca muy poco diente de león en el césped. Es un adepto del «dijo», hasta en los momentos de crisis emocional (y en sus novelas hay muchos). Sigue su ejemplo. (Dijo el cura.)

¿Es un caso de «haz lo que te digo, no lo que me veas hacer»? El lector tiene pleno derecho a preguntarlo, y yo el deber de darle una respuesta sincera. Sí. Rotundamente sí. El que repase algunos títulos de mi producción se dará cuenta enseguida de que soy un simple pecador. He sabido esquivar bastante bien la voz pasiva, pero en mi época también me he deshecho en adverbios, algunos (vergüenza me da decirlo) en diálogos. Suele ser por la misma razón que los demás escritores: por miedo de que si no los pongo no me entienda el lector.

Soy de la opinión de que los defectos de estilo suelen tener sus raíces en el miedo, un miedo que puede ser escaso si sólo se escribe por gusto (recuérdese que he hablado de timidez), pero que amenaza con intensificarse en cuanto aparece un plazo de entrega (la revista de la escuela, un artículo de periódico...).

Dumbo consiguió volar gracias a una pluma mágica, y, por el mismo motivo, es posible que un escritor sienta el impulso de recurrir a un verbo en pasiva o un adverbio maléfico. Antes de sucumbir, acuérdate de que a Dumbo no le hacía falta la pluma porque él también tenía magia.

Es probable que sepas de qué hablas, y que no haya ningún peligro en fortalecer tu prosa con verbos activos. También es probable que tu relato esté bastante bien narrado para confiar en que, si usas «dijo», el lector sepa cómo lo dijo: rápidamente, lentamente, alegremente, tristemente... Puede ser que el pobre esté atrapado en arenas movedizas; si es así, no dejes de lanzarle una cuerda... pero no hace falta dejarlo aturdido con treinta metros de cable de acero.

A menudo, escribir bien significa prescindir del miedo y la afectación. De hecho, la propia afectación (empezando por la necesidad de calificar de «buenas» determinadas maneras de escribir, y otras de «malas») tiene mucho que ver con el miedo. Escribir bien también es acertar en la selección previa de herramientas.

En estas cuestiones no hay ningún escritor libre de pecado. Aunque E. B. White cayera en las garras de William Strunk siendo un simple e ingenuo estudiante de la Universidad de Cornell (que me los den jovencitos y ya no escaparán, ja, ja, ja), y aunque entendiera y compartiera el prejuicio de Strunk contra la imprecisión de estilo, y la de pensamiento que la precede, él mismo reconoce: «Debo de haber escrito mil veces "el hecho de que" en el ardor de la redacción, y luego, al revisar el texto fríamente, debo de haberlo tachado unas quinientas. A estas alturas de la liga me entristece tener un promedio tan bajo, y no ser capaz de batear una pelota que viene tan derecha.» A pesar de ello, E. B. White siguió escribiendo muchos años después de la revisión inicial del «librito» de Strunk, hecha en 1957. Yo tampoco pienso abandonar la literatura sólo por haber tenido lapsus tan tontos como «Seguro que no lo dices en serio —dijo incrédulamente Bill», y espero lo mismo de ti. Por fácil que parezca un idioma, siempre está sembrado de trampas. Sólo te pido que te esfuerces al máximo, y ten presente que escribir adverbios es humano, pero escribir «dijo» es divino.

4

Levanta la bandeja superior de la caja de herramientas (los cacharros del vocabulario y la gramática). La capa de debajo corresponde a los elementos estilísticos que ya he abordado. Strunk y White ofrecen las mejores herramientas (y reglas) que quepa desear, y las describen de manera sencilla y clara. Las ofrecen con un rigor refrescante, empezando por reglas básicas, como la de formación de posesivos, y acabando con ideas sobre la colocación más oportuna de las partes esenciales de la frase.

Antes de abandonar los elementos básicos de la forma y el estilo, habría que dedicar unos minutos al párrafo, la forma de organización que sigue a la frase. Para ello coge una novela del librero, una que no hayas leído, si puede ser. (Lo que explico vale para casi toda la prosa, pero, como soy novelista, cuando pienso en escribir suelo pensar en narrativa.)

Ábrela por la mitad y elige dos páginas cualesquiera. Observa la forma visual: los renglones, los márgenes, y sobre todo los espacios en blanco que corresponden al principio o final de cada párrafo.

¿Verdad que no hace falta leer el libro para saber si has escogido uno fácil o difícil? Los fáciles contienen gran cantidad de párrafos cortos (incluidos los de diálogo, que pueden tener sólo una o dos palabras) y mucho espacio en blanco. Son como algunos conos de helado que llevan mucho aire. Los libros difíciles, con densidad de ideas, narración o descripción, presentan un aspecto más macizo, más apretado. El aspecto de los párrafos es casi igual de importante que lo que dicen. Son mapas de intenciones.

En la prosa expositiva los párrafos pueden ser ordenados y utilitarios, y hasta conviene que lo sean. El patrón ideal de párrafo expositivo contiene una frase-tema seguida por otras que la explican o amplían. Para ejemplificar esta manera de escribir, sencilla pero con fuerza, reproduzco dos párrafos de la clásica composición de preparatoria, cuya popularidad no decae.

A los diez años me daba miedo mi hermana Megan. Era incapaz de entrar en mi habitación sin romper como mínimo uno de mis juguetes preferidos, casi siempre el que me gustaba más de todos. Su mirada tenía poderes destructores casi mágicos sobre el celo: sólo tenía que mirar un póster y a los pocos segundos se caía solo de la pared. También desaparecían prendas queridas del cajón. No es que se las llevara (yo al menos no lo creo), pero las hacía desaparecer. Normalmente, la camiseta o los Nike tan llorados reaparecían debajo de la cama varios meses después, tristes y abandonados en el polvo del fondo. Con Megan en mi habitación fallaban las bocinas, se enrollaban de golpe las persianas y casi siempre se me apagaba la lámpara del buró.

También era capaz de una crueldad consciente. Una vez me tiró jugo de naranja en los cereales. Otra, mientras me bañaba, me puso pasta de dientes en el fondo de los calcetines. Y aunque ella nunca lo admitiera, estoy convencido de que siempre que me quedaba dormido en el sofá durante el medio tiempo de los partidos de beisbol que daban por la tele los domingos por la tarde, Megan me enredaba cosas en el pelo.

En general, las composiciones son una cosa tonta y sin sustancia; escribir babosadas así no enseña nada de provecho en el mundo real. Las ponen los profesores cuando no se les ocurre ninguna otra manera de hacer perder el tiempo a sus alumnos. Ya se sabe cuál es el tema más famoso: «Mis vacaciones de verano.» Yo, durante un año, impartí escritura en la Universidad de Maine, y tenía una clase llena de deportistas y porristas. Les gustaban las redacciones, porque era como volver a la preparatoria. Me pasé todo un semestre reprimiendo el impulso de pedirles que entregaran dos páginas sobre el tema «Qué pasaría si Jesucristo estuviera en mi equipo». Me contenía la certeza, absoluta y terrible, de que la mayoría le habría puesto mucho entusiasmo. Hasta habría alguno que llorara en plena labor creativa.

A pesar de lo dicho, la fuerza de la forma básica del párrafo puede apreciarse hasta en las composiciones.

La secuencia «frase-tema más descripción y profundización» le exige al escritor organizar sus ideas, además de protegerlo de las divagaciones. En las composiciones no pasa nada si se divaga; de hecho es casi de rigor, pero en registros más formales causa muy mal efecto. La escritura es pensamiento depurado. El que haga una tesis y le salga igual de organizada que una composición de preparatoria sobre el tema «Por qué me excita Shania Twain», que sepa que la tiene difícil.

Dentro de la narrativa, el párrafo está menos estructurado; en vez de melodía es ritmo. Cuanta más narrativa se lee, más se da uno cuenta de que los párrafos se forman solos. Como tiene que ser. Al escribir conviene no pensar demasiado en dónde empieza y termina el párrafo. El truco es dejar que sigan su curso. Después, si no te gusta el resultado, lo arreglas y listos. Es lo que se llama revisar. Veamos ahora lo siguiente:

La habitación de Big Tony no era como esperaba Dale. La luz tenía un tono amarillento un poco raro, que le recordó los moteles baratos donde había estado, los que casi siempre acababan deparándole una vista del estacionamiento. No había ningún cuadro, sólo la foto torcida de miss Mayo, puesta con una tachuela. Debajo de la cama asomaba la punta de un zapato negro y lustroso.

—No sé por qué preguntas tanto sobre O'Leary —dijo Big Tony—. ¿Crees que voy a modificar mi versión?

—Tú sabrás —dijo Dale.

—Cuando algo es verdad no cambia. Pasan los días y siempre es el mismo bodrio.

Big Tony se sentó, encendió un cigarro, se pasó la mano por el pelo.

—Al cabrón ese no lo he visto desde el verano pasado. Le dejaba estar conmigo porque me hacía reír. Una vez me enseñó algo que había escrito sobre qué pasaría si tuviera a Jesucristo en su equipo; tenía un dibujo de Cristo con casco, rodilleras y todo, pero ¡qué fastidio acabó siendo! Ojalá no lo hubiera visto en mi vida.

Este fragmento, tan breve, ya daría ocasión para cincuenta minutos de clase de escritura. Abordaríamos la atribución en el diálogo (que, si se sabe quién habla, sobra; otro ejemplo de la regla diecisiete, omitir palabras innecesarias), la coloquialidad, el empleo de la coma (en «cuando algo es verdad no cambia» no he puesto ninguna porque quería que saliera todo a chorro, sin pausa)... Y no nos moveríamos de la bandeja superior de la caja de herramientas.

Pero bueno, sigamos un poco con el párrafo. Fijémonos en su fluidez, y en que es el propio relato el que dicta dónde empiezan y dónde acaban. El primero tiene una estructura clásica, con frase-tema inicial y otras de apoyo. No obstante, hay otros párrafos que sólo sirven para diferenciar las intervenciones de Dale y Big Tony.

El párrafo más interesante es el quinto: «Big Tony se sentó, encendió un cigarro, se pasó la mano por el pelo.» Sólo tiene una frase, mientras que los párrafos expositivos casi siempre tienen más. Técnicamente hablando, ni siquiera es una frase demasiado buena. Para ser perfecta en términos normativos, pediría una conjunción. Otra cosa: ¿qué objetivo tiene?

En primer lugar, puede que la frase tenga fallos técnicos, pero dentro del contexto del fragmento, funciona. Su brevedad y estilo telegráfico diversifican el ritmo y hacen que no pierda frescura el estilo. Es una técnica que usa muy bien el novelista de suspenso Jonathan Kellerman. Escribe en *Survival of the Fittest*: «El barco consistía en diez lustrosos metros de fibra de vidrio con ribeteado gris. Largos mástiles con las velas atadas. En el casco, pintado en negro con borde dorado, *Satori*.»

Se trata de un recurso del que se puede abusar (como hace a veces el propio Kellerman), pero la fragmentación es muy útil para estilizar la narración, generar imágenes nítidas y crear tensión, además de infundir variedad a la prosa. La sucesión de frases gramaticales puede volverla más rígida y menos maleable. No es una idea que sea del agrado de los puristas, que la negarán hasta el final de sus días, pero es cierta. El lenguaje no está obligado a llevar permanentemente corbata y zapatos de agujetas. El objetivo de la narrativa no es la corrección gramatical, sino poner cómodo al lector, contar una historia... y, dentro de lo posible, hacerle olvidar que está leyendo una historia. El párrafo anterior de frase única se parece más al habla que a la prosa escrita, y está bien. Escribir es seducir. La seducción tiene mucho que ver con hablar con gracia. Si no, ¿por qué hay tantas parejas que empiezan cenando juntas y acaban en la cama?

Las demás funciones del párrafo son la dirección de escena, subrayar (poco, pero provechosamente) los personajes y el marco, y generar un momento crucial de transición. Big Tony empieza defendiendo la veracidad de su historia y pasa a exponer lo que recuerda de O'Leary. Dado que la fuente del diálogo no cambia, el hecho de que Tony se siente y encienda un cigarro podría incluirse en el mismo párrafo y retomar el diálogo justo después, pero el autor prefiere otra opción. Como Big Tony cambia el enfoque de sus palabras, el escritor parte el diálogo en dos párrafos. Es una decisión tomada al vuelo de la escritura, una decisión que se basa exclusivamente en el ritmo que tiene en la cabeza el autor. El ritmo en cuestión se lleva en los circuitos genéticos (si Kellerman fragmenta mucho es porque «oye» así), pero también es el resultado de las miles de horas que ha tenido que pasar escribiendo el narrador, y de las decenas de miles que puede haber dedicado a la lectura de textos ajenos.

Yo soy del parecer de que la unidad básica de la escritura es el párrafo, no la frase. Es de donde arranca la coherencia, y donde las palabras tienen la oportunidad de ser algo más que meras palabras. La aceleración, suponiendo que en algún momento se produzca, ocurrirá a nivel de párrafo. Es un instrumento fantástico, flexible. Puede tener una palabra o durar varias páginas (en la novela histórica *Paradise Falls*, de Don Robertson, hay un párrafo de dieciséis páginas, y en *El árbol de la vida*, de Ross Lockridge, se acercan varios a ese número). Para escribir bien hay que aprender a usarlo bien. El secreto es practicar mucho. Hay que aprender a oír el ritmo.

5

¿Me haces el favor de bajar otra vez del librero el volumen de antes? Su peso revela una serie de cosas que también pueden captarse sin leer ni una palabra. La extensión del libro es una, por supuesto, pero no la única: también está la inversión de tiempo y trabajo que tuvo que hacer el autor para crear su obra, y la que tiene que aceptar el lector para digerirla. No es que la extensión y el peso sean una garantía de calidad, porque hay muchos relatos épicos que son una micrda (épica, eso sí); que se lo pregunten a mis críticos; seguro que se quejan de los bosques canadienses que han tenido que talarse sólo para imprimir mis tonterías. Tampoco lo breve, a la inversa, es forzosamente bueno, como demuestra *Los puentes de Madison*. Ahora bien, lo que no se puede negar es que haya una inversión, al margen de que el libro sea bueno o malo y de que triunfe o fracase. Las palabras pesan. Si no, que se lo pregunten a los que trabajan en el departamento de envíos de alguna editorial, o en el almacén de una librería grande.

Las palabras crean frases, las frases párrafos, y a veces los párrafos se aceleran y cobran respiración propia. Imaginémonos al monstruo de Frankenstein estirado en el laboratorio. Salta un relámpago, pero no en el cielo, sino en un párrafo humilde hecho con simples palabras. Puede que sea el primer párrafo bueno que hayas escrito, tan frágil, pero tan preñado de posibilidades que te da hasta miedo. Tienes la misma sensación que debió de tener Victor Frankenstein cuando aquel conglomerado de partes cosidas abrió sus ojos legañosos y amarillos. Te dices: ¡Increíble! ¡Respira! Quizá hasta piense. ¿Y ahora qué carajos hago?

Pues lo más lógico: pasar al tercer nivel y ponerte a escribir narrativa de verdad. ¿Por qué no? ¿De qué hay que tener miedo? Después de todo, los carpinteros no construyen monstruos, sino casas, tiendas y bancos; algunos con madera, tablón a tablón, y otros ladrillo a ladrillo. Tú engarzarás párrafos, construyéndolos con tu vocabulario y tus conocimientos de gramática y estilo básico. Mientras cepilles bien tus puertas, puedes construir lo que te dé la gana; si tienes la energía necesaria, hasta mansiones enteras.

¿Hay alguna razón para hacer casas enteras con palabras? Yo creo que sí, y que los lectores de *Lo que el viento se llevó*, de Margaret Mitchell, o de *Casa desolada*, de Charles Dickens, la entienden: a veces, ni los propios monstruos son monstruos. A veces son guapos, y nos enamoramos de la historia hasta un extremo al que no puede aspirar ninguna película o programa de televisión. Hemos leído mil páginas y aún no tenemos ganas de abandonar el mundo que nos ha regalado el escritor, o a la gente imaginaria que lo habita. Si hubiera dos mil páginas, las acabaríamos con la misma sensación. Un ejemplo perfecto es la trilogía de Tolkien sobre El Señor de los Anillos. Desde la Segunda Guerra Mundial, sus mil páginas de hobbits no han saciado a tres generaciones sucesivas de aficionados al género fantástico. Nadie ha tenido suficiente, ni siquiera añadiendo aquel epílogo confuso que es *El Silmarillion*. O también los libros de Terry Brooks, Piers Anthony, Robert Jordan, los conejos viajeros de *La colina de Watership* y medio centenar de obras más. Los autores de estos libros crean a los hobbits que seguían añorando; intentan recuperar de los Puertos Grises a Frodo y Sam porque ya no está Tolkien para hacerlo.

En sus aspectos más básicos, estamos hablando de una simple técnica, pero ¿estamos o no de acuerdo en que las habilidades más básicas pueden dar frutos que superen todas las expectativas? Hemos hablado de herramientas y carpintería, de palabras, de estilo... pero a medida que progresemos, convendrá tener presente que también hablamos de magia.

ESCRIBIR

Según el título de un célebre manual de entrenamiento de perros, no hay perros malos, pero cuéntaselo al padre de un niño agredido por un pitbull o un rottweiler y seguro que te parte la cara. En el mismo sentido, y aunque tenga unas ganas infinitas de dar ánimos a cualquier persona que intente escribir en serio por primera vez, mentiría si dijera que no hay escritores malos. Lo siento, pero hay un montón. Algunos pertenecen a la plantilla del periódico local; son los que hacen las críticas de las obras de teatro en salas pequeñas, o los que pontifican sobre los equipos regionales. Otros se han comprado una casa en el Caribe con su pluma, dejando un reguero de adverbios palpitantes, personajes de cartón y viles construcciones en voz pasiva. Otros, en fin, se desgañitan en lecturas poéticas a micrófono abierto, con suéter de cuello de tortuga y pantalones arrugados de corte militar. Son los que sueltan ripios sobre «mis indignados pechos de lesbiana», o «la calle torcida donde grité el nombre de mi madre».

Los escritores se ordenan siguiendo la misma pirámide que se aprecia en todas las áreas del talento y la creatividad humanos. Los malos están en la base. Encima hay otro grupo, ligeramente más reducido pero abundante y acogedor: son los escritores aceptables, que también pueden estar en la plantilla del periódico local, en las estanterías de la librería del pueblo o en las lecturas poéticas a micrófono abierto. Es gente que ha llegado a entender que una cosa es que esté indignada una lesbiana y otra que sus pechos sean eso, pechos.

El tercer nivel es mucho más pequeño. Se trata de los escritores buenos de verdad. Encima (de ellos, de casi todos nosotros) están los Shakespeare, Faulkner, Yeats, Shaw y Eudora Welty: genios, accidentes divinos, personajes con un don que no podemos entender, ya no digamos alcanzar. ¡Caray, si la mayoría de los genios no se entienden ni a sí mismos, y muchos viven fatal, porque se han dado cuenta de que en el fondo sólo son fenómenos de circo con suerte, la versión intelectual de las modelos que, sin comerlo ni beberlo ellas, nacen con los pómulos bien puestos y los pechos ajustados al canon de una época determinada!

Abordo el corazón de este libro con dos tesis sencillas. La primera es que escribir bien consiste en entender los fundamentos (vocabulario, gramática, elementos del estilo) y llenar la tercera bandeja de la caja de herramientas con los instrumentos adecuados. La segunda es que, si bien es imposible convertir a un mal escritor en escritor decente, e igual de imposible convertir a un buen escritor en fenómeno, trabajando duro, poniendo empeño y recibiendo la ayuda oportuna sí es posible convertir a un escritor aceptable, pero nada más, en buen escritor.

Dudo que existan muchos críticos o profesores de escritura que compartan la segunda idea. Suelen ser profesionales de ideario político liberal, pero que en su campo son inflexibles. Una persona puede estar dispuesta a salir a la calle en protesta contra la exclusión de los afroamericanos o los indios norteamericanos (ya imagino la opinión del señor Strunk sobre estos términos, políticamente correctos pero desmañados) de algún club, y luego decir a sus alumnos que el talento de escritor es fijo e inmutable. Los del montón, en el montón se quedan. Aunque un escritor se gane el aprecio de uno o dos críticos, siempre llevará el estigma de su reputación anterior, igual que una mujer casada y respetable pero con un hijo tenido en la adolescencia. Es tan sencillo como que hay gente que no olvida, y que la crítica literaria, en gran medida, sólo sirve para reforzar un sistema de castas igual de antiguo que el esnobismo intelectual que lo ha alimentado. Hoy en día, Raymond Chandler está reconocido como figura importante de la literatura norteamericana del siglo XX, uno de los primeros en describir la alienación de la vida urbana en las décadas de la última posguerra, pero sigue habiendo una larga nómina de críticos que rechazarían de plano el veredicto. «¡Es un escritor barato!», exclaman indignados. «¡Un escritor barato con pretensiones! ¡Lo peor que hay! ¡De los que se creen que pueden confundirse con nosotros!»

Los críticos que intentan superar esta arteriosclerosis intelectual sólo lo consiguen a medias. Puede que sus colegas acepten a Chandler entre los grandes, pero seguro que lo sientan al final de la mesa. Y nunca faltan cuchicheos: «Claro, es que viene de las novelas de puesto de periódicos... ¿Tiene buenos modales? Para ser de esa gente... ¿Sabes que en los años treinta [!] publicó en *Black Mask*? ¡Qué vergüenza!»

Hasta Charles Dickens, el Shakespeare de la novela, ha pagado su afición a los argumentos sensacionalistas, su desatada fecundidad (si no hacía novelas hacía niños con su esposa) y, cómo no, su éxito permanente entre el gallinero lector, de su época y la nuestra, con la agresión constante de la crítica. Los críticos y especialistas siempre han recelado del éxito popular. Son, en muchos casos, recelos justificados, y en otros simples excusas para no pensar. La pereza intelectual llega a sus mayores alturas entre los más cultos. En cuanto pueden, levantan los remos y se dejan ir a la deriva.

En conclusión, estoy seguro de que algunas voces me acusarán de fomentar una filosofía descerebrada y feliz, defender (ya que estamos) mi reputación no precisamente inmaculada, y animar a gente que «no es de los nuestros» a que pidan el ingreso en el club. Creo que sobreviviré. Pero antes de seguir, pido permiso para repetir mi premisa básica: al mal escritor nadie puede ayudarle a ser bueno, ni siquiera aceptable. El buen escritor que quiera ser un genio... Da igual, dejémoslo.

Las páginas siguientes contienen todo lo que sé acerca de escribir buena narrativa. Seré lo más breve posible, porque tu tiempo y el mío son oro, y los dos somos conscientes de que las horas empleadas en hablar de escribir son horas de no hacerlo. También daré todos los ánimos que pueda, porque es mi manera de ser y porque estoy enamorado de este oficio, y quiero que también te enamores tú. Ahora bien, si no tienes ganas de trabajar como una mula será inútil que intentes escribir bien. Confórmate con tu medianía y da gracias de tenerla por cojín. Existe un muso,* pero no esperes que baje revoloteando y esparza polvos mágicos creativos sobre tu máquina de escribir o computadora. Vive en el subsuelo. Es un habitante del sótano. Tendrás que bajar a su nivel y, cuando hayas llegado, amueblarle la casa. Digamos que te toca a ti sudar la gota gorda, mientras el muso se queda sentado, fuma, admira los trofeos que ha ganado en el boliche y finge ignorarte. ¿Te parece justo? Pues a mí sí. No digo que el muso sea guapo, ni muy hablador (yo lo máximo que consigo arrancarle son gruñidos de mal humor, menos cuando está trabajando), pero la inspiración es suya. Es justo que hagas tú todo el trabajo y te quemes las cejas, porque el del puro y las alitas tiene un saco lleno de magia. Y lo que contiene el saco puede cambiarte la vida.

Hazme caso, porque lo sé.

1

Si quieres ser escritor, lo primero es hacer dos cosas: leer mucho y escribir mucho. No conozco ninguna manera de saltárselas. No he visto ningún atajo.

Yo soy un lector lento, pero con una media anual de setenta u ochenta libros, casi todos de narrativa. No leo para estudiar el oficio, sino por gusto. Cada noche me aposento en el sillón azul con un libro en las manos. Tampoco leo narrativa para estudiar el arte de la narrativa, sino porque me gustan las historias. Existe, sin embargo, un proceso de aprendizaje.

---

* Tradicionalmente las musas eran mujeres, pero el mío es varón. Habrá que acostumbrarse.

Cada libro que se elige tiene una o varias cosas que enseñar, y a menudo los libros malos contienen más lecciones que los buenos.

Cuando iba en la secundaria encontré una novela de bolsillo de Murray Leinster, un escritor de ciencia ficción barata cuya producción se concentra en los años cuarenta y cincuenta, la época en que revistas como *Amazing Stories* pagaban un centavo por palabra. Yo ya había leído otros libros de Leinster, bastantes para saber que la calidad de su prosa era irregular. La novela a que me refiero, que era una historia de minería en el cinturón de asteroides, figuraba entre sus obras menos logradas. No, eso es ser demasiado generoso; la verdad es que era malísima, con personajes superficiales y un argumento descabellado. Lo peor (o lo que me pareció peor en esa época) era que Leinster se había enamorado de la palabra *zestful*, «brioso». Los personajes veían acercarse a los asteroides metalíferos con «briosas sonrisas», y se sentaban a cenar «con brío» a bordo de su nave minera. Hacia el final del libro, el protagonista se fundía con la heroína (rubia y tetuda) en un «brioso abrazo». Fue para mí el equivalente literario de la vacuna de la viruela: desde entonces, que yo sepa, nunca he usado la palabra *zestful* en ninguna novela o cuento. Ni lo haré, Dios mediante.

Mineros de asteroides (no se llamaba así, pero era un título parecido) fue un libro importante en mi vida de lector. La mayoría de la gente se acuerda de cuándo perdió la virginidad, y la mayoría de los escritores se acuerdan del primer libro cuya lectura acabaron pensando: yo esto podría superarlo. ¡Diablos, si ya lo he superado! ¿Hay algo que dé más ánimos a un aprendiz de escritor que darse cuenta de que lo que escribe, se mire como se mire, es superior a lo que han escrito otros cobrando?

Leyendo prosa mala es como se aprende de manera más clara a evitar ciertas cosas. Una novela como *Mineros de asteroides* (o *El valle de las muñecas*, *Flores en el ático* y *Los puentes de Madison*, por dar algunos ejemplos) equivale a un semestre en una buena academia de escritura, incluidas las conferencias de los invitados estrella.

Por otro lado, la buena literatura enseña al aprendiz cuestiones de estilo, agilidad narrativa, estructura argumental, elaboración de personajes verosímiles y sinceridad creativa. Quizá una novela como *Las uvas de la ira* provoque desesperación y celos en el escritor novel («No podría escribir tan bien ni viviendo mil años»), pero son emociones que también pueden servir de acicate, empujando al escritor a esforzarse más y ponerse metas más altas. La capacidad arrebatadora de un buen argumento combinado con prosa de calidad es una sensación que forma parte de la formación imprescindible de todos los escritores. Nadie puede aspirar a seducir a otra persona por la fuerza de la escritura hasta no haberlo experimentado personalmente.

Vaya, que leemos para conocer de primera mano lo mediocre y lo infumable. Es una experiencia que nos ayuda a reconocer ambas cosas en cuanto se insinúan en nuestro propio trabajo, y a esquivarlas. También leemos para medirnos con los buenos escritores y los genios, y saber hasta dónde se puede llegar. Y para experimentar estilos diferentes.

Quizá te encuentres con que adoptas el estilo que más admiras. No tiene nada de malo. De niño, cuando leía a Ray Bradbury, escribía como él: todo era verde y maravilloso, todo visto por una lente manchada por el aceite de la nostalgia. Cuando leía a James M. Cain me salía todo escueto, entrecortado y duro. Cuando leía a Lovecraft, mi prosa se volvía voluptuosa y bizantina. Algunos relatos de mi adolescencia mezclaban los tres estilos en una especie de estofado bastante cómico. La mezcla de estilos es un escalón necesario en el desarrollo de uno propio, pero no se produce en el vacío. Hay que leer de todo, y al mismo tiempo depurar (y redefinir) constantemente lo que se escribe. Me parece increíble que haya gente que lea poquísimo (o, en algunos casos, nada), pero escriba y pretenda gustar a los demás. Sin embargo, sé que es cierto. Si tuviera un centavo por cada persona que me ha dicho que quiere ser escritor pero que «no tiene tiempo de leer», podría pagarme una comida en un restaurante bueno. ¿Quieres que te sea franco? Si no tienes tiempo de leer es que tampoco tienes tiempo (ni herramientas) para escribir. Así de sencillo.

Leer es el centro creativo de la vida de escritor. Yo nunca salgo sin un libro, y encuentro toda clase de oportunidades para enfrascarme en él. El truco es aprender a leer a tragos cortos, no sólo a largos. Es evidente que las salas de espera son puntos de lectura ideales, pero no despreciemos el lobby de un teatro antes de la función, las filas aburridas para pagar en caja ni el clásico de los clásicos: el escusado. Gracias a la revolución de los audiolibros, se puede leer hasta manejando. Entre seis y doce de mis lecturas anuales son grabadas. En cuanto a que te pierdas cosas fabulosas por la radio... A ver, ¿cuántas veces puedes escuchar a Deep Purple cantando «Highway Star»?

La gente bien considera de mala educación leer en la mesa, pero si aspiras a tener éxito como escritor deberías poner los modales en el penúltimo escalón de prioridades. El último debería ocuparlo la gente bien y sus expectativas. De todos modos, si adoptas la sinceridad como divisa de lo que escribes, tus días como integrante de tan selecta colectividad están contados.

¿Dónde más leer? Pues en la caminadora, o en el aparato que uses cuando vas al gimnasio. Yo, que procuro hacer una hora de aparatos al día, creo que sin la compañía de una buena novela me volvería loco. Hoy en día, casi todas las instalaciones para el ejercicio físico (tanto domésticas como para gimnasios) tienen tele instalada, pero la verdad es que la tele es lo que menos falta le hace a un aspirante a escritor, ni haciendo gimnasia ni en cualquier otro momento del día. Si sientes como algo imprescindible tener puestos a los parlanchines de CNN dando las noticias mientras haces ejercicio, o a los parlanchines de MSNBC hablando de la bolsa, o a los parlanchines de ESPN comentando los deportes, ya va siendo hora de que te preguntes por el grado de seriedad de tus aspiraciones de escritor. Tienes que estar dispuesto a replegarte a conciencia en la imaginación, y me parece que no es muy compatible con los presentadores de los *talk-shows* de moda. Leer toma su tiempo, y la caja tonta te roba demasiado.

Una vez destetada del ansia efímera de tele, la mayoría descubrirá que leer significa pasar un buen rato. He aquí mi sugerencia: la desconexión de la caja-loro es una buena manera de mejorar la calidad de vida, no sólo la de la escritura. Además, ¿de cuánto sacrificio hablamos? ¿Cuántas reposiciones de *Frasier* c ER hacen falta para realizarse como norteamericano? ¿Cuántas horas de infomerciales? ¿Cuántas...? No sigo, porque me sulfuraría.

Cuando mi hijo Owen tenía siete años se quedó prendado de la E Street Band de Bruce Springsteen, sobre todo de Clarence Clemons, el saxofonista corpulento del grupo. Entonces pensó que quería tocar como él. A mi mujer y a mí su ambición nos divirtió y encantó. También reaccionamos como cualquier padre: con la esperanza de que nuestro hijo revelara talento, y hasta que fuera un niño prodigio. En Navidad le regalamos un saxofón y lo apuntamos a clases con Gordon Bowie, un músico de la zona. Después cruzamos los dedos y esperamos que hubiera suerte.

A los siete meses le propuse a mi mujer que interrumpiéramos las clases de sax, siempre que Owen estuviera de acuerdo. Lo estuvo, y con alivio patente. Él no había querido decirlo, y menos después de haber pedido el sax, pero le habían bastado siete meses para darse cuenta de que no era lo suyo, aunque estuviera apasionado por el sonido de Clarence Clemons. Dios no lo había dotado de ese talento.

Yo ya me había dado cuenta, y no porque Owen ya no ensayara, sino porque respetaba estrictamente el horario que le marcaba el señor Bowie: media hora diaria después de la escuela durante cuatro días y una hora el fin de semana. No es que Owen tuviera ningún problema de memoria, pulmones o coordinación entre la vista y la mano, porque dominaba las escalas y las notas, pero nunca le habíamos oído ningún arrebato, ni se sorprendía a sí mismo con nada nuevo. Acabada la media hora de ensayo, metía el sax en la funda y no volvía a sacarlo hasta la clase o ensayo siguiente. La lección que extraje fue que entre mi hijo y el saxofón nunca habría música real, sino puro y simple ensayo, y eso no sirve. Si no te diviertes no sirve de nada. Vale más dedicarse a otra cosa donde puedan ser mayores las reservas de talento, y más elevado el cociente de diversión.

El talento priva de significado al concepto de ensayo. Cuando descubres que estás dotado para algo, lo haces (sea lo que sea) hasta sangrarte los dedos o tener los ojos a punto de caerse de las órbitas. No hace falta que te escuche nadie (o te lea, o te mire), porque siempre te juegas el todo por el todo; porque tú, creador, te sientes feliz. Quizá hasta en éxtasis. La regla se aplica a todo: leer y a escribir, tocar un instrumento, jugar beisbol... Lo que sea. El programa agotador de lectura y escritura por el que abogo (de cuatro a seis horas diarias toda la semana) sólo lo parecerá si son actividades que ni te gustan ni responden a ningún talento tuyo. De hecho, puede que ya estés siguiendo uno parecido. Si no es así, y te parece que necesitas permiso de alguien para leer y escribir cuanto quieras, considéralo dado en adelante por un servidor.

La verdadera importancia de leer es que genera confianza e intimidad con el proceso de la escritura. Se entra en el país de los escritores con los papeles en regla. La lectura constante te lleva a un lugar (o estado mental, si lo prefieres) donde se puede escribir con entusiasmo y sin complejos. También te permite ir descubriendo qué está hecho y qué por hacer, y te enseña a distinguir entre lo trillado y lo nuevo, lo que funciona y lo que sólo ocupa espacio. Cuanto más leas, menos riesgo correrás de perder el tiempo con la pluma o el procesador de textos.

2

Si el Gran Mandamiento es «lee mucho y escribe mucho» (y te aseguro que sí), ¿cuánto es escribir mucho? Evidentemente, depende del escritor. Una de mis anécdotas favoritas (y que debe de pertenecer al mito, más que a la realidad) tiene como protagonista a James Joyce.* Dicen que fue a verlo un amigo y encontró al gran hombre medio caído sobre el escritorio, en una postura de desesperación total.

—¿Qué te pasa, James? —le preguntó el amigo—. ¿Es por el trabajo?

Joyce hizo un gesto de aquiescencia sin levantar la cabeza para mirarlo. Claro que era el trabajo. ¿Podía haber otra razón?

—¿Hoy cuántas palabras has hecho? —prosiguió el amigo.

Joyce (desesperado, echado aún de bruces en el escritorio) dijo:

—Siete.

—¿Siete? Pero James... ¡Si está muy bien, al menos para ti!

—Sí —dijo Joyce, decidiéndose a levantar la cabeza—, supongo... ¡Pero es que no sé en qué orden van!

En el otro extremo hay escritores como Anthony Trollope, autor de verdaderos mamotretos (buen ejemplo es Can You Forgive Her? —¿*Puedes perdonarla?*—, que para el público moderno podría

* De Joyce se cuentan anécdotas buenísimas. La que me gusta más es que desde que le fallaba la vista escribía con ropa de lechero. Al parecer creía que esa ropa captaba la luz del sol y la reflejaba en la página.

cambiarse de título: *¿Puedes acabarlo de alguna manera?*) que se sacaba de la manga con asombrosa regularidad. Trabajaba en el servicio británico de correos (invento suyo fueron los buzones rojos que hay por todo el país), pero cada mañana, antes de salir de casa, escribía dos horas y media. Su horario era férreo. Si el final de las dos horas y media lo agarraba a media frase, la dejaba sin terminar hasta la mañana siguiente; y si remataba alguno de sus tochos de seiscientas páginas faltando un cuarto de hora para el final de la sesión, escribía «FIN», apartaba el manuscrito y empezaba el libro siguiente.

El británico John Creasey, autor de novelas policiacas, escribió cinco mil novelas (sí, cinco mil) bajo distintos seudónimos. Yo he escrito unas treinta y cinco (algunas de extensión trollopiana) y se me considera prolífico, pero al lado de Creasey padezco un caso clínico de bloqueo. Hay varios novelistas contemporáneos que han escrito al menos tanto como yo (por ejemplo Ruth Rendell/Barbara Vine, Evan Hunter/Ed McBain, Dean Koontz y Joyce Carol Oates), y algunos que bastante más.

En el lado opuesto (el de James Joyce) aparece Harper Lee, autora de un solo y excelente libro: *Matar un ruiseñor*. La lista de los que han escrito menos de cinco es larga, e incluye a James Agee, Malcolm Lowry y (de momento) Thomas Harris. Está bien, pero en casos así siempre me pregunto dos cosas: ¿cuánto tardaron en escribir los libros que sí han escrito, y a qué dedicaban el resto del tiempo? ¿A tejer? ¿A organizar bazares en la parroquia? ¿A deificar ciruelas? Me acusarán de impertinente, y no lo niego, pero también lo pregunto por sincera curiosidad. Si Dios te ha regalado una facultad, ¿por qué no vas a ejercerla, por Dios?

En mi caso el horario está bastante claro. Dedico las mañanas a lo nuevo, la novela o cuento que tenga entre manos, y las tardes a la siesta y la correspondencia. La noche pertenece a la lectura y la familia, a los partidos televisados de los Red Sox y a las revisiones más urgentes. Por lo general, la escritura se concentra en las mañanas.

Cuando he empezado un proyecto no paro, y sólo bajo el ritmo si es imprescindible. Si no escribo a diario empiezan a ponérseme rancios los personajes, con el resultado de que ya no parecen gente real, sino eso, personajes. Empieza a oxidarse el filo narrativo del escritor, y yo a perder el control del argumento y el ritmo de la narración. Lo peor es que se debilita el entusiasmo de crear algo nuevo; empiezas a tener la sensación de que trabajas, sensación que para la mayoría de los escritores es el beso de la muerte. Cuando se escribe mejor (siempre, siempre, siempre) es cuando el escritor lo vive como una especie de juego inspirado. Yo, si quiero, puedo escribir a sangre fría, pero me gusta más cuando es algo fresco y quema tanto que casi no se puede tocar.

Antes, en las entrevistas, decía que escribía a diario menos en Navidad, el Cuatro de Julio y mi cumpleaños. Era mentira. Lo decía porque algo tienes que contar si has aceptado una entrevista, y queda mejor si es un poco ingenioso. Tampoco quería parecer demasiado obsesionado por el trabajo (sólo un poquito). La verdad es que cuando escribo, escribo cada día, incluidos Navidad, el Cuatro de Julio y mi cumpleaños. (Además, a mi edad procuras ignorar los cumpleaños.) Y cuando no trabajo, no trabajo nada, aunque esos períodos de inactividad suelen desorientarme y producirme insomnio. Para mí lo trabajoso es no trabajar. Cuando escribo es todo recreo, y las tres peores horas que he pasado en el recreo fueron divertidísimas.

Antes era más rápido. Tengo un libro (*El fugitivo*) escrito en una semana, hazaña que quizá hubiera valorado John Creasey (aunque he leído que varias de sus novelas las escribió en dos días). Me parece que es por culpa de haber dejado de fumar. La nicotina potencia mucho la sinapsis. El problema ya se sabe cuál es: que te ayuda a escribir, pero al mismo tiempo te mata. A pesar de todo, opino que la primera redacción de un libro (aunque sea largo) no debería ocupar más de tres meses, lo que dura una estación. Si tarda más (al menos en mi caso), empieza a quedar la historia como algo un poco ajeno, como un despacho del Ministerio de Asuntos Exteriores rumano o un mensaje radiado en alta frecuencia durante un período de gran actividad en manchas solares.

Me gusta hacer diez páginas al día, es decir, dos mil palabras. En tres meses son 180,000 palabras, que para un libro no está mal; si la historia es buena y está bien contada, el lector puede perderse a gusto. Hay días en que salen diez páginas sin dificultad, y a las once y media de la mañana ya me he levantado y estoy haciendo mandados como un ratoncito, pero a medida que me hago viejo abundan más los días en que acabo comiendo en el escritorio y terminando la sesión diaria hacia la una y media. A veces, cuando cuesta que salgan las palabras, llega la hora del té y todavía estoy trabajando. Me van bien las dos maneras, pero sólo en circunstancias muy graves me permito bajar la persiana antes de haber hecho las dos mil palabras.

La mejor ayuda para una producción regular (¿trollopiana?) es un ambiente sereno. Hasta al escritor de naturaleza más productiva le costará trabajar en un entorno donde los sustos y las distracciones sean la norma, no la excepción. Cuando me preguntan por «el secreto de mi éxito» (idea absurda, pero imposible de eludir), a veces contesto que hay dos: haberme conservado en buenas condiciones físicas (al menos hasta que en verano de 1999 me atropelló una camioneta que se había salido de la carretera) y haber tenido un matrimonio duradero. Es una buena respuesta en la medida en que zanja la cuestión, pero también porque contiene una parte de verdad. La combinación de un cuerpo sano y una relación estable con una mujer independiente que no le aguanta sus tonterías ni a mí ni a nadie ha garantizado la continuidad de mi vida laboral. Y creo que también es cierto lo contrario: que escribir, y disfrutar con ello, ha garantizado la estabilidad de mi salud y mi vida familiar.

3

Casi se puede leer en cualquier parte, pero, tratándose de escribir, los cubículos de biblioteca y bancos de parque deberían ser el último recurso. Decía Truman Capote que sus mejores obras estaban hechas en habitaciones de motel, pero es la excepción. La mayoría trabajamos mejor en casa. Mientras no tengas un espacio propio, encontrarás bastante más laboriosa tu nueva decisión de escribir mucho.

No es necesario que tu despacho exhiba un interiorismo a lo *Playboy*, ni que guardes los enseres de escribir en un secreter colonial de los de persiana. Las dos primeras novelas que publiqué (*Carrie* y *El misterio de Salem's Lot*) las escribí en el cuartucho de lavar de una casa rodante de doble ancho, aporreando la Olivetti portátil de mi mujer y haciendo equilibrios con una mesa infantil en las rodillas. Dicen que John Cheever escribía en el sótano del edificio de departamentos donde vivía, en Park Avenue, al lado de la caldera. El espacio puede ser modesto (hasta es posible que deba serlo, como ya creo haber insinuado), y en realidad sólo requiere una cosa: una puerta que estés dispuesto a cerrar. La puerta cerrada es una manera de decirles a los demás y a ti mismo que vas en serio. Te has comprometido con la literatura y tienes la intención de no quedarte en simples promesas.

Cuando entres en tu nuevo espacio de escritura y cierres la puerta, ya deberías haberte decidido por un objetivo diario. Es como con la gimnasia: al principio conviene no imponerse metas muy altas, para no desanimarse. Propongo unas mil palabras al día, y, como me siento magnánimo, añadiré un día de descanso semanal, al menos al principio. Más de uno no, o perderías la urgencia e inmediatez de tu relato. Una vez concretado el objetivo, toma la resolución de no abrir la puerta hasta haberlo cumplido. Dedícate por entero a poner las mil palabras en papel o en disquete. Durante una de mis primeras entrevistas (creo que para promocionar *Carrie*), un locutor de radio me preguntó cómo escribía, y mi respuesta («palabra por palabra») lo dejó mudo. Sospecho que estaba pensando si era una broma, pero no. Al final siempre es así de sencillo. Trátese de un simple apunte de una página, o de una trilogía épica como *El Señor de los Anillos*, siempre se trabaja palabra por palabra. La puerta te aísla del resto del mundo, pero también te confina, concentrándote en lo que tienes entre manos.

Conviene, dentro de lo posible, que en el despacho no haya teléfono, y menos televisión o videojuegos para perder el tiempo. Si hay ventana, y no da a una pared, corre la cortina o baja la persiana. Cualquier escritor hará bien en eliminar las distracciones, y el novicio más. Si sigues escribiendo empezarás a filtrarlas de manera natural, pero al principio conviene ocuparse de ellas antes de ponerte a trabajar. Yo trabajo con la música a todo volumen (siempre he preferido el rock pesado, tipo AC/DC, Guns N' Roses y Metallica), pero sólo porque es otra manera de cerrar la puerta. Me rodea, aislándome del mundo. ¿Verdad que al escribir quieres tener el mundo bien lejos? Claro que sí. Escribir es crearse un mundo propio.

En el fondo, creo que se trata de dormir creativamente. La sala de escritura debería ser igual de íntima que el dormitorio, ser la habitación donde sueñas. La razón de ser del horario (entrar cada día más o menos a la misma hora y salir cuando tengas las mil palabras en papel o disquete) es acostumbrarte, predisponerte al sueño como te predispones a dormir yéndote a la cama más o menos a la misma hora y siguiendo el mismo ritual. Escribir y dormir se parecen en que aprendemos a estar físicamente quietos al mismo tiempo que animamos al cerebro a desconectar del pensamiento racional diurno, rutinario. De la misma manera que el cerebro y el cuerpo, noche tras noche, se te acostumbran a cierta cantidad de sueño fija (seis horas, siete, quizá las ocho recomendadas), existe la posibilidad de entrenar a la conciencia para que duerma creativamente y, despierta, teja sueños de gran nitidez, que es lo que son las obras narrativas bien hechas.

Pero son necesarias la habitación y la puerta, y es necesaria la decisión de cerrarla. También necesitas un objetivo concreto. Cuanto más dure tu adhesión a estos requisitos básicos, más fácil irá haciéndosete el acto de escribir. No esperes al muso. Ya te he dicho que es un testarudo, y que no se le puede pedir mucho aleteo creativo. No te estoy hablando de ninguna tabla de ouija, ni del mundo de los espíritus, sino de un oficio cualquiera, como plomero o camionero ro. El tuyo es procurar que el muso sepa dónde encontrarte a diario desde las nueve a las doce, o desde las siete a las tres. Si lo sabe, te aseguro que tarde o temprano se presentará con el puro en la boca y la magia en el saco.

4

Bueno, pues ya estás en la habitación con la persiana y la puerta cerradas y el teléfono desconectado. Le has dado una patada a la tele y te has jurado escribir mil palabras al día contra viento y marea. Llega el turno de la gran pregunta: ¿de qué escribirás? Y de una respuesta igual de grande: de lo que te dé la gana. Lo que sea... *mientras cuentes la verdad.*

Antes, en las clases de escritura, solía haber una máxima: «Escribe de lo que conozcas.» Suena bien, pero ¿y si quieres escribir sobre naves espaciales que exploran otros planetas, o de alguien que mata a su mujer y quiere partirla en trocitos con un desbastador de madera? ¿Cómo se consigue que cuadren esas y otras mil ideas extravagantes con el principio de escribir de lo que se conoce.

Yo creo que lo primero es interpretar la máxima en el sentido más laxo. El plomero sabe de plomería, pero no es ni mucho menos lo único que sabe. También sabe cosas el corazón, y la imaginación. ¡Menos mal! Sin ambos, el mundo de la ficción sería un lugar bastante sórdido. Hasta puede que no existiera.

En términos de género, parece oportuna la premisa de que se empieza escribiendo lo que le gusta a uno leer. Ya he contado mis tempranos amores con los cómics de terror, y seguro que he cargado las tintas, pero es verdad que me gustaban mucho, igual que las películas como *I Married a Monster from Outer Space*, y el resultado fueron cuentos como «I Was a Teenage Graverobber». Hoy en día, de hecho, nada me impide escribir versiones un poco más sofisticadas del mismo cuento. Es muy sencillo: me eduqué en el amor a la noche y los ataúdes que no se quedan quietos. Si a alguien le parece mal, lo único que puedo hacer es encogerme de hombros. Es lo que hay.

Si resulta que eres aficionado a la ciencia ficción, es normal que tengas ganas de escribir ciencia ficción. (Y cuanta más hayas leído, menos peligro correrás de caer en las convenciones más transitadas del género, como las guerras de naves y las distopías.) Si lo que te gusta son las novelas de misterio, querrás escribirlas, y si te gustan las románticas, es normalísimo que quieras hacer alguna. No tiene nada de malo practicar esos géneros. En mi opinión, lo que sería una pena es renegar de lo que conoces y te gusta (quizá tanto como a mí los cómics y las películas de terror en blanco y negro) a favor de otras cosas sólo porque te parece que impresionarás más a los amigos, la familia y los demás escritores que conoces. Tan erróneo es eso como dedicarse a conciencia a algún género o clase de narrativa sólo para ganar dinero. Para empezar sería moralmente condenable, porque la narrativa consiste en descubrir la verdad dentro de la red de mentiras de la ficción, no incurrir en fraude intelectual por amor al vil metal. Es más: les aviso que no funciona.

Cuando me preguntan por qué decidí escribir lo que escribo, siempre pienso que es una pregunta más reveladora que cualquier respuesta que pudiera dar. Es como esos chocolates con caramelo dentro: encubren la suposición de que es el escritor quien controla sus materiales, no al revés.* El escritor que se toma en serio su oficio no puede evaluar el material narrativo como un inversor estudiando ofertas de acciones y escogiendo las que parezcan más rentables. Si se pudiera, cada libro publicado sería un éxito de venta seguro, y no existirían los adelantos astronómicos que se pagan a una docena de escritores de primerísima línea. (Eso les gustaría a las editoriales.)

Grisham, Clancy, Crichton y yo (entre otros) recibimos esas sumas porque vendemos tiradas fuera de lo habitual a un público lector más vasto de lo habitual. A veces, desde la crítica, se da por sentado

* Respecto al tema, Kirby McCauley, mi primer agente de verdad, siempre citaba al escritor de ciencia ficción Alfred Bester (*Las estrellas mi destino*, *El hombre demolido*). «El libro manda», decía el bueno de Alfred con un tono que sugería cambiar de tema.

que tenemos acceso a una vulgata mística que no han conseguido encontrar otros escritores (a menudo mejores), o que desdeñan emplear. Dudo que sea verdad. Tampoco me trago la teoría de otros novelistas populares (pienso en la difunta Jacqueline Susann, aunque no era la única) de que su éxito se basa exclusivamente en el mérito literario, y que el público comprende la auténtica grandeza mejor que el mundillo de las letras, poblado por mediocres y envidiosos. Es una idea ridícula, fruto de la vanidad y la inseguridad.

En general, la gente que compra libros no se guía por el mérito literario de una novela. Quieren una historia entretenida para el avión, algo que los cautive desde el principio, que los absorba y los impulse a girar la página. Esto, a mi juicio, ocurre cuando los lectores reconocen a los personajes, su comportamiento, su entorno y su manera de hablar. Una manera de que el lector se sienta dentro de la novela o el cuento es que oiga ecos muy fuertes de lo que vive y piensa. Mi opinión es que es imposible conseguir la conexión de manera premeditada, a base de estudios de mercado.

Una cosa es imitar un estilo, que es una manera muy legítima de empezar a escribir (legítima e inevitable, porque cada fase del desarrollo del escritor está marcada por alguna imitación), y otra, imposible, imitar la manera que tiene determinado escritor de abordar tal o cual género, aunque parezca muy fácil lo que hace. En otras palabras, no se puede dirigir un libro como un misil. En general, la gente que decide hacerse rica escribiendo como John Grisham o Tom Clancy sólo produce imitaciones baratas, porque no es lo mismo el vocabulario que el sentimiento, y el argumento está a años luz de la verdad tal como la entienden el cerebro y el corazón. Si en la contraportada de una novela ves escrito «al estilo de (John Grisham/Patricia Cornwell/Mary Higgins Clark/Dean Koontz)», ten por seguro que estás delante de una de esas imitaciones, hechas por puro cálculo y por lo general aburridas.

Escribe lo que quieras, infúndele vida y singularízalo vertiendo tu experiencia personal de la vida, la amistad, las relaciones humanas, el sexo y el trabajo. Sobre todo el trabajo. A la gente le encanta leer sobre el trabajo; no sé por qué, pero es así. Si eres plomero y te gusta la ciencia ficción, plantéate escribir una novela sobre un plomero en una nave espacial o en otro planeta. ¿Te ríes? Pues el difunto Clifford D. Simak escribió una novela que se llamaba *Cosmic Engineers* y se ajusta bastante a la idea, además de ser buenísima. Hay que recordar que no es lo mismo dar sermones sobre lo que se sabe que usarlo para enriquecer una narración. Lo segundo es bueno. Lo primero no.

Pensemos en el primer gran éxito de John Grisham, *La tapadera*. Es la historia de un joven abogado que descubre que su primer empleo, que al principio parecía un sueño, consiste en trabajar para la mafia. *La tapadera* es una novela llena de suspenso, emocionante y con un ritmo endiablado, que vendió millón y medio de ejemplares. Por lo visto, la gente quedó fascinada por el dilema moral que se le plantea al abogado joven: trabajar para la mafia es malo, eso no se discute, pero ¡qué sueldo! ¡Con eso te compras un cochazo y aún te queda más de la mitad!

Otra cosa que gustó fue el ingenio del abogado para salir del dilema. Quizá no sea lo que habría hecho la mayoría, y es verdad que las últimas cincuenta páginas acusan la constante intervención del *deus ex machina*, pero es lo que nos habría gustado hacer a casi todos. Y ¿no nos gustaría tener un *deus ex machina* en la vida diaria?

No puedo asegurarlo, pero apostaría a que John Grisham nunca ha trabajado para la mafia. Es todo pura fabulación (que es el gran placer de un escritor). Sí, es verdad que de joven fue abogado, y es evidente que no ha olvidado cuánto cuesta hacerse un hueco en el mundo laboral. Tampoco se le ha olvidado el mapa de trampas y anzuelos económicos que dificultan el paso por el campo del derecho empresarial. Con el brillante contrapunto de un humor sencillo, y sin abusar de la jerga profesional, dibuja un mundo de luchas darwinianas donde los salvajes llevan traje. Además (y ahora viene lo bueno), se trata de un mundo de una verosimilitud arrolladora. Grisham lo ha pisado, ha rastreado el campo de batalla, ha espiado las posiciones enemigas y ha vuelto con un informe completo. Contó la verdad de lo que sabía, y aunque sólo fuera por eso ya se merece hasta el último dólar que haya ganado *La tapadera*.

Los críticos que arguyen que *La tapadera* y los libros posteriores de Grisham están mal escritos, los que se declaran perplejos ante su éxito, no se enteran de nada. Una de dos: o la verdad es demasiado gorda, demasiado evidente, o ellos se hacen los tontos. El relato imaginario de Grisham tiene una base sólida en la realidad que conoce el autor, que la ha vivido de primera mano y ha escrito sobre ella con una sinceridad absoluta (al borde de la ingenuidad). El resultado (al margen de que los personajes sean acartonados, lo cual sería otro tema de discusión) es un libro valiente y de gratísima lectura. Como escritor en ciernes, harías bien en no imitar el género de abogados acorralados que parece invento de Grisham, sino emular la franqueza de su autor y su instinto infalible para ir al grano.

Claro que John Grisham sabe de abogados, pero algo sabrás tú que garantice tu unicidad. Ten valor. Reconoce las posiciones enemigas en el mapa, vuelve y cuéntanos todo lo que sepas. Y acuérdate de que no es ninguna tontería escribir un cuento sobre plomeros en el espacio.

5

A mi modo de ver, todos los relatos y novelas constan de tres partes: la narración, que hace que se mueva la historia de A a B y por último hasta Z, la descripción, que genera una realidad sensorial para el lector, y el diálogo, que da vida a los personajes a través de sus voces.

Te preguntarás dónde queda la trama. La respuesta (al menos la mía) es que en ninguna parte. No pretendo convencerte de que nunca haya preparado una sinopsis previa, porque sería como sostener que nunca he dicho mentiras, pero hago ambas cosas lo menos posible. Desconfío de los argumentos por dos razones: la primera, que nuestras vidas apenas tienen argumento, aunque se sumen todas las precauciones sensatas y los escrupulosos planes de futuro; la segunda, que considero incompatibles el argumento y la espontaneidad de la creación auténtica. Procuraré ser claro. Me interesa sobremanera que entiendas que mi principal convicción acerca de la narrativa es que se hace prácticamente sola. La tarea del escritor es proporcionarle una tierra de cultivo (y transcribirla, claro). Si eres capaz de compartir mi punto de vista (o de intentarlo), podremos colaborar a gusto. En caso contrario, si te parezco un loco, tampoco pasa nada. No serás el primero.

En una entrevista para el *New Yorker*, cuando le dije al entrevistador que para mí las historias eran objetos hallados, como los fósiles del suelo, me contestó que no se lo creía. Yo repuse que bueno, que me conformaba con que se creyese que lo creía yo. Y es verdad. Las historias no son camisetas de una tienda de souvenirs, ni GameBoys. Son reliquias, fragmentos de un mundo preexistente que no ha salido a la luz. El trabajo del escritor es usar las herramientas de su caja para desenterrarlas lo más intactas que se pueda. A veces aparece un fósil pequeño, una simple concha. Otras es enorme: un *Tyrannosaurus Rex* con todo el costillar y la dentadura. Tanto da que salga un cuento o un armatoste de mil páginas, porque en lo fundamental las técnicas de excavación son las mismas.

Por bueno que seas, por mucha experiencia que tengas, es muy difícil que saques todo el fósil sin alguna rotura o pérdida; hasta para desenterrar la mayoría de las piezas es necesario cambiar la pala por otras herramientas más sutiles. La trama es maquinaria pesada, el martillo neumático del escritor. No te discuto que sirva para desenterrar un fósil de las rocas, porque es evidente, pero tampoco me discutas tú que rompe casi tanto como extrae. Es torpe, mecánico, anticreativo. Para mí, el esquema argumental es el último recurso del escritor, y la opción preferente del bobo. La historia que nazca tiene muchas posibilidades de quedar artificial y forzada.

Me fío mucho más de la intuición, gracias a que mis libros tienden a basarse en situaciones más que en historias. Entre las ideas que los han concebido las hay más complejas y más simples, pero la mayoría comienza con la escueta sencillez del escaparate de unos grandes almacenes, o de un cuadro de museo de cera. Deseo poner a un grupo de personajes (o a dos, o puede que hasta a uno) en alguna clase de aprieto, y ver cómo intentan salir. Mi trabajo no consiste en ayudarlos a salir, ni en manipularlos para que queden a salvo (serían los trabajos que requieren el uso ruidoso del martillo neumático, o sea, la trama), sino observar qué sucede y transcribirlo.

Tiene preferencia la situación. Luego vienen los personajes, que al principio siempre son planos, sin rasgos distintivos. Una vez que se han fijado ambos elementos en mi cerebro, empiezo a contar la historia. A menudo vislumbro el desenlace, pero nunca he exigido a ningún grupo de personajes que hagan las cosas a mi manera. Al contrario: quiero que vayan a la suya. En algunos casos el desenlace es el que tenía previsto, pero en la mayoría surge como algo inesperado. Gran ventaja para el novelista de suspenso: resulta que además de ser el creador de la novela, actúo como su primer lector; y si yo mismo, que lo veo por dentro, no consigo prever con un mínimo acierto en qué acabará el enredo, puedo estar casi seguro de que el lector empezará a girar las páginas como un poseso. Además, ¿qué sentido tiene preocuparse por el final? ¿De qué sirve estar tan obsesionado con controlarlo todo? Algo, tarde o temprano, siempre pasa.

A principios de los ochenta fui a Londres con mi mujer, en un viaje medio de negocios medio de placer. Durante el vuelo me quedé dormido y soñé con un escritor famoso (no sé si era yo, pero James Caan seguro que no) cayendo en las garras de una fan sicópata que vivía en una granja del quinto pino. Era una mujer aislada por un proceso paranoico, con unos cuantos animales en la granja, entre ellos su cerda Misery. Así se llamaba el personaje que aparecía en varios bestsellers del autor, siempre históricos y un poco subidos de tono. Al despertar, el recuerdo más claro que conservaba del sueño eran unas palabras de la mujer al escritor, que se había roto una pierna y estaba prisionero en el dormitorio de atrás. Las apunté en una servilleta de American Airlines, para que no se me olvidase, y me la metí en el bolsillo. Luego, no sé cómo, la perdí, pero aún me acuerdo de casi todo lo que había escrito:

«Habla muy en serio, pero sin mirar a los ojos. Mujer grande, maciza, toda ella una ausencia de pausas. —No sé qué quiere decir. Repito que acababa de despertarme—. Lo de ponerle Misery a la cerda no era en broma, ¿eh? No se equivoque, por favor. La bauticé por mi amor de fan, que es el más puro. Debería sentirse halagado.»

Tabby y yo nos alojamos en el hotel Brown's de Londres, y no pegué ojo en toda la primera noche, en parte porque en la habitación de encima parecía que hubiera tres niñas gimnastas, en parte por el jet lag, qué duda cabe, pero en parte, también, por la servilletita del avión. Llevaba escrita la semilla de una historia que prometía muchísimo, porque podía quedar a la vez divertida, satírica y de terror. Me parecía un material demasiado rico para no escribir.

Me levanté, bajé al vestíbulo y le pregunté al recepcionista si había algún rincón tranquilo para escribir. Me acompañó a una mesa fabulosa que había en el rellano del primer piso, y me contó (quizá con un orgullo justificado) que había sido el escritorio de Rudyard Kipling. El dato me intimidó un poco, pero se estaba tranquilo y el escritorio parecía acogedor, aunque sólo fuera por su superficie de trabajo (unos cinco mil metros cuadrados de cerezo). Manteniéndome en vela gracias a una sucesión de tazas de té (bebida que, al escribir, ingería por litros... menos cuando bebía cerveza, claro), llené dieciséis páginas de un cuaderno de taquígrafo. La verdad es que prefiero la escritura normal; lo malo es que cuando agarro velocidad no puedo seguir el ritmo de los renglones que se me forman en la cabeza y me agobio.

Al término de la sesión pasé por el vestíbulo para repetirle al recepcionista mi agradecimiento por dejarme usar el precioso escritorio del señor Kipling.

—Me alegra mucho que le haya gustado —contestó él con una vaga sonrisa de nostalgia, como si hubiera conocido personalmente al escritor—. Lo cierto es que Kipling falleció delante de él. De un derrame. Escribiendo.

Subí para recuperar unas horas de sueño, pensando en lo a menudo que nos dan información que sería mejor omitir.

El título provisional de mi relato (al que entonces preveía unas treinta mil palabras) era «La edición Annie Wilkes». Cuando me senté delante del precioso escritorio de Kipling, tenía clara la situación básica: escritor accidentado y fan sicópata. La historia en sí aún no existía (bueno, sí, pero como reliquia enterrada, a excepción de dieciséis páginas manuscritas), pero no me hacía falta conocerla para empezar a trabajar. Tenía localizado el fósil, y sabía que lo demás consistiría en una excavación prudente.

O mucho me equivoco, o lo que vale para mí también vale para ti. Si estás esclavizado (o intimidado) por la tiranía del esquema y el cuaderno lleno de «apuntes sobre personajes», quizá te libere. Como mínimo orientará tus pensamientos hacia algo más interesante que la planificación argumental.

(Una anécdota graciosa al margen: en nuestro siglo, quizá el máximo partidario de la sinopsis haya sido Edgar Wallace, cuyas novelitas hacían furor en los años veinte. Inventó [y patentó] un artilugio que llevaba el nombre de «rueda Edgar Wallace de argumentos». El escritor que se quedara encallado con la trama, o que tuviera la necesidad acuciante de una sorpresa argumental, sólo tenía que hacer girar la rueda y leer lo que saliera en la ventanita: podía ser «una aparición fortuita», o «la heroína se declara». Parece que el invento se vendió como pan caliente.)

Al final de la primera sesión en el Brown's, en que Paul Sheldon se despierta y descubre que es prisionero de Annie Wilkes, creí saber qué ocurriría: Annie le exigiría a Paul escribir otra novela sobre su personaje de siempre, el valiente Misery Chastain, pero sólo para ella. Paul protestaría, pero, previsiblemente, acabaría por acceder. (Me pareció que una enfermera sicópata podía ser muy persuasiva.) Entonces Annie le comunicaría su intención de sacrificar su querida cerdita Misery al proyecto, diciendo que *El retorno de Misery* sólo tendría un ejemplar: ¡un manuscrito holográfico encuadernado en piel de cerdo!

Preví un fundido en negro, y la reanudación de la trama a los seis u ocho meses en el refugio de Annie en Colorado, donde se produciría el inesperado final.

Ya no está Paul, la habitación donde convalecía se ha convertido en santuario de Misery Chastain, pero la cerdita Misery sigue haciendo valer su presencia con plácidos gruñidos desde la pocilga de al lado del granero. Las paredes de la «sala Misery» están cubiertas de portada de libros, fotos fijas de las películas de Misery, fotos de Paul Sheldon y quizá un titular de periódico: SIGUE DESAPARECIDO EL FAMOSO NOVELISTA ROMÁNTICO. El centro de la sala lo ocupa, bajo un foco, un libro en una mesita (de cerezo, cómo no, en honor de Kipling). Es la «edición Annie Wilkes» de *El retorno de Misery*. La encuadernación es muy bonita, como tiene que ser, porque es la piel de Paul Sheldon. ¿Y el propio Paul? Es posible que sus huesos estén enterrados detrás del granero, pero me pareció más verosímil que las partes más suculentas se las hubiera comido la cerda.

No estaba mal, y como relato habría sido bueno (no tanto como novela, porque a nadie le gusta sufrir por alguien durante trescientas páginas y acabar descubriendo que lo ha devorado el cerdo entre los capítulos 16 y 17), pero al final no salió así. Paul Sheldon acabó demostrando más recursos de lo que preveía yo, y sus esfuerzos por hacer de Sherezada y salvar el pellejo me dieron la oportunidad de explicar algunas cosas acerca del poder de la escritura, cosas que sentía desde hacía mucho tiempo pero que nunca había puesto por escrito. Annie también se reveló como alguien bastante más complejo que en mis previsiones, y fue divertido escribir sobre ella: es una mujer que en materia de groserías no pasa de «caramba» pero que no tiene el menor reparo en cortarle el pie a su escritor favorito para evitar una tentativa de huida. Mi sensación final fue que Annie merecía más compasión que miedo. De los detalles e incidentes del relato, no hubo ninguno que se ajustara a un esquema argumental; eran orgánicos, excrecencias naturales de la situación inicial, partes desenterradas del fósil. Hoy aún lo explico sonriendo. ¡Cómo me divertí, aunque me pasara casi todo el tiempo excedido de drogas y alcohol!

El juego de Gerald y *La chica que amaba a Tom Gordon* son otras dos novelas de situación pura. Si *Misery* son «dos personajes en una casa», *El juego de Gerald* es «mujer en un dormitorio», y *La chica que amaba a Tom Gordon*, «niña perdida en el bosque». Como he admitido antes, algunos de mis libros parten de esquemas previos, pero los resultados, en libros como *Insomnia* y *El retrato de Rose Madder*, no destacan por su calidad. Me duele reconocerlo, pero se trata de dos novelas forzadas, demasiado trabajadas. De mis novelas sobre argumento, la única que me gusta es *La zona muerta* (y es justo añadir que muchísimo). Hay un libro, *Un saco de huesos*, que parece tramado de antemano, pero que en realidad es otra situación: «escritor viudo en casa encantada». La trama de fondo de *Un saco de huesos* es una historia gótica bastante conseguida (o que me lo parece), y muy complicada, pero no se basa en nada premeditado. La historia de TR-90, y la verdad de lo que hacía la mujer de Mike Noonan durante el último verano de su vida, surgieron espontáneamente. Podría decirse que eran partes del fósil.

Una situación con fuerza pone en entredicho toda la cuestión del argumento, y me parece bien. Casi todas las situaciones interesantes pueden exponerse mediante una pregunta en condicional:

¿Y si los vampiros invadieran un pueblecito de Nueva Inglaterra? (*El misterio de Salem's Lot.*)

¿Y si en un pueblo apartado de Nevada enloqueciera un policía y empezara a matar a cualquier persona que se cruzara en su camino? (*Desesperación.*)

¿Y si una trabajadora doméstica sospechosa de haber asesinado impunemente a alguien (su marido) fuera acusada de un homicidio que no ha cometido (el de su jefe)? (*Dolores Claiborne.*)

¿Y si una mujer se quedara encerrada en un coche averiado con su hijo pequeño por culpa de un perro rabioso? (*Cujo.*)

Se trata, en todos los casos, de situaciones que se me ocurrieron (en la regadera, manejando, durante mi paseo diario...), y que acabaron convertidas en libro. La dependencia del esquema argumental es nula, ni un solo apunte en un papelito, aunque haya alguna historia (la de *Dolores Claiborne*, por ejemplo) casi tan complicada como las del género policiaco. Ten presente que entre historia y esquema argumental hay una diferencia enorme. La primera es honrada y de fiar, mientras que el segundo es sospechoso y conviene someterlo a arresto domiciliario.

Claro que todas las novelas que he resumido pasaron por un proceso editorial de pulido y enriquecimiento, pero casi todos sus elementos existían desde el principio. «La película ya tiene que ser película antes de la edición», me dijo una vez el editor cinematográfico Paul Hirsch. Lo mismo pasa con los libros. Dudo, salvo excepciones, que la incoherencia o la falta de interés narrativo puedan corregirse mediante algo tan secundario como la revisión.

Como esto no es ningún manual, tampoco hay muchos ejercicios, pero quiero ponerte uno por si tienes la sensación de que es una tontería todo esto de la situación reemplazando al argumento. Voy a enseñarte dónde hay un fósil. Tus deberes son dedicarle cinco o seis páginas de narración no premeditada; o, dicho de otra manera, excavar y observar el aspecto de los huesos. Preveo que te sorprenderá el resultado, y que te gustará. ¿Listo? Pues adelante.

Las líneas básicas de lo que voy a contar son archiconocidas. Aparecen cada dos o tres semanas en la sección de sucesos, y sólo cambian los detalles. Una mujer (pongámosle Jane) se casa con un hombre inteligente, divertido y con mucho magnetismo sexual. Le pondremos Dick, que es el nombre más freudiano que hay.[1] Lo malo es que Dick tiene un lado oscuro. Es impaciente, obsesionado con controlarlo todo y puede que hasta paranoico (como comprobarás por sus palabras y actos). Jane hace esfuerzos ímprobos por no dar importancia a los defectos de Dick y lograr que funcione el matrimonio. (El motivo de que se esfuerce tanto también lo descubrirás, porque saldrá ella a escena y te lo contará.) Parece que mejoran las cosas cuando tienen una hija, pero a los tres años de nacer, más o menos, empiezan de nuevo las agresiones y escenas de celos. Al principio son agresiones verbales, y luego físicas. Dick está convencido de que Jane se acuesta con otro, tal vez con alguien del trabajo. ¿Sospecha de alguien en concreto? Ni lo sé ni me importa. Es posible que Dick acabe confiándote sus sospechas, pero ya nos enteraremos los dos, ¿no?

Al final, la pobre Jane ya no lo aguanta: se divorcia del cabrón de su marido y le dan la custodia de su

1. En inglés, coloquialmente, *dick* es «pene». *(N. del T.)*

hija Nell. Entonces Dick empieza a perseguirla. Jane contraataca pidiendo una orden judicial, pero sirve de tan poco como una sombrilla en un huracán, como pueden corroborar muchas mujeres maltratadas. Por último, después de un incidente terrorífico que relatarás con gran detalle (quizá una paliza en público), el cabrón de Richard es arrestado y encarcelado. Todo esto son precedentes. Su inclusión en el relato (en mayor o menor medida) es cosa tuya. En todo caso, no es la situación. Veámosla.

Un día, poco después de ir Dick a la cárcel, Jane recoge a Nell en la guardería y la lleva a casa de una amiga para una fiesta de cumpleaños. Luego vuelve a casa, dispuesta a darse el lujo de estar tranquila dos o tres horas. Quizá haga la siesta, piensa. Se dirige a una casa, no a un departamento; es verdad que es joven y asalariada, pero lo requiere la situación. Cómo encontró la casa, y por qué tiene la tarde libre, son cosas que te dirá la historia, y que, si encuentras justificaciones válidas (como que la casa es de sus padres, o que sólo la vigila, o cualquier otra cosa), parecerán premeditadas.

Al entrar nota algo raro, una sensación vaga que la incomoda. Como no sabe identificarla, la atribuye a los nervios, a las secuelas de cinco años de infierno con don Simpático. ¿Verdad? ¡Dick está encerrado después de todo.

Antes de hacer la siesta, Jane decide tomarse una infusión y ver las noticias. (¿La tetera con agua hirviendo puede usarse más tarde? Quizá, quizá.) El titular es una bomba: por la mañana se han escapado tres hombres de la cárcel matando a un vigilante. Dos de ellos han sido capturados casi enseguida, pero el tercero sigue libre. Las noticias no especifican el nombre de ninguno de los presos (al menos las del canal que está puesto), pero Jane, que está sola en la casa (como ya habrás justificado de manera plausible), tiene la certeza de que Dick era uno de los tres. Lo sabe porque acaba de identificar la sensación extraña del vestíbulo. Eran restos de olor a tónico capilar Vitalis. El de Dick. Jane permanece sentada y sin poder levantarse, porque el miedo le ha entumecido los músculos. Cuando oye los pasos de Dick por la escalera, piensa: «Es el único capaz de tener tónico capilar hasta en la cárcel.» Debe levantarse, correr, pero no puede...

¿Verdad que es una historia bastante buena? Yo creo que sí, pero original, lo que se dice original, no es. Como decía: por desgracia, cada dos o tres semanas sale en el periódico el titular UN HOMBRE DA UNA PALIZA [O MATA] A SU EX MUJER. Lo que te pido, en este ejercicio, es lo siguiente: *cambiar los sexos del antagonista y la protagonista* antes de empezar a elaborar la situación del relato. Dicho de otra manera: convierte a la mujer en perseguidora (puede haberse escapado del manicomio, no de la cárcel) y al marido en víctima. Nárralo sin argumento previo, dejándote llevar por la situación y la inversión inesperada que acabo de proponerte, y preveo que te saldrá de lujo... siempre y cuando seas sincero con la manera de hablar y comportarse de tus personajes. La sinceridad narrativa compensa muchos defectos de estilo, como demuestra la obra de escritores como Theodore Dreiser, Ayn Rand y otros prosistas acartonados, pero mentir es la falta máxima e irreparable. Está claro que los mentirosos prosperan, pero sólo a gran escala, no en la selva de la redacción, donde el objetivo tiene que ser primero una palabra y luego otra. Si estando en ella ya empiezas a decir mentiras sobre lo que sabes y sientes, se derrumba todo.

Cuando hayas acabado el ejercicio, escríbeme a www.stephenking.com y dime cómo te ha salido. No puedo comprometerme a poner nota a todas las respuestas, pero sí a leer con gran interés tus aventuras, aunque sólo sea una parte. Tengo curiosidad por saber qué fósil has desenterrado, y cuánto has conseguido sacar intacto de la tierra.

6

La descripción convierte al lector en partícipe sensorial de la historia. A describir se aprende, que es una de las razones principales de que sólo puedas hacerlo bien si lees y escribes mucho. Resulta que no es cuestión sólo de cómo, sino de cuánto. La respuesta al cuánto te la dará la lectura, y la del cómo, páginas y páginas de escritura. Sólo aprenderás practicando.

El primer paso de la descripción es la visualización de lo que quieres hacer vivir al lector, y el último, trasladar a la página lo que ves en tu cabeza. Fácil, lo que se dice fácil, no es. Repito mi pregunta de antes: ¿quién no ha oído un comentario así: «Fue genial [o espantoso, rarísimo, divertidísimo...]. ¡Es que no puedo describirlo!»? Si quieres ser buen escritor, estás obligado a poder describirlo, y de una manera que comunique reconocimiento al lector. Si sabes hacerlo te pagarán tus esfuerzos, y te lo habrás merecido. Si no, coleccionarás notas de devolución y es posible que te plantees hacer carrera en el fascinante mundo del telemárketing.

Una descripción insuficiente deja al lector perplejo y miope. El exceso de descripción lo abruma con detalles e imágenes. El truco es encontrar un buen punto medio. También es importante saber qué describir y qué descartar en el proceso principal, que es contar algo.

A mí, la literatura que describe exhaustivamente las características físicas y la indumentaria de los personajes me deja bastante frío. (Me irrita especialmente el inventario de guardarropa. Si tengo ganas de leer descripciones de prendas ya pediré un catálogo.) No recuerdo muchos casos en que sintiera la necesidad de describir el aspecto físico de los actores de una historia mía. Prefiero dejar que les ponga cara y cuerpo (y ropa) el lector. ¿No es bastante con saber que Carrie White es una alumna de preparatoria solitaria, con acné y un vestuario de juzgado de guardia? Del resto puedes encargarte tú, sin necesidad de que la describa grano a grano y falda a falda. Casos de fracasados en la preparatoria los conoce todo el mundo; si yo describo el mío, excluyo el tuyo y pierdo una parte del vínculo de comprensión que deseo forjar entre los dos. La descripción arranca en la imaginación del escritor, pero debería acabar en la del lector. A la hora de conseguirlo tiene mucha más suerte el escritor que el cineasta, condenado eternamente a enseñar demasiado... incluido, en nueve de cada diez casos, un cierre en la espalda del monstruo.

Para que el lector se sienta dentro de la historia, concedo más importancia al escenario y el ambiente que a la descripción de personajes. Tampoco comparto la opinión de que la descripción física deba ser un atajo hacia la personalidad. Ahórrenme pues, si son tan amables, los «ojos azules e inteligentes» del protagonista, y su «barbilla pronunciada de hombre de acción». Son ejemplos de mala técnica y escritura perezosa, el equivalente de los pesadísimos adverbios.

Para mí, una descripción acertada suele componerse de una serie de detalles bien escogidos que lo resumen todo. En la mayoría de los casos serán los primeros que se le ocurran al escritor. Se trata de un punto de partida muy válido. Luego, si te entran ganas de cambiar, añadir o quitar detalles, adelante, que para eso se ha hecho la revisión, pero creo que en casi todos los casos los detalles que se visualizan en primer lugar son los más fidedignos, además de los mejores. Deberías tener presente que en la descripción es tan fácil pasarse como quedarse corto (y, si tienes alguna duda, te lo demostrarán hasta la saciedad los libros que leas). Hasta es posible que sea más fácil lo primero.

Uno de mis restaurantes favoritos de Nueva York es el Palm Too de la Segunda Avenida, especializado en carnes. Si decidiera ambientar una escena en el Palm Too, tengo clarísimo que incluiría las observaciones de mis visitas. Antes de ponerme a escribir, me tomaría el tiempo de evocar una imagen del local, recurriendo a mi memoria y llenándome el ojo mental (que es un ojo cuya visión mejora por el uso). Lo llamo ojo mental porque es la expresión que nos suena más a todos, pero mi intención real es abrir todos los sentidos. Será un rastreo en la memoria, breve, pero intenso, una especie de sesión de hipnosis. Como en ellas, cuanto más se practica más fácil resulta.

Las primeras cuatro cosas que se me ocurren al pensar en Palm Too son: *a*) la penumbra del bar y el contraste con la luz del espejo detrás de la barra, que capta y refleja la de la calle; *b)* el aserrín del suelo; *c)* las caricaturas de la pared, que tienen mucha gracia, y *d)* el olor a bistec y pescado.

Si siguiera pensando me acordaría de más cosas (y lo que no recordase me lo inventaría, porque durante el proceso visualizador se funden verdad y ficción), pero ya hay bastantes. Tampoco se trata de visitar el Taj Mahal, ni pretendo hacer propaganda de ningún restaurante. Otra cosa importante que hay que recordar es que lo esencial no es el marco, sino la historia. No es aconsejable, ni en mi caso ni en el tuyo, hacer descripciones más frondosas de la cuenta sólo porque sea fácil. No es esa la carne que hay que poner en el asador.

Teniendo presente esto último, reproduzco un ejemplo narrativo que lleva a un personaje al Palm Too:

El taxi frenó delante del Palm Too al cuarto para las cuatro de una tarde despejada de verano. Billy pagó la carrera, se bajó y buscó a Martin con la mirada. No estaba. Dándose por satisfecho, entró.

En contraste con la luz y el calor de la Segunda Avenida, el Palm Too parecía una cueva. El espejo de detrás de la barra recogía una parte del resplandor de la calle, y brillaba en la penumbra como un espejismo. Billy tardó un poco en ver algo más, hasta que se le acostumbró la vista. En la barra había algunos clientes bebiendo a solas. Detrás estaba el *maître* hablando con el barman. Tenía la corbata deshecha y la camisa arremangada, con las muñecas peludas a la vista. Billy se fijó en que todavía había aserrín en el suelo, como si fuera un local clandestino de los años veinte y no un restaurante de cambio de milenio donde estaba prohibido fumar, y hasta plantar un salivazo de tabaco entre los pies. Los dibujos de las paredes (caricaturas de los políticos corruptos de la ciudad, de algún periodista retirado hacía siglos o muerto de cirrosis, de algún famosillo que no acababa de reconocerse) seguían haciendo cabriolas desde el suelo al techo. Flotaban olores de bistec y cebolla frita. Todo igual que siempre.

Se acercó el *maître*.

—¿Qué desea? La cocina no abre hasta las seis, pero el bar...

—Busco a Richie Martin —dijo Billy.

La llegada de Billy en taxi es narración, o acción, si prefieres el segundo término. Desde que entra en el restaurante predomina la descripción pura y dura. He puesto casi todos los detalles que se me han ocurrido de manera espontánea al evocar mi recuerdo del Palm Too auténtico, añadiendo algunas cosas, entre ellas lo del *maître* entre dos turnos, que me parece acertado. Me gustan mucho la corbata deshecha, la camisa arremangada y las muñecas peludas. Parece una foto. Lo único que falta es el olor a pescado, y se debe a que era más fuerte el de cebolla.

Regresamos a la historia en sí mediante una secuencia narrativa (el *maître* ocupa el centro de la escena) seguida por el diálogo. A esas alturas ya vemos el escenario con claridad. Podría haber añadido un montón de detalles (como la estrechez de la sala, Tony Bennett cantando por las bocinas, la calcomanía de los Yankees en la caja), pero ¿de qué serviría? Tratándose de ambientación, y de descripción en general, un simple almuerzo equivale a un festín. Queremos saber si Billy ha encontrado a Richie Martin. Por esa historia hemos pagado veinticuatro dólares, no por lo demás. Explayarse acerca del restaurante aflojaría el ritmo de la historia, y hasta podría aburrirnos al extremo de romper el encantamiento que sabe tejer la buena narrativa. Muchas veces, cuando un lector deja un libro a medias por aburrido, el aburrimiento se debe a que el autor quedó fascinado por sus poderes de descripción, perdiendo de vista su prioridad, que es que no se pare la pelota. El lector que quiera saber algo más sobre Palm Too, que vaya en su próxima visita a Nueva York o pida un folleto por correo. Yo ya he gastado bastante tinta para insinuar que Palm Too será un escenario importante de mi historia. Si resulta no serlo, durante la revisión convendrá recortar unas cuantas líneas de la parte descriptiva. Claro que podría conservarlas con el argumento de su calidad, pero bueno, si me pagan es que la calidad se sobreentiende. Para lo que no me pagan es para darme caprichos.

Mi párrafo descriptivo sobre Palm Too contiene descripción directa («algunos clientes bebiendo a solas») y otra un poco más poética («brillaba en la penumbra como un espejismo»). Son válidas ambas, pero tengo cierto gusto por la metáfora. El uso del símil, y de otros recursos de lenguaje figurado, es uno de los grandes placeres de la narrativa, tanto para el escritor como para el lector. Cuando un símil da en el blanco, nos procura la misma satisfacción que encontrar a un viejo amigo en una multitud de desconocidos. A veces, comparar dos objetos que no presentan ninguna relación aparente (como el bar de un restaurante y una cueva) nos permite percibir algo viejo a una luz nueva y más intensa.* Tengo la impresión de que el escritor y el lector colaboran en una especie de milagro, hasta cuando el resultado es claro pero no bello. Quizá cargue un poco las tintas, pero bueno, es lo que creo.

Cuando un símil o metáfora no funciona, el resultado puede ser cómico o penoso. Hace poco leí esta frase en una novela que prefiero no nombrar: «Se quedó sentado al lado del cadáver, impasible y aguardando al forense con la misma paciencia que si esperara un sándwich de pavo.» Si hay una conexión esclarecedora, yo no la he captado. Por lo tanto, cerré el libro sin seguir leyendo. El escritor que sepa lo que tiene entre manos, que cuente conmigo para acompañarlo. El que no… Digamos que uno ya tiene más de cincuenta años, y en el mundo hay muchos libros. No puedo perder el tiempo con los que están mal escritos.

El símil zen es una trampa del lenguaje figurado, pero no la única. La más habitual (y repito que caer en ella suele deberse a falta de lectura) es el empleo de símiles, metáforas e imágenes que caen dentro del lugar común. «Era hermosa como un sol», «Bob luchaba como un tigre»… No me hagas perder el tiempo (ni el de nadie) con recursos tan manidos. Quedarás como un vago o un ignorante. Ninguno de los dos calificativos será beneficioso para tu prestigio de escritor.

* Aunque tampoco es exaltante lo de «parecía una cueva», porque está muy visto. Hay que reconocer que es una comparación un poco perezosa; no llega a ser un lugar común, pero poco le falta.

Ya que hablamos del tema, mis símiles favoritos proceden del género detectivesco en su vertiente dura, la que se practicaba en los cuarenta y los cincuenta, y de los descendientes literarios de los escritores de esa época. Dos ejemplos: «Estaba más oscuro que un cargamento de culos» (George V. Higgins), y «Encendí un cigarro que sabía a pañuelo de plomero» (Raymond Chandler).

La clave de una buena descripción empieza por ver con claridad y acaba por escribir con claridad, mediante el uso de imágenes frescas y un vocabulario sencillo. En ese aspecto, mis primeros maestros fueron Chandler, Hammett y Ross MacDonald, y es posible que mi respeto por la fuerza del lenguaje descriptivo compacto aumentara al leer a T. S. Eliot y W. C. Williams (como en *La carretilla roja*, con su contraste entre esta y las gallinas blancas).

Ocurre con la descripción lo mismo que con todos los aspectos del arte narrativo: que aprenderás practicando, pero la práctica, por sí sola, nunca te llevará a la perfección. ¿Por qué iba a hacerlo? ¿Qué gracia tendría? Y cuantos más esfuerzos hagas de claridad y sencillez, más aprenderás sobre la complejidad del idioma. Practica el arte, recordando en todo momento que tu oficio es decir qué ves, y sigue con la historia.

7

Ahora hablaremos un poco del diálogo, la parte sonora de nuestro programa. El diálogo da voz a los personajes, y es esencial para definir su manera de ser. El inconveniente es que los actos de la gente son más reveladores que lo que dicen, y que las palabras son traidoras: lo que dicen las personas suele comunicar una imagen que a ellas se les pasa totalmente por alto.

Con la narración directa podrás contarme que tu protagonista, Mistuh Butts, fue mal alumno, y que ni siquiera se dejó ver mucho en el colegio, pero se puede indicar lo mismo a través de sus propias palabras, y con mucho más color. Además, una de las reglas cardinales de la buena narrativa es no contar nada que no se pueda mostrar:

—¿Tú qué crees? —preguntó el niño. Dibujaba en el polvo con un palo, sin levantar la cabeza. El resultado podía entenderse como una pelota, un planeta o un simple círculo—. ¿Tú crees que es verdad lo que dicen, que la tierra gira alrededor del sol?

—¿Yo? ¡Yo qué sé qué dicen! —contestó Mistuh Butts—. Yo no he estudiao en mi vida lo que dice tal o cual, porque nadie dice lo mismo, acaba por dolerte la cabeza y te quedas sin amenito.

—¿Amenito? ¿Qué es? —preguntó el niño.

—¡Qué preguntón! —exclamó Mistuh Butts. Le arrebató el palo al niño y lo partió—. ¡El amenito es cuando tienes ganas de comer! ¡Si no, te pones malo! ¡Y luego dice la gente que soy un inorante!

—Ah, apetito —dijo serenamente el niño, y empezó de nuevo a dibujar, esta vez con el dedo.

El diálogo bien construido indicará si un personaje es listo o tonto (Mistuh Butts no es necesariamente bobo sólo porque no sepa decir «apetito»; para llegar a una conclusión tenemos que seguir escuchándolo un poco más), honrado o tramposo, gracioso o cascarrabias... El buen diálogo, como los de George V. Higgins, Peter Straub y Graham Greene, es una delicia, y el malo una cosa aburridísima.

No todos los escritores dominan igual el diálogo. Es un campo donde se puede mejorar, pero, como ha dicho un gran hombre (Clint Eastwood, para más señas), «una persona tiene que ser consciente de sus límites». H. P. Lovecraft era genial escribiendo cuentos macabros, pero como dialoguista era un desastre. Debía de saberlo, porque de los millones de palabras que componen su narrativa sólo corresponden a diálogo menos de cinco mil. El siguiente fragmento de *El color que vino del espacio*, en que un granjero agonizante describe la presencia alienígena que invadió su pozo, ilustra los problemas dialogísticos de Lovecraft. Nadie habla así, ni en su lecho de muerte:

> **Nada... Nada... el color... quema... frío y húmedo... pero quema... vivía en el pozo... lo vi yo... como una especie de humo... igual que las flores la primavera pasada... el pozo brillaba de noche... todo vivo... le chupaba a todo la vida... en la piedra... debió de salir de aquella piedra... no sé qué quiere... aquello redondo que sacaron de la piedra los de la universidad... era del mismo color... igual, como las flores y las plantas... semillas... esta semana lo he visto por primera vez... te machaca el cerebro, y luego te... te quema... Viene de algún sitio donde todo es otra manera... lo dijo uno de los profesores...**

Y así líneas y líneas en forma de datos sueltos, elípticos y muy meditados. ¿Qué falla? Cuesta concretarlo, aparte de lo más obvio: que es forzado, que le falta vida. Cuando el diálogo es bueno, el lector se da cuenta. Cuando es malo, también, porque irrita al oído como un instrumento desafinado.

Todas las descripciones de Lovecraft lo presentan como alguien a la vez esnob y de una timidez enfermiza (además de furibundo racista, con cuentos llenos de africanos siniestros y judíos intrigantes como los que le daban miedo a mi tío Oren a partir de la cuarta o la quinta cerveza). Era de esos escritores que mantienen una correspondencia voluminosa, pero que en persona no dan la talla. Seguro que hoy en día, si viviera, donde daría más de sí sería en los chats de Internet. Para aprender a escribir diálogos conviene hablar y escuchar mucho; sobre todo escuchar, y fijarse en los acentos, los ritmos, los dialectos y la jerga de varios grupos. A los solitarios como Lovecraft suele salirles mal el diálogo, o poco espontáneo, como si no lo escribieran en su lengua materna.

Ignoro si el novelista contemporáneo John Katzenbach es un solitario, pero su novela *Hart's War* contiene algunos diálogos memorables por su mala calidad. Katzenbach es de esa clase de novelistas que exasperan a los profesores de escritura. Se trata de un narrador extraordinario, pero que se repite demasiado (defecto que tiene cura) y no tiene oído para el lenguaje oral (este dudo que la tenga). *Hart's War* es una novela policiaca ambientada en un campo de prisioneros de la Segunda Guerra Mundial; la idea es buena, pero, en cuanto Katzenbach caldea el ambiente, surgen los problemas. Reproduzco el fragmento en que el teniente coronel Phillip Pryce habla con sus amigos, justo antes de que se lo lleven los alemanes que administran el Stalag Luft 13, y no para repatriarlo, sino, con toda probabilidad, para fusilarlo en el bosque.

Pryce volvió a darle un tirón a Tommy.

—¡Tommy —susurró—, esto no es coincidencia! ¡Aquí nada es lo que parece! ¡Investiga más a fondo! ¡Sálvalo, muchacho! ¡Estoy más convencido que nunca de la inocencia de Scott! Ahora, chicos, depende de ustedes mismos. ¡Y recuerden que confío en que puedan contarlo! ¡Sobrevivan! ¡Pase lo que pase!

Se volvió hacia los alemanes.

—Adelante, *Hauptmann* —dijo con una decisión repentina y en extremo serena—. Ya estoy listo. Háganme lo que quieran.

O Katzenbach no se da cuenta de que la intervención del teniente coronel se ajusta palabra por palabra a todos los lugares comunes de las películas de guerra de finales de los cuarenta, o quiere aprovechar la semejanza para despertar en sus lectores sentimientos de piedad, tristeza y quizá hasta de nostalgia. No funciona en ninguna de las dos hipótesis. La única emoción que suscita el fragmento es de incredulidad e impaciencia. Te preguntas si lo ha leído algún corrector, y, en caso afirmativo, por qué no ha hecho ninguna enmienda. Como Katzenbach está muy bien dotado para otros aspectos de la narrativa, su fracaso tiende a reforzar mi idea de que escribir diálogos buenos es un arte en la misma medida que un oficio.

Es como si muchos escritores buenos de diálogos hubieran nacido con oído, como los músicos y cantantes que afinan de manera natural. He aquí un fragmento de la novela *Tómatelo con calma*, de Elmore Leonard; se puede comparar con los de Lovecraft y Katzenbach, y empezar fijándose en que esta vez no se trata de ningún soliloquio, sino de una conversación cabal:

Chili volvió a mirar a Tommy, que decía:
—¿Estás bien?
—¿Que si tengo pareja?
—No, en el trabajo. ¿Cómo te va? Ya sé que *Atrapa a Leo* fue un éxito. ¡Qué gran película! No, y era buena, oye. Pero la segunda parte... ¿Cómo se llama?
—*Piérdete.*
—Pues eso, no pude ni verla porque le pasó lo mismo que en el título: desapareció.
—Como le fue mal en el estreno, el estudio se desentendió. Yo, para empezar, ni quería hacer segunda parte, pero el que lleva la producción en Tower dijo que la harían conmigo o sin mí. Y pensé que bueno, si se me ocurría un argumento interesante...

Dos personas comiendo en Beverly Hills, y enseguida vemos que es gente de cine. Quizá se trate de un par de farsantes (quizá no), pero en el contexto del relato de Leonard se imponen desde la primera palabra. Es más: los recibimos con los brazos abiertos. Se trata de un diálogo tan verosímil que una parte de lo que sentimos es el placer avergonzante de alguien captando y metiéndose en una conversación ajena. De paso se nos da a conocer a los personajes, aunque sólo sea con algunas pinceladitas. La novela acaba de empezar (de hecho es la segunda página), y Leonard tiene experiencia: sabe que no tiene ninguna obligación de aclararlo todo enseguida. Aun así, ¿a que con su comentario de que *Atrapa a Leo*, aparte de una gran película, es buena, Tommy nos dice algo sobre su manera de ser?

Podríamos preguntarnos si es un diálogo fiel a la vida o sólo a determinada concepción de la vida, a cierta imagen estereotipada de la gente de Hollywood, los almuerzos de Hollywood y los negocios de Hollywood; es una pregunta muy lícita, y la respuesta es que quizá lo segundo, pero el diálogo sigue sonando bien. Cuando da lo mejor de sí (y *Tómatelo con calma* es entretenida, pero queda lejos de sus mejores obras), Elmore Leonard sabe crear una especie de lirismo callejero. El oficio necesario para escribir un diálogo así se consigue con muchos años de práctica. El arte procede de una imaginación creativa que trabaja duro y se divierte.

La clave de escribir diálogos buenos, como en todos los aspectos de la narrativa, es la sinceridad. Si la practicas, si pones honradez en las palabras que salen de boca de tus personajes, descubrirás que te expones a bastantes críticas. En mi caso no transcurre una semana sin que reciba como mínimo una carta (suelen ser más) acusándome de malhablado, de intolerante, de homófobo, de sangriento, de frívolo, o directamente de sicópata. En la mayoría de los casos, lo que sulfura a mis corresponsales tiene que ver con el diálogo: «¡Carajo, que te vayas de Dodge!», o «aquí no nos gustan los negros», o «¿qué te pasa, maricón de mierda?»

Mi madre, que en paz descanse, no veía las groserías con buenos ojos. Decía que eran «el lenguaje de los ignorantes», pero eso no le impedía gritar «¡Carajo!» cuando se le quemaba la carne o se daba un martillazo en una uña queriendo colgar un cuadro. Tampoco a la mayoría de la gente, cristiana o no, se priva de soltar algún exabrupto por el estilo (o peor) cuando les vomita el perro en la alfombra. Es importante decir la verdad. ¡Depende tanto de ella, como dijo William Carlos Williams cuando escribía su poema sobre aquella carretilla roja! A la Legión de la Decencia no le gustará la palabra «cagar», y puede que a ti tampoco mucho, pero hay veces en que no hay otra salida. Nunca se ha visto a un niño que vaya corriendo a ver a su madre y le diga que su hermana pequeña acaba de «defecar» en la bañera. Tendrá algún eufemismo a su disposición, pero mucho me temo que se le ocurra primero «cagar».

Decir la verdad es fundamental para que el diálogo posea la resonancia y el realismo de cuya ausencia, por desgracia, adolece *Hart's War*, por lo demás una buena novela. El principio se aplica a todo, hasta a lo que dice la gente cuando se da un martillazo en el pulgar. Si, pensando en la Legión de la Decencia, pones «¡diablos!» en vez de «¡carajo!», infringes el contrato tácito que hay entre el lector y el escritor: la promesa de que expresarás verazmente los actos y palabras de tus semejantes por el canal de una historia inventada.

Por otro lado, cabe la posibilidad de que uno de tus personajes (como la tía solterona de la protagonista) diga «diablos», y no «carajo», en el momento del famoso martillazo. Si conoces a tu personaje también sabrás cuál de los dos usar, y nos enteraremos de algo sobre la persona que habla que la hará más viva e interesante. Se trata de dejar que hablen libremente todos los personajes, sin prestar atención a los criterios de la Legión de la Decencia o el Círculo de Lectoras Cristianas. Lo contrario, además de falso, sería cobarde, y te aseguro que hoy en día, a las puertas del siglo veintiuno, escribir narrativa no tiene nada que ver con la cobardía intelectual. Los aspirantes a censores son legión, y aunque no coincidan todos en sus prioridades, a grandes rasgos quieren todos lo mismo: que veas el mundo como ellos... o, como mínimo, calles lo que ves diferente. Son agentes del orden establecido; no tienen por qué ser mala gente, pero sí peligrosa para el adepto a la libertad intelectual.

La verdad, y que nadie se sorprenda, es que coincido con mi madre: las groserías y la vulgaridad son el lenguaje de la ignorancia y la limitación verbal. Al menos como regla general, porque hay excepciones, entre ellas ciertas palabrotas y aforismos muy pintorescos y con mucha fuerza. Expresiones como «tener más trabajo que un cojo en un concurso de patadas en el culo» no son para una presentación en sociedad, pero hay que reconocer que tienen potencia. O léase el siguiente fragmento de *Brain Storm*, de Richard Dooling, donde la vulgaridad se convierte en poesía:

Prueba A: un pene grosero y testarudo, coñívoro bárbaro sin mota de decencia. El bergante más tunante que ha habido hoy y antes. Un sucio y vermiforme gañán con brillos serpentinos en su único ojo. Un exaltado, un soberbio que ataca en las cavernas oscuras de la carne como un relámpago peniano. Un bellaco voraz en busca de sombras, húmedas grietas, éxtasis de almejas, y sueño...

Aunque no se presente como diálogo, quiero reproducir otro fragmento de Dooling porque es un ejemplo de lo contrario: de que se puede ser explícito hasta extremos admirables sin recurrir en absoluto a la vulgaridad ni al lenguaje soez.

Ella se sentó a horcajadas y se dispuso a efectuar la conexión de los puertos necesarios, con los adaptadores masculino y femenino a punto, el I/O activado, servidor/cliente, maestro/satélite. Dos máquinas biológicas de última generación haciendo los preparativos para acoplarse con módems de cable y acceder a los procesadores frontales respectivos. Nada más.

Si yo fuera un literato a la usanza de Henry James o Jane Austen, si sólo escribiera sobre burgueses o universitarios de familia bien, casi no tendría que emplear palabrotas. Quizá no me hubieran prohibido ningún libro en las bibliotecas escolares de Estados Unidos, ni hubiera recibido cartas de fundamentalistas serviciales con ganas de informarme de que arderé en el infierno, donde todos mis millones no me servirán para comprar ni un simple trago de agua. El caso, sin embargo, es que no me crié en ese sector de la sociedad, sino como integrante de la clase media-baja de Estados Unidos, que es de lo que puedo escribir con mayor sinceridad y conocimiento. O sea, que cuando mis personajes se dan un martillazo en el dedo dicen más a menudo carajo que diablos, pero ya me he acostumbrado a la idea. De hecho, nunca me había dado grandes dolores de cabeza.

Cuando recibo una carta de esas, o cuando leo la enésima crítica donde se me acusa de vulgar y poco intelectual (lo cual, en cierta medida, sí es cierto), me consuelo con las palabras del realista social de principios de siglo Frank Norris, entre cuyas novelas figuran *Octopus*, *The Pit* y *McTeague*, gran libro. Los personajes de Norris pertenecían a la clase trabajadora, y su vida se desarrollaba en granjas, talleres y fábricas. McTeague, que es el protagonista de su obra magna, es un dentista sin formación. Los libros de Norris produjeron gran escándalo, pero él reaccionó con frialdad y desdén: «¿A mí qué más me da lo que piensen? Nunca he hecho concesiones. He contado la verdad.»

Ya se sabe que hay gente que no quiere oírla, pero no es problema tuyo. Lo sería querer ser escritor sin estar dispuesto a apuntar al blanco. El diálogo siempre es indicativo de la personalidad, aunque el que hable sea feo o guapo. También puede ser un soplo de aire fresco y refrescante en una sala donde cierta gente preferiría no abrir las ventanas. Al fin y al cabo, lo importante no es que el diálogo de tu relato sea culto o vulgar, sino cómo suene en la página y al oído. Si pretendes que parezca real, habla tú. Y más importante todavía: quédate callado y escucha a los demás.

8

Lo que he dicho del diálogo también se aplica a la creación de personajes. En última instancia sólo hay dos secretos: prestar atención a lo que hace la gente que te rodea y contar la verdad de lo que has visto. Quizá te hayas fijado en que el vecino, cuando cree que no lo ve nadie, se mete el dedo en la nariz.

Es un detalle valioso, pero no serás mejor escritor por fijarte, sino por estar dispuesto a incluirlo en algún episodio de la narración.

¿Los personajes de ficción se inspiran directamente en la realidad? Está claro que no, al menos en proporción de uno a uno. Evítalo o te expondrás a que te denuncien o te peguen un tiro un día de sol, yendo a abrir el buzón. En muchos casos, como en *roman à clef* al estilo de *El valle de las muñecas*, los personajes se inspiran casi del todo en la realidad, pero una vez que los lectores se han cansado del juego inevitable de adivinar quién es quién, tienden a ser narraciones poco gratificantes, llenas de fantasmas de famosos que tienen relaciones sexuales y se marchan sigilosamente del cerebro del lector. Yo leí *El valle de las muñecas* poco después de publicarse (un verano en que hacía de pinche en una localidad turística del oeste de Maine), y debí de devorarla con la misma avidez que todos los que la compraban, pero no me acuerdo mucho de la trama. Bien pensado, creo que prefiero el chisme semanal del *National Enquirer*, donde aparte de escándalos me dan recetas y fotos de pasteles.

En mi caso, lo que les ocurre a los personajes a medida que avanza el relato sólo depende de lo que descubro acompañándolos; de cómo crecen, en suma. Algunos crecen poco. Cuando crecen mucho empiezan a influir ellos en el desarrollo de la historia, no al revés. Empiezo casi siempre por algo situacional. No digo que esté bien, sino que es como tengo costumbre de trabajar. De todos modos, si el relato acaba de la misma manera propendo a verlo como un fracaso, por interesante que pueda resultarnos a mí o a otra gente. Considero que las historias siempre acaban hablando de gente, más que de acontecimientos. Es otra manera de decir que el motor son los personajes. A pesar de todo, cuando se exceden los límites del relato corto (digamos entre dos mil y cuatro mil palabras), mi fe en lo que se llama «estudio de personajes» se debilita bastante; opino que en última instancia siempre debería mandar la historia. ¿Quieres estudios de personajes? Pues cómprate una biografía, o un abono para la temporada de arte y ensayo del grupo de teatro de la universidad. Tendrás todos los personajes que puedas digerir y más.

También es importante pensar que en la vida real no hay nadie que sea «el malo», «el amigo del alma» o «la puta con corazón de oro». En la vida real nos vemos todos como protagonistas, el mejor de todos. Siempre nos enfoca la cámara a nosotros. Si eres capaz de trasladar esta actitud a la narrativa, es posible que no te resulte fácil crear personajes brillantes, pero caerás menos en la trampa de crear monigotes unidimensionales como los que pueblan mucha narrativa popular.

Annie Wilkes, la enfermera que tiene prisionero a Paul Sheldon en *Misery*, parecerá una sicópata, pero hay que tener en cuenta que ella se ve como una persona cuerda y sensata; de hecho se considera una heroína, una mujer con muchos problemas que intenta sobrevivir en un mundo hostil. La vemos experimentar cambios de humor peligrosos, pero hice lo posible por evitar pronunciarme con frases como «Annie amaneció deprimida, y quizá hasta con pulsiones suicidas», o «Parecía que Annie estaba teniendo un mejor día de lo habitual.» Si tengo que decirlo, salgo perdiendo. Gano, en cambio, si puedo enseñar a una mujer callada y con el pelo sucio, devoradora compulsiva de galletas y caramelos, y lograr que el lector deduzca que Annie se halla en la fase de depresión de un ciclo maníaco-depresivo. Y si puedo comunicar la perspectiva del mundo de Annie, aunque sea brevemente (si puedo hacer entender su locura), quizá consiga que el lector simpatice con ella, e incluso que se identifique. ¿Resultado? Que da más miedo que nunca, porque se aproxima más a la realidad. Por otro lado, si la convierto en una arpía siniestra, sólo será otra bruja de cartón. En ese caso pierdo mucho, y pierde conmigo el lector. ¿Quién tendrá ganas de visitar a una mala-mala tan rancia? Una versión así de Annie Wilkes ya era vieja cuando estrenaron *El mago de Oz*.

Es lícito, supongo, preguntarme si el Paul Sheldon de *Misery* soy yo. Seguro que tenemos mucho en común, pero creo que si sigues escribiendo narrativa descubrirás que todos los personajes que creas tienen algo de ti. Cuando te preguntas qué hará un personaje en determinadas circunstancias, la decisión que tomas se basa en lo que harías tú (o en lo que no, tratándose del malo). A esas versiones de ti mismo se añaden rasgos de personalidad, tanto atractivos como desagradables, observados en los demás (por ejemplo, alguien que se hurga en la nariz cuando cree que no lo ve nadie). Queda el tercer elemento, que es maravilloso: la imaginación pura. Es lo que me permitió convertirme brevemente en enfermera sicópata al escribir Misery. Y en el balance final, no fue difícil ser Annie Wilkes. De hecho tuvo su gracia. Más difícil, creo, fue ser Paul. Él estaba cuerdo, y yo también. Tenía menos emoción.

Mi novela *La zona muerta* surgió a partir de dos preguntas: ¿Puede tener razón un magnicida? Y, si la respuesta es que sí, ¿se le puede convertir en protagonista de una novela? ¿En el bueno? Me pareció que eran ideas cuyo desarrollo exigía un político dotado de una inestabilidad peligrosa, alguien capaz de ascender en la jerarquía dando una imagen de persona normal y simpática, y de seducir a los votantes mediante su negativa a obedecer las normas del juego. (La estrategia de campaña de Greg Stillson que imaginé hace veinte años se parece mucho a la que usó Jesse Ventura en la campaña que lo llevó al cargo de gobernador de Minnesota. Menos mal que el parecido con Stillson no se extiende a otros aspectos.)

El protagonista de *La zona muerta*, Johnny Smith, también es una persona normal, con la diferencia de que él no finge. Lo que lo distingue del resto es su capacidad de ver el futuro, capacidad que se debe a un accidente infantil. Durante una asamblea, Johnny le da la mano a Greg Stillson y lo ve convertido en presidente de Estados Unidos, desencadenando la Tercera Guerra Mundial. Entonces llega a la conclusión de que la única manera de evitarlo (de salvar el mundo, en definitiva) es pegarle a Stillson un tiro en la cabeza. Johnny sólo se diferencia en una cosa de otros místicos violentos y paranoicos: en que él sí puede ver el futuro. Aunque todos dicen lo mismo, ¿no?

Lo que me atrajo de la situación fue su carácter extremo, al margen de la ley. Pensé que la manera de que funcionara la historia era dotar a Johnny de una bondad sincera, pero sin convertirlo en un santo de yeso. Lo mismo en el caso de Stillson, pero al contrario: quería un personaje odioso, que diera miedo al lector, no sólo porque siempre esté al borde de un estallido de violencia, sino por sus dotes de persuasión. Quería conseguir que el lector siempre pensara lo mismo: «Este tipo está descontrolado. ¿Cómo puede ser que no lo hayan notado?» Me pareció que el hecho de que lo notase Johnny le ganaría todavía más la adhesión del lector.

En su primera aparición, el asesino en potencia lleva a su novia a la feria, sube a las atracciones y juega en todas las casetas. ¿Cabe mayor normalidad, mayor simpatía? El hecho de que esté a punto de declararsele a Sarah nos lo hace aún más agradable. Más tarde, cuando Sarah le sugiere rematar una cita tan perfecta acostándose juntos por primera vez, Johnny le dice que prefiere esperar a que estén casados. Tuve la sensación de que era un momento delicado; quería que los lectores vieran a Johnny como un hombre sincero, y sinceramente enamorado; una persona de fiar, pero no mojigata. Logré atenuar un poco su carácter de hombre de principios dotándolo de un sentido del humor infantil, como lo demuestra que vaya al encuentro de Sarah con una máscara de Halloween de las que brillan en la oscuridad. (Espero que la máscara también funcione en sentido simbólico, porque cuando Johnny apunta al candidato Stillson con una pistola es evidente que los demás lo ven como un monstruo.) «Tú siempre igual, Johnny», dice Sarah riendo; y en el camino de vuelta, cuando van los dos en el Volkswagen sedán de Johnny, yo diría que nos hemos hecho amigos del protagonista, un americano medio con la esperanza de que él y su novia vivan felices para siempre. Es el tipo de persona que, si encontrara una cartera por la calle, lo devolvería con todo el dinero dentro, y que, viendo un coche en la zanja, ayudaría al dueño a cambiar la rueda. Desde que mataron a John F. Kennedy en Dallas, el gran coco americano ha sido la persona que dispara con un rifle desde un lugar alto. Yo quise convertirlo en amigo del lector.

Johnny fue un personaje difícil. Siempre lo es coger una persona normal e infundirle vida e interés. Greg Stillson (como la mayoría de los malos) fue más fácil, y mucho más divertido. Es un personaje peligroso y escindido, y me propuse dar la medida de su personalidad desde la primera escena del libro. Transcurre varios años antes de que presente su candidatura al congreso por Nueva Hampshire, cuando es un simple viajante que vende biblias por el Medio Oeste. Un día pasa por una granja y lo amenaza un perro. Stillson conserva la simpatía y la sonrisa hasta cerciorarse de que no haya nadie en la granja; entonces le tira al perro gas lacrimógeno en los ojos y lo mata a patadas.

Si hay que medir el éxito por la reacción de los lectores, la escena inicial de *La zona muerta* (mi primer número uno en tapa dura) ha sido de las más exitosas de toda mi carrera. Está claro que tocó la fibra sensible de mucha gente, porque recibí un aluvión de cartas y casi todas eran de protesta por mi crueldad indignante hacia los animales. Respondí a las cartas llamando la atención sobre lo típico: *a*) que Greg Stillson no existía, *b*) que el perro tampoco, y *c*) que yo no le había dado una patada a un perro en toda mi vida, ni mío ni de nadie. También señalé algo que quizá no fuera tan obvio: que convenía dejar sentado desde el principio que Gregory Ammas Stillson era un hombre extremadamente peligroso, y todo un experto en disimular.

214

Seguí construyendo los personajes de Johnny y Greg mediante escenas alternas hasta la confrontación final del libro, donde resolví el conflicto de una manera que deseé sorprendente. Los personajes del protagonista y el antagonista estaban condicionados por la historia que tenía que contar; o, dicho de otro modo, por el fósil. Mi trabajo (y el tuyo si te parece una manera viable de abordar la narrativa) es procurar que los personajes de ficción tengan un comportamiento que sea a la vez útil para la historia y verosímil a la luz de lo que sabemos de ellos (y de lo que sabemos de la vida real, claro). Los malos pueden dudar de sí mismos (es el caso de Greg Stillson) o dar lástima (como Annie Wilkes), y hay veces en que el bueno intenta eludir su deber, como Johnny Smith... y el mismísimo Jesucristo, como queda patente en el huerto de Getsemaní («aparta de mí este cáliz»). Si tú cumples el tuyo, tus personajes cobrarán vida y empezarán a actuar por sí mismos. Ya sé que si no lo has experimentado te parecerá un poco fantasmagórico, pero cuando ocurre es divertidísimo. Y te aseguro que te solucionará bastantes problemas.

9

Hemos cubierto algunos aspectos básicos de la eficacia narrativa, todos los cuales acaban revertiendo al mismo núcleo de ideas: que la práctica no tiene precio (y de hecho no debería vivirse como práctica, sino como placer), y que es indispensable la sinceridad. Todo el oficio de la descripción, el diálogo y la creación de personajes se reduce a ver y oír con claridad, y, en segundo lugar, transcribir con la misma claridad lo visto y oído (sin recurrir a demasiados adverbios innecesarios y farragosos).

Truquitos y artilugios los hay de sobra: la onomatopeya, la repetición incrementada, el flujo de conciencia, el diálogo interior, las cambios de tiempo verbal (está de moda narrar en presente, sobre todo en el relato breve), la engorrosa cuestión de los precedentes (cómo incluirlos y en qué cantidad), el tema, el ritmo (de los dos últimos hablaremos *in extenso*) y una docena de cuestiones más, todos los cuales se tratan (a veces hasta el agotamiento) en los cursos y manuales de escritura creativa.

Mi postura, en todos los casos, es muy sencilla. Lo tienes todo a tu disposición, y deberías usar cualquier artificio que mejore la calidad de lo que escribes sin interponerse en la historia. Si te gustan las aliteraciones («el crujido de cristales me crepitaba en el cráneo»), no dudes en insertarlas y comprobar el efecto sobre el papel. Si parece que funciona, puede quedarse. Si no, para algo hay una tecla de borrar en la computadora.

No hay ninguna necesidad, ninguna en absoluto, de escribir encorsetadamente y con una óptica conservadora, como no la hay de escribir prosa experimental y no lineal sólo porque en el *Village Voice* o el *New York Review of Books* digan que ha muerto la novela. Tienes a tu disposición tanto lo tradicional como lo moderno. ¡Caray, hasta si quieres escribir al revés! Pero, tomes el camino que tomes, siempre llega el momento de evaluar la calidad de lo que se ha escrito. Me parecería mal que cruzara la puerta del estudio un cuento o novela de cuya legibilidad no estuviera seguro el autor. No se puede gustar en todo momento a todos los lectores, ni siquiera a una parte, pero por favor, esfuérzate en gustar a veces a un sector del público. Creo que lo dijo William Shakespeare. Bueno, y ahora que he izado la bandera de la precaución, cumpliendo con mi deber hacia todas las normas gremiales y de seguridad laboral, repito que está todo a tu disposición, y que se puede tocar todo. ¿Verdad que marea sólo de pensarlo? Yo creo que sí. Prueba lo que te dé la jodida gana, incluido lo de pura rutina y lo más escandaloso. ¿Que queda bien? Perfecto. ¿Que no? Pues a la basura. Aunque te guste. Ya lo dijo Hemingway: «Hay que matar a los seres queridos.» Y tenía razón.

En mi caso, cuando veo más oportunidades de embellecer y adornar es después de haber cumplido con mis deberes básicos de narrador. Hay veces en que se presentan antes. Al poco tiempo de empezar *La milla verde*, y de darme cuenta de que el protagonista era un inocente a punto de ser ejecutado por un crimen que no ha cometido, decidí ponerle las iniciales J. C., que son las del inocente más famoso de todos los tiempos. Lo vi por vez primera en *Luz de agosto* (que sigue siendo mi novela favorita de Faulkner), donde el chivo expiatorio se llama Joe Christmas. De ahí que el preso John Bowes, condenado a la pena máxima, pasara a llamarse John Coffey. Hasta las últimas páginas no supe si se salvaría mi J. C. Yo quería que sobreviviera, porque me caía bien y me daba lástima, pero supuse que las iniciales no serían perjudiciales en ninguno de los dos casos.

Cosas así, en general, sólo las hago cuando está acabada la historia. Entonces puedo relajarme, releer lo que he escrito y buscar recurrencias. Si veo alguna (como ocurre casi siempre), puedo hacer que afloren mediante otra versión más elaborada. Hay dos ejemplos de la utilidad de las segundas versiones: el simbolismo y el tema.

Si en el cole te hicieron estudiar el simbolismo del color blanco en *Moby Dick*, o el uso simbólico del bosque por Hawthorne en cuentos como *Young Goodman Brown*, y si saliste de clase con la sensación de ser un tonto, puede que hayas vuelto a llevarte las manos a la cabeza, sacudirla y decir: «¡No, por favor, otra vez no!»

No corras tanto. No es necesario que el simbolismo sea difícil ni sesudo. Tampoco tiene que estar tejido con la minuciosidad de una alfombra turca donde apoyar el mobiliario de la historia. Si aceptas la comparación de la historia con algo que ya existe, con un fósil enterrado, también debería preexistir el simbolismo, ¿no? Es un hueso más (o varios) de tu descubrimiento. Eso si hay simbolismo. ¿Que no lo hay? Pues nada. Aún te queda la historia, ¿no?

Si está y lo percibes, considero que deberías desenterrarlo con el mayor cuidado, pulirlo hasta que brille y tallarlo como hacen los joyeros con las piedras preciosas o semipreciosas.

Carrie, ya lo he explicado, es una novela corta acerca de una niña que lo pasa fatal en la escuela, y que descubre que tiene el don de la telequinesia: mover objetos pensando en ellos. Susan Snell, una compañera de clase de Carrie, quiere reparar la broma cruel que le hicieron en la regadera convenciendo a su novio de que invite a Carrie al baile de fin de curso. Los eligen rey y reina del baile. Durante la fiesta, otra niña de la clase, la pérfida Christine Hargensen, convierte a Carrie en blanco de una broma todavía peor. Carrie se venga usando sus poderes telequinésicos para matar a casi toda la clase (y a su odiosa madre) antes de suicidarse. Ya está. Es tan sencillo como un cuento de niños. No era necesario enredarse con parafernalias, si bien reconozco que añadí una serie de interludios epistolares (fragmentos de libros de ficción, una entrada de diario, cartas y teletipos) entre los segmentos narrativos. En parte lo hice para aumentar la sensación de realismo (a imagen de Orson Welles y su adaptación radiofónica de *La guerra de los mundos*), pero sobre todo porque la primera versión del libro era tan corta que casi no parecía una novela.

Antes de iniciar la segunda redacción, durante la relectura de *Carrie*, me fijé en que aparecía sangre en los tres momentos decisivos del relato: el principio (todo indica que las facultades paranormales de Carrie aparecen con su primera menstruación), el clímax (la broma que enfurece a Carrie durante el baile utiliza un cubo de sangre de cerdo: «sangre de cerdo para una cerda», le dice Chris Hargensen a su novio) y el final (Sue Snell, la niña que intenta ayudar a Carrie, también tiene la regla, lo cual demuestra que no está embarazada, como esperaba y temía).

Claro que en casi todas las historias de terror hay sangre en abundancia. Viene a ser el marchamo del género. Aun así, me pareció que en *Carrie* la sangre tenía otra función que salpicar. Se le intuía un significado, y no porque se lo hubiera dado yo a conciencia. Durante la redacción de *Carrie*, nunca me detuve a pensar: «Todo esto del simbolismo de la sangre me va a dar puntos de cara a la crítica», o «¡Seguro que con esto me ponen en alguna librería universitaria!» Muy loco tendría que estar un escritor (mucho más loco que yo) para concebir *Carrie* como un bocado para paladares intelectuales.

Intelectuales al margen, en cuanto me puse a leer la primera versión (manchada de cerveza y té) me saltó a la vista el significado de la sangre, y empecé a jugar con la idea, la imagen y las connotaciones emocionales de ella, procurando extraer el máximo número de asociaciones. Había muchas, y en su mayoría obvias. La sangre está muy vinculada a la idea de sacrificio. Para las mujeres jóvenes se asocia con la madurez física y la capacidad de tener hijos. En la religión cristiana (y en muchas más) simboliza a la vez el pecado y la salvación. Por último, se relaciona con la herencia de rasgos y dones familiares. Nuestro aspecto, nuestros actos, a menudo se justifican por «llevarlo en la sangre». Ya se sabe que no es muy científico, que en realidad está en los genes y en el ADN, pero es una manera de resumirlo en una palabra.

La capacidad de resumir y condensar es justamente lo que da al simbolismo su interés, utilidad y, si se usa bien, capacidad de seducción. Podría decirse que es otra clase de lenguaje figurado.

¿Deduciremos que es imprescindible para que tenga éxito tu cuento o novela? Ni mucho menos. De hecho puede ser perjudicial, sobre todo si te dejas arrastrar. La función del simbolismo es adornar y enriquecer, no crear una sensación artificial de profundidad. Digámoslo claramente: los trucos de escritor no tienen nada que ver con la historia. Lo único que tiene que ver con la historia es la propia historia. (¿Ya te has cansado de oírlo? Espero que no, porque a mí me falta mucho para cansarme de decirlo.)

No lo entiendas como que el simbolismo (o los demás ornamentos) carezca de utilidad. Es algo más que un simple baño o chapado. Puede funcionar como utensilio de enfoque, tanto para ti como para el lector, y contribuir a que la obra sea más unitaria y se lea con más gusto. Yo creo que al releer (¡y comentar!) el original sabrás darte cuenta de si hay simbolismo, o de si puede haberlo. Si no lo hay, no intentes introducirlo a la fuerza. Si está, si queda clara su pertenencia al fósil que intentas desenterrar, apuesta por él. Poténcialo. Lo contrario sería ser tonto.

10

Del tema puede decirse lo mismo. Las clases de escritura y de literatura pueden obsesionarse con el tema hasta extremos aburridos y pretenciosos, estudiándolo como si fuera la vaca más sagrada de las vacas sagradas, pero la verdad (y no te escandalices) es que tampoco es para tanto. Si escribes una novela, si te pasas semanas o meses hilvanándola palabra por palabra, cuando la tengas acabada le deberás algo a ella y a ti mismo: descansar (o dar un largo paseo) y preguntarte por qué te has tomado tantas molestias, por qué le has dedicado tanto tiempo y por qué te parecía tan importante.

Escribir un libro es pasarse varios días examinando e identificando árboles. Al acabarlo debes retroceder y mirar el bosque. No es obligatorio que todos los libros rebosen simbolismo, ironía o musicalidad (por algo lo llaman prosa), pero soy de la opinión de que todos los libros (al menos los que vale la pena leer) hablan de algo. Durante la primera versión, o justo después de ella, tu obligación es decidir de qué habla el tuyo. Durante la segunda (o tercera, o cuarta) tienes otra: dejarlo más claro. Quizá te exija cambios o revisiones a gran escala, pero tú y el lector obtendrán el beneficio de una mayor nitidez y una mayor unidad del relato. Casi nunca falla.

El libro que he tardado más en escribir fue *Apocalipsis*. Por lo visto también es el preferido de mis lectores más veteranos. (Es un poco deprimente ver cómo todo el mundo coincide en que has escrito tu mejor novela hace veinte años, pero no entraré en el tema.) La primera versión quedó acabada a los dieciséis meses de empezarla. El motivo de que *Apocalipsis* requiriera más tiempo de lo habitual es que estuvo a punto de quedar inacabada.

Yo quería escribir una novela-río, con muchos personajes. Aspiraba a una épica fantástica, y con ese objetivo empleé el punto de vista variable, añadiendo un personaje en cada capítulo de la primera (y larga) parte. El primer capítulo se ocupaba de Stuart Redman, un obrero texano; el segundo de Fran Goldsmith, una alumna de preparatoria embarazada de Maine, y volvía a Stu; el tercero empezaba con Larry Underwood, cantante de rock en Nueva York, seguía con Fran y acababa con Stu Redman.

Mi plan consistía en juntar a los tres personajes (el bueno, el feo y el malo) en dos lugares: Boulder y Las Vegas. Preví que acabarían luchando entre sí. La primera mitad del libro también relata la historia de un virus creado por el hombre que arrasa Estados Unidos y el resto del mundo, eliminando al noventa por ciento de la especie humana y destruyendo hasta los cimientos de nuestra cultura de base tecnológica.

Escribí el libro cuando daba los últimos coletazos la crisis energética de los setenta, y me divertí mucho imaginando un mundo que se iba al diablo en el transcurso de un verano de miedo e infección (poco más de un mes, en realidad). Era una visión panorámica, detallada y a escala de todo el país; una visión impresionante, al menos para mí. Pocas veces ha visto tan claro el ojo de mi imaginación, desde el embotellamiento en el túnel Lincoln de Nueva York a la resurrección siniestra y pseudonazi de Las Vegas bajo la mirada atenta (y a menudo divertida) del ojo rojo de Randall Flagg. Parecerá una atrocidad, y la verdad es que lo es, pero yo le encontraba a mi visión un peculiar optimismo. Para empezar ya no había crisis energética, hambrunas ni masacres en Uganda. Adiós a la lluvia ácida y al agujero en la capa de ozono. Adiós a las superpotencias nucleares y sus amenazas de guerra. Se acabó la sobrepoblación. Lo poco que quedaba del género humano tenía la oportunidad de empezar desde cero en un mundo cuyo eje era Dios, y al que habían regresado los milagros, la magia y las profecías. Me gustaban los personajes. A pesar de todo, llegó un punto en que no podía seguir escribiendo porque no sabía de qué. Al igual que el protagonista de *El viaje del peregrino*, la alegoría de John Bunyan, había llegado a un lugar donde se perdía el camino recto. No fui el primer escritor en visitarlo, ni seré el último (lejos de ello). Es el país de los escritores que se quedan en blanco.

Si en vez de quinientas páginas a espacio sencillo hubiera tenido hechas doscientas, o hasta trescientas, creo que habría dejado *Apocalipsis* a medias y habría empezado otro libro. No sería mi primera novela inacabada. Quinientas páginas, sin embargo, eran una inversión demasiado grande, tanto de tiempo como de energía creativa, y me pareció imposible renunciar. Además había una vocecita susurrándome que en realidad era un buen libro, y que si no lo acababa me arrepentiría. O sea, que en vez de enfrascarme en otro proyecto me dediqué a dar paseos largos (costumbre que dos décadas después me metería en problemas). Siempre salía con un libro o una revista, pero casi nunca los abría, aunque acabara aburriéndome como una ostra viendo los mismos árboles y los mismos pájaros y ardillas charlatanes y enojones. Cuando se sufre un atasco imaginativo, el aburrimiento puede ser muy aconsejable. Mis paseos consistían en aburrirme y reflexionar sobre mi gigantesco despilfarro de páginas.

Pasé varias semanas pensando sin llegar a nada. Parecía todo demasiado difícil, y demasiado complejo el puto libro. Había encarrilado demasiadas líneas narrativas, y corrían el peligro de enredarse. Di vueltas y vueltas al problema, le di puñetazos, cabezazos... hasta que un día, distraído, me llegó la respuesta. Vino entera, completa (podría decirse que envuelta para regalo), en un instante. Volví corriendo a casa y la apunté en un papel; es la única vez que lo he hecho, porque me daba un miedo atroz olvidarme.

Acababa de ver que, aunque el Estados Unidos donde ocurría *Apocalipsis* se hubiera despoblado, el mundo de mi relato padecía un exceso peligroso de población. Era una auténtica Calcuta. Vi que la solución del atasco, en líneas generales, podía ser la misma que la situación de arranque: aunque esta vez no se tratara de la peste, sino de una explosión, seguiría siendo una cortadura en el nudo gordiano. Haría que los supervivientes del oeste emprendieran un viaje redentor desde Boulder a Las Vegas, como si fueran personajes bíblicos en busca de una visión, o de conocer la voluntad de Dios. Cuando llegaran a Las Vegas encontrarían a Randall Flagg, y todos, buenos y malos por igual, se verían obligados a tomar postura.

Había pasado en un abrir y cerrar de ojos de no tener nada a tenerlo todo. Si algo adoro de escribir, por encima de todo lo demás, son esos relámpagos de intuición en que se te relaciona todo. Los he oído calificar de «supralógicos», y es lo que son. Calificativos al margen, escribí una o dos páginas de apuntes en el frenesí del entusiasmo y pasé los siguientes dos o tres días dando vueltas a la nueva solución para buscarle defectos y lagunas (y elaborando la secuencia narrativa en sí, en la que dos personajes secundarios ponían una bomba en el armario de uno de los principales), pero sólo porque me parecía demasiado bueno para ser cierto. Lo que tuve claro, ya en el momento de la revelación, era que era verdad: la bomba en el armario de Nick Andros sería la solución de todos mis problemas narrativos. Así fue. El resto del libro se hiló sin accidentes en nueve semanas.

Más tarde, c'on la primera versión completa de *Apocalipsis*, llegó el momento de entender mejor el motivo por el que me quedé en blanco. Era mucho más fácil pensar sin la voz que me gritaba constantemente, en el centro de mi cabeza: «¡Se me está escapando el libro! ¡Mierda! ¡Quinientas páginas y se me está escapando! ¡Alerta máxima! ¡Alerta máxima!» También tuve ocasión de analizar lo que me había reactivado, y apreciar su aspecto irónico: había salvado el libro haciendo volar en pedazos a cerca de la mitad de sus protagonistas. (Al final hubo dos explosiones, la de Boulder y otro sabotaje parecido en Las Vegas.)

Llegué a la conclusión de que la fuente de mi malestar fue que después de la peste mis personajes de Boulder (los buenos) restablecieron la misma ratonera tecnológica de antes. Las primeras transmisiones radiofónicas, frágiles intentos de convocar a los habitantes de Boulder, no tardarían en desembocar en la televisión. Sería cuestión de tiempo recuperar los infomerciales y los números 900. Lo mismo ocurría con las centrales eléctricas. Mis personajes de Boulder decidían con gran rapidez que buscar la voluntad del Dios que les había perdonado la vida era mucho menos importante que reparar los refrigeradores y el aire acondicionado. En Las Vegas, Randall Flagg y sus amigos aprendían a pilotear jets y bombarderos al mismo tiempo que a restablecer el suministro eléctrico, pero bueno, siendo los malos era de esperar. Mi crisis nacía de haberme dado cuenta, aunque fuera de manera inconsciente, de que los buenos y los malos empezaban a parecerse demasiado, y lo que volvió a ponerme en el buen camino fue entender que los buenos adoraban a un becerro de oro electrónico y necesitaban una advertencia. Nada mejor que una bomba en el armario.

Todo parecía indicar que el recurso a la violencia como solución era una especie de hilo rojo entrelazando en la condición humana. Fue el tema de *Apocalipsis*, y lo tuve muy presente al redactar la segunda versión. Los personajes (tanto los malos como Lloyd Henreid como los buenos como Stu Redman y Larry Underwood) no se cansan de mencionar el hecho de que «está todo desparramado [refiriéndose a las armas de destrucción masiva], esperando a que lo capte alguien». Cuando los de Boulder (inocentes ellos) proponen, sin mala intención, reconstruir la eterna Torre de Babel, los destruye otro acto de violencia. Los personajes que ponen la bomba obedecen órdenes de Randall Flagg, pero la madre Abigail, la contrapartida de Flagg, dice y repite que «todo está al servicio de Dios». Si es verdad (y en el contexto de *Apocalipsis* es evidente que sí), la bomba es una severa advertencia del todopoderoso, una manera de decir: «No los he sometido a tantas pruebas para volver a las tonterías de siempre.»

Faltando poco para el final de la novela (el de la primera versión, que era más corta), Fran le pregunta a Stuart Redman si hay alguna esperanza, si es posible que la gente aprenda de sus errores. Contesta Stu: «No lo sé», y se queda callado. En tiempo narrativo, la pausa sólo dura lo que tarda el ojo del lector en pasar a la línea siguiente. En el estudio del autor tardó bastante más. Busqué y rebusqué en mi cerebro y emociones para ver si Stu podía decir algo más, si podía dar una respuesta esclarecedora; tenía ganas de encontrarla, porque si en algún momento se identificaban mi voz y la de Stu era entonces. Stu, sin embargo, acaba por repetir lo que ya había dicho: «No lo sé.» No se me ocurría nada más. Hay veces en que el libro te da respuestas, pero no siempre, y los lectores que me habían seguido por espacio de varios centenares de páginas no se merecían una banalidad que no me creyera ni yo. En *Apocalipsis* no hay moraleja, no se dice «más vale que aprendamos, o la próxima vez seguro que destruimos el planeta», pero si el tema está bastante claro, los que comenten la novela podrán proponer su propia moraleja y sus propias conclusiones. Lo cual no tiene nada de malo, porque ese tipo de comentarios son uno de los grandes placeres de la lectura.

Antes de embarcarme en mi novela sobre la gran peste ya había usado simbolismos, imágenes y homenajes literarios (creo, por ejemplo, que sin *Drácula* no existiría *El misterio de Salem's Lot*), pero estoy convencido de que antes del bloqueo de *Apocalipsis* no había reflexionado mucho sobre el tema. Debía de pensar que era para mentes privilegiadas. Sin mi desesperación por sacar a flote la historia, es posible que hubiera tardado mucho más.

Me llenó de asombro comprobar la utilidad práctica del «pensamiento temático». No era una idea vaporosa, un simple recurso para profesores de literatura de cara a los exámenes («Reflexiona en tres párrafos concisos sobre los aspectos temáticos de *Sangre sabia*, de Flannery O'Connor. Treinta puntos»), sino otra herramienta práctica que incluir en la caja, una especie de lupa.

Desde mi revelación sobre la bomba en el armario, nunca he dudado en preguntarme, sea antes de iniciar la segunda redacción o al quedarme encallado en la primera, de qué escribo, por qué pierdo el tiempo pudiendo tocar la guitarra o yendo en moto, qué me hizo acercar el cuello al yugo y no apartarlo. A veces tarda en llegar la respuesta, pero suele haber una, y no es muy difícil de encontrar.

Dudo que haya novelistas con muchas inquietudes temáticas, aunque hayan escrito más de cuarenta libros. Yo tengo muchos intereses en la vida, pero pocos lo bastante profundos para alimentar una novela. Entre esos intereses (que no me atrevo a llamar obsesiones) se halla la dificultad (¡o imposibilidad!) de cerrar la tecnocaja de Pandora una vez abierta (*Apocalipsis*, *Tommyknockers*, *Ojos de fuego*), la cuestión de por qué, si hay Dios, ocurren cosas tan horribles (*Apocalipsis*, *Desesperación*, *La milla verde*), la fina divisoria entre realidad y fantasía (*La mitad oscura*, *Un saco de huesos*, *La invocación*), y sobre todo el atractivo irresistible que puede tener la violencia para gente básicamente bondadosa (*El resplandor*, *La mitad oscura*). También he escrito hasta la saciedad sobre las diferencias fundamentales entre niños y adultos, y sobre el poder curativo de la imaginación humana.

Y lo repito: no es para tanto. Se trata, simplemente, de una serie de intereses surgidos de mi trayectoria vital y mis reflexiones, de mis experiencias infantiles y adultas, de mi desempeño como marido, padre, escritor y amante. Son temas de reflexión para cuando me acuesto y apago la luz, cuando me quedo a solas conmigo mismo y miro la oscuridad con una mano debajo de la almohada.

Tú seguro que tienes tus propios pensamientos, tus propios intereses e inquietudes, y seguro que han surgido de tus experiencias y aventuras como ser humano, como los míos. Es probable que algunos se parezcan a los que acabo de enumerar, y que otros sean muy diferentes, pero la cuestión es que los tienes, y que deberías usarlos en lo que escribes. Quizá existan para algo más, pero no cabe duda de que es una de las utilidades que poseen.

Debería poner el punto final a este sermoncito con una advertencia: empezar por las cuestiones e inquietudes temáticas es una de las recetas de la mala narrativa. La buena siempre empieza por la historia, y sólo pasa al tema en segundo o tercer lugar. Las únicas excepciones a la regla que se me ocurren, y no seguras, son las alegorías como *Rebelión en la granja*, de George Orwell. (De hecho, albergo la insidiosa sospecha de que es un libro que pudo empezar por una idea narrativa. Se lo preguntaré a Orwell si me lo encuentro en la otra vida.)

Dicho lo cual, una vez que tengas escrito el núcleo de la historia es necesario que te plantees su significado y enriquezcas las versiones sucesivas con tus conclusiones. No hacerlo sería robarle a tu obra (y a tus futuros lectores) la visión del mundo que hace que los relatos que escribes sean tuyos y de nadie más.

11

Listo. Ahora hablaremos de las revisiones. ¿Cuántas? ¿Cuántas versiones? En mi caso, la respuesta siempre ha sido dos versiones y una última mano. (Desde que existen los procesadores de textos, pulir se parece mucho a escribir la tercera versión.)

Ten presente que sólo hablo de mi manera de trabajar. De hecho, el proceso de reescritura cambia mucho de escritor a escritor. Kurt Vonnegut, por ejemplo, reescribía cada página de sus novelas hasta obtener punto por punto lo que quería. El resultado es que había días en que sólo terminaba una o dos páginas (y el basurero acababa lleno de páginas setenta y uno y setenta y dos en forma de bolas), pero cuando estaba acabado el original también lo estaba el libro. Ya se podía ir a tipografía. Aun así, creo en la existencia de una serie de verdades que se aplican a casi todos los escritores, que son las que quiero abordar. Si ya hace tiempo que escribes, los consejos de esta sección te harán poca o ninguna falta, porque ya tendrás hecha tu rutina personal. En cambio, si eres un principiante, permíteme el siguiente consejo: no bajes de dos versiones, una con la puerta del estudio cerrada y otra con la puerta abierta.

En mi caso, cuando está cerrada la puerta y vierto directamente en la página lo que tengo en la cabeza, escribo todo lo deprisa que puedo pero sin agobiarme. Escribir narrativa, sobre todo larga, puede ser un trabajo difícil y solitario. Es como cruzar el Atlántico en tina. Surgen muchas oportunidades de dudar de uno mismo. Si escribo con rapidez, desgranando la historia tal como acude a mi mente y retrocediendo lo justo para verificar los nombres de los personajes y las partes relevantes de sus antecedentes, consigo dos cosas: ser fiel al entusiasmo inicial y superar la duda que siempre está al acecho.

Esta primera versión, la que se centra exclusivamente en la historia, debería escribirse sin la ayuda (ni intromisión) de nadie. Después de unos días es posible que quieras enseñar tu trabajo a algún amigo íntimo, sea por orgullo o por inseguridad. (Lo habitual es que pienses en el que comparte cama contigo.) Te aconsejo encarecidamente que resistas al impulso. Mantén constante la presión. No la diluyas exponiendo lo escrito a la duda, el elogio o las preguntas, aunque sean bienintencionadas, de un habitante del «mundo exterior». Ya sé que es difícil, pero déjate arrastrar por la esperanza del éxito (y el miedo al fracaso). Luego, cuando hayas acabado, tendrás tiempo de sobra para enseñar el fruto... aunque opino que conviene ser cauto y concederse un tiempo de reflexión mientras la historia sigue siendo un campo de nieve virgen, sin huellas de nadie que no seas tú.

El quid de escribir a puerta cerrada es que te obliga a concentrarte en la historia sin pensar en casi nada más. No puede preguntarte nadie: «¿Qué querías expresar con las últimas palabras de Garfield?», o «¿Qué sentido tiene el vestido verde?». Quizá no pretendieras expresar nada con las palabras que dice Garfield antes de morir, y es muy posible que Maura sólo lleve un vestido verde porque se le apareció así a tu ojo mental. Por otro lado, también es posible que ambas cosas tuviesen algún significado (o que lo adquieran cuando puedas mirar el bosque, no sólo los árboles). Ni en uno ni otro caso hay que planteárselo en la primera versión.

Otra advertencia: evita oír comentarios como «¡es buenísimo!» y correrás menos riesgos de relajarte y enfocar tu trabajo en algo equivocado, como en escribir exquisiteces en vez de contar bien la historia.

Supongamos que has acabado la primera versión. ¡Felicidades! ¡Así se trabaja! Tómate una copa de champán, pide una pizza por teléfono o haz lo que tengas por costumbre para celebrar las grandes ocasiones. Si tenías a alguien esperando impacientemente a leer tu novela (digamos que un cónyuge, alguien que quizá haya trabajado de nueve a cinco y que, mientras tú andabas en persecución de tu sueño, haya ayudado a pagar las facturas), llegó la hora de entregar la mercancía... a condición de que tu primer lector o primeros lectores prometan no hablarle a nadie del libro hasta que estés dispuesto a comentarlo.

Sonará un poco prepotente, pero no lo es. Has trabajado mucho y necesitas un período de descanso (cuya duración dependerá del escritor). Tienen que reiniciarse el cerebro y la imaginación (dos cosas relacionadas pero no iguales), al menos en lo tocante a la obra recién terminada. Te aconsejo tomarte unos días de vacaciones (pesca, ve en barca o haz un rompecabezas), y después trabajar en otra cosa, con preferencia por algo más corto y que represente un cambio radical de dirección y ritmo respecto al libro que acabas de terminar. (Yo, entre versión y versión de algunas novelas largas como *La zona muerta* y *La mitad oscura*, he escrito relatos bastante buenos, como «El cuerpo» y «Alumno aventajado».)

El tiempo de descanso que le concedas al libro (como cuando amasan el pan, lo dejan reposar y vuelven a amasarlo) depende exclusivamente de ti, pero considero que no debería bajar de seis semanas. Durante ellas, el original descansará a salvo en un cajón de la mesa, criándose como un buen vino (o eso espero). Te acordarás de él con frecuencia, y es previsible que se repita diez o doce veces la tentación de sacarlo, aunque sólo sea para releer un fragmento que te ha dejado buen sabor de boca y revivir la sensación de saberse buen escritor.

Resiste a la tentación. Si no, lo más probable es que te parezca que el fragmento está peor de lo que pensabas, y que aproveches la ocasión para hacer unos cuantos retoques. No. Lo único peor sería que te pareciera mejor. Entonces pensarías: ¿por qué no vuelvo a leerme todo el libro de un tirón? ¡Vamos, a trabajar! ¡Ya está listo! ¡Es extraordinario! ¡Ni Shakespeare, oye!

Pero no eres Shakespeare, ni estarás preparado para volver al proyecto anterior mientras no te hayas volcado tanto en uno nuevo (o en reanudar la vida cotidiana) que casi se te haya olvidado el que durante tres, o cinco, o siete meses te ocupó tres horas de cada mañana o tarde.

Cuando haya llegado el día de la corrección (que puedes haber marcado en el calendario), saca el original del cajón. Si parece una reliquia comprada en un bazar que ni recuerdas, si te parece algo rarísimo, es que estás preparado. Siéntate con la puerta cerrada (pronto, muy pronto la abrirás al mundo) y coge un lápiz y una libreta. Después lee entero el original.

Si puedes, léelo de un tirón. (Es evidente que si el libro tiene cuatrocientas o quinientas páginas no podrás.) Haz todos los apuntes que quieras, pero concéntrate en las simples tareas del hogar, como corregir la ortografía y encontrar incoherencias. Habrá muchas. El único que lo hace todo bien a la primera es Dios, y a quien no le importa y se lo deja al corrector, ese es un negligente.

Si es la primera vez, releer el libro después de seis semanas será una experiencia extraña y en muchos casos estimulante. Lo has hecho tú, te reconocerás y hasta te acordarás de la música que tenías puesta al escribir algunas líneas, pero al mismo tiempo tendrás la sensación de estar leyendo la obra de otra persona, quizá un alma gemela. Así tiene que ser. Es la razón de haber esperado tanto. Matar a los seres queridos de otra persona siempre es más fácil que matar a los propios.

Otra ventaja de haberte concedido seis semanas de recuperación es que te saltarán a la vista las lagunas más flagrantes de la trama o los personajes. No digo charcos, ¿eh? Me refiero a auténticas lagunas. Parece increíble lo que puede pasarle por alto a un escritor enfrascado en la tarea diaria de redactar. Pero ojo: si localizas alguna, te prohíbo terminantemente deprimirte o flagelarte. Todo el mundo la caga alguna vez. Dicen que el arquitecto del edificio Flatiron, de Nueva York, se suicidió porque justo antes de la ceremonia de inauguración se dio cuenta de que se le había olvidado poner baños de caballeros en su rascacielos prototípico. Dudo que la anécdota sea verídica, pero te recuerdo una cosa: el *Titanic* lo diseñó alguien, y dijo que no podía hundirse.

En mi caso, los errores más garrafales que encuentro al releer están relacionados con la motivación de los personajes (que tiene que ver con su desarrollo, aunque no es del todo lo mismo). Al verlos me doy un golpe en la cabeza, cojo la libreta y apunto algo así: «p. 91: Sandy Hunter roba un dólar de donde guarda Shirley el dinero. ¿Por qué? ¡Si sería incapaz!» También marco la página del original con un símbolo grande, que significa que hay que quitar o corregir cosas y me recuerda que consulte mis apuntes si no me acuerdo de los detalles exactos.

Es una parte de la revisión que me encanta (la verdad es que todas, pero esta un poco más), porque redescubro mi propio libro y suele gustarme. Eso al principio. Cuando llega el libro a la imprenta, lo he repasado como mínimo una docena de veces, me sé de memoria párrafos enteros y me muero de ganas de quitarme el peso de encima. Pero no nos adelantemos a los acontecimientos. A la primera relectura suele irle bien.

Durante ella, la parte superior de mi cerebro piensa en la historia y en todo lo relacionado con la caja de herramientas: quitar pronombres cuyo antecedente no esté claro (odio los pronombres y des-

235

confío de ellos; son tan tramposos como algunos abogados especialistas en indemnizaciones), añadir expresiones que aclaren el sentido y, claro está, eliminar por sistema los adverbios que puedan quitarse (que nunca son todos, ni suficientes).

Por debajo, en cambio, me hago la gran pregunta, la mayor de todas: ¿es coherente la historia? Y si lo es, ¿cómo convertir lo coherente en música? ¿Qué elementos recurrentes hay? ¿Se enlazan formando un tema? Me pregunto, en resumen, de qué trata el libro, y qué puedo hacer para que queden todavía más claras las preocupaciones de fondo. Mi máxima meta es la «resonancia», algo que perdure un poco en la mente (y el corazón) del lector después de haber cerrado el volumen y haberlo colocado en el librero. Busco maneras de conseguirlo sin darlo todo masticado ni vender mi patrimonio por un argumento con mensaje. Los mensajes, las moralejas, que se las metan donde les quepan. Yo lo que quiero es resonancia. Busco, sobre todo, lo que he querido decir, porque en la segunda redacción añadiré escenas e incidentes que refuercen el sentido. También borraré lo que se disperse. Esto último seguro que abunda, sobre todo hacia el principio de la historia, que es donde tengo tendencia a ser más errático. Dar bandazos es incompatible con mi intención de conseguir algo parecido a un efecto unitario. Una vez concluida la relectura, y hechas todas las revisioncitas, llega la hora de abrir la puerta y enseñar lo que he escrito a cuatro o cinco amigos íntimos que hayan demostrado buena disposición.

Alguien, cuya identidad no recuerdo, escribió que en el fondo todas las novelas son cartas a una persona. Pues estoy de acuerdo. Creo que todos los novelistas tienen un lector ideal, y que el escritor, en varios momentos de la redacción de una historia, se pregunta: «¿Qué pensará cuando lea esta parte?» En mi caso, el primer lector es mi mujer Tabitha.

Siempre ha sido una primera lectora muy comprensiva, de quien sólo he recibido apoyo. Para mí, su reacción positiva a libros difíciles como *Un saco de huesos* (mi primera novela en una editorial nueva después de veinte años buenos con Viking, interrumpidos por una pelea tonta sobre dinero), y otros un poco polémicos como *El juego de Gerald*, lo ha significado todo. También sabe ser severa. Cuando ve algo que le parece mal, no se lo calla.

Con Tabby en el papel de crítica y primera lectora, suelo acordarme de una anécdota que leí sobre la mujer de Alfred Hitchcock, Alma Reville. Era el equivalente de la primera lectora de Hitch, una crítica de enorme perspicacia que no se dejaba impresionar por la fama que iba ganando el maestro del suspenso. Mejor para él. Si Hitch decía que quería volar, le contestaba Alma: «Primero cómete los huevos fritos.»

Poco después de acabar *Psicosis*, Hitchcock organizó una proyección para unos cuantos amigos, que la pusieron por las nubes y la saludaron como una obra maestra del suspenso. Alma los dejó hablar, y luego dijo con gran firmeza:

—Así no se puede estrenar.

Se quedaron todos de piedra, menos el propio Hitchcock, que preguntó por qué.

—Porque cuando Janet Leigh tiene que estar muerta traga saliva —contestó su mujer.

Era verdad, y Hitchcock opuso tan poca resistencia como yo cuando Tabby me llama la atención sobre un lapsus. A veces discutimos sobre varios aspectos de un libro, y ha habido ocasiones, en temas subjetivos, en que ha prevalecido mi opinión, pero cuando me agarra en una metida de pata lo acepto y doy gracias por tener a alguien que me diga que tengo la bragueta desabrochada antes de aparecer en público.

Aparte de la primera lectura de Tabby, suelo enviar copias a una serie de personas (entre cuatro y ocho) que llevan varios años valorando mis relatos. Muchos textos y manuales de escritura desaconsejan someter lo que se escribe al juicio de los amigos, insinuando que no hay muchas posibilidades de recibir una opinión imparcial de alguien que ha cenado en tu casa y cuyos hijos han jugado con los tuyos en el patio. Sería injusto, dicen, poner al amigo en semejante situación. ¿Y si no tiene más remedio que decir: «Perdona, tú has escrito cosas bastante buenas pero esto es una mierda descomunal»?

La idea no es del todo descabellada, pero yo no busco, o no creo buscar, una opinión imparcial. Además, me parece que cuando alguien tiene la inteligencia necesaria para leer una novela suele disponer de una manera más suave de expresarse que «mierda». (Aunque la mayoría nos damos cuenta de que «le veo algunos inconvenientes» significa «es una mierda») Por otro lado, si resulta que sí, que has escrito una porquería (y, como autor de *La rebelión de las máquinas*, estoy autorizado para afirmar que es posible), ¿no prefieres enterarte por un amigo, mientras el tiraje no pase de media docena de ejemplares fotocopiados?

Repartir seis u ocho copias de un original equivale a recibir seis u ocho opiniones muy subjetivas acerca de lo que tiene de bueno y de malo. Si todos tus lectores coinciden en que te ha salido bien, es probable que sea verdad. Son casos de unanimidad poco frecuentes, incluso entre amigos. Lo más probable es que consideren buenas algunas partes, y otras... digamos que menos buenas. A algunos les parecerá que el personaje A funciona, pero que el B no tiene verosimilitud. Si hay otros que opinen que el B es creíble pero el A muy exagerado, se produce un empate. Lo mejor es quedarse tranquilo y dejarlo todo tal cual. (En beisbol, si hay empate gana el corredor; en literatura, el escritor.) ¿Que a algunos les gusta el final y otros lo encuentran horrible? Lo mismo: empate y punto para el escritor.

Hay primeros lectores especializados en encontrar fallos de información, que son los más fáciles de solucionar. Uno de los míos, Mac McCutcheon (que en paz descanse), era profesor de preparatoria de lengua y literatura, buenísimo, y sabía mucho de armas. Si uno de mis personajes llevaba una Winchester de tal modelo, había que atenerse a que Mac hiciera una anotación al margen puntualizando que Winchester no fabricaba ese calibre, pero Remington sí. En casos así tienes dos al precio de uno: el error y la solución. Sales ganando, porque quedas como un experto y tu primer lector se siente halagado por haber podido ayudarte. La mejor pieza que cazó Mac no tenía nada que ver con las armas. Un día, leyendo una parte de un original en la sala de profesores, se puso a reír a carcajada limpia; reía tanto que le rodaban lágrimas por la barba. Como el relato en cuestión, *El misterio de Salem's Lot*, no estaba concebido para tener efectos hilarantes, le pregunté qué había encontrado. Resulta que yo había escrito una frase más o menos así: «Aunque en Maine la temporada del ciervo sólo empieza en noviembre, en octubre los campos se llenan de disparos. La gente de la zona mata tantos campesinos[1] como calcula que podrá comer su familia.» Seguro que el corrector se habría dado cuenta del error, pero Mac me ahorró la güenza.

Repito que las valoraciones subjetivas son un poco más difíciles de asimilar, pero te digo una cosa: si todos los que leen tu libro dicen que falla algo (Connie vuelve con su marido demasiado deprisa, con lo que sabemos de Hal es difícil creerse que copie en un examen, el final de la novela parece brusco y arbitrario), es que falla y conviene tomar medidas.

Muchos escritores se resisten a la idea. Tienen la sensación de que revisar una narración para ajustarse a las filias y fobias del público es una especie de prostitución. Si compartes esa manera de ver y eres sincero, no intentaré convencerte. Además, así te ahorras dinero en fotocopias, porque no tendrás que enseñar a nadie lo que has escrito. Es más (digo con tono de superioridad): si en serio lo crees, ¿por qué te molestas en publicar? Acaba los libros y mételos en una caja de seguridad, como tiene fama de haber hecho J. D. Salinger durante sus últimos años.

Y no creas que yo soy inmune a esa clase de rencor. En el mundo del cine, al que he pertenecido de manera casi profesional, los pases previos se han convertido en práctica corriente, y a los directores los traen de cabeza, sin duda con razón. El estudio invierte entre cincuenta y cien millones de

1. En el original, *peasants* (campesinos) donde debería poner *pheasants* (faisanes). *(N. del T.)*

dólares en el rodaje de una película, y luego le pide al director que vuelva a editarla basándose en las opiniones del público de una multisala de Santa Bárbara compuesto por peluqueras, dependientas de zapatería y repartidores de pizzas desempleados. ¿Y sabes qué es lo peor, lo que los pone más histéricos? Que, si se ha hecho una selección representativa del público, parece que funciona.

A mí me parecería horrible que me revisaran las novelas por prelecturas (si se hiciera dejarían de publicarse muchos libros de calidad), pero bueno, me refería a cinco o seis personas de confianza. Si consultas a la gente indicada (y aceptan leer tu libro), te enterarás de muchas cosas.

¿Pesan lo mismo todas las opiniones? Para mí, no. Al final, a quien hago más caso es a Tabby, porque es la persona para quien escribo, a la que quiero seducir. Si escribes para una persona en concreto, aparte de para ti mismo, te aconsejo que te fijes mucho en su opinión. (Conozco a uno que dice que escribe pensando en alguien que lleva quince años muerto, pero no es un caso representativo.) Si tiene sentido lo que oyes, haz los cambios. No puedes dejar que participe todo el mundo en tu relato, pero sí la gente más importante. No sólo es posible, sino aconsejable.

Llamemos Lector Ideal a la persona para quien escribes. Siempre la tendrás en tu habitación de trabajo: en carne y hueso cuando abras la puerta y dejes que el mundo ilumine la burbuja de tu sueño, y en espíritu durante los días, de ocasional desquicio y frecuente euforia, de la primera versión, cuando está cerrada la puerta. Y ¿sabes qué? Que antes de que el Lector Ideal eche un vistazo a la primera frase, ya te verás introduciendo cambios. El LI te ayudará a salir un poco de ti mismo, a leer lo que sale de tu pluma como un lector cualquiera. Quizá sea la mejor manera de cerciorarte de que te mantienes fiel a la historia: una manera de interpretar en público, aunque no la haya y mandes tú en todo.

Yo, cuando escribo una escena que me parece graciosa (como el concurso de comer pasteles en *El cuerpo*, o el ensayo de ejecución en *La milla verde*), también me imagino a mi LI riéndose. Me encanta ver retorcerse de risa a Tabby: levanta las manos como diciendo «me rindo» y le caen lágrimas por las mejillas. Me encanta, sí, señor. Disfruto horrores, y cuando me sale algo con ese potencial, lo estrujo hasta la última gota. Al escribir esas escenas (a puerta cerrada), siempre tengo en la cabeza la idea de fondo de hacer reír (o llorar) a Tabby. Durante la revisión (a puerta abierta), la pregunta «¿ya da bastante risa/miedo?» está en primera fila. Intento descubrir cuándo llega Tabby a una escena determinada, y la observo con la esperanza de que como mínimo sonría, o (¡bingo!) suelte su carcajada agitando las manos en alto.

Para ella no siempre es fácil. El original de mi relato *Corazones en la Atlántida* se lo di estando en Carolina del Norte para ver un partido de basquetbol (Cleveland Rockers contra Charlotte Sting). Al día siguiente continuamos hacia el norte, a Virginia, y Tabby aprovechó el viaje en coche para leer el relato. Tiene algunas partes divertidas (o que me lo parecían), y yo la miraba constantemente para ver si se aguantaba la risa o sonreía. Creí que no se daba cuenta, pero sí. Al octavo o noveno reojo (aunque no desmiento que ya llevara quince), Tabby levantó la cabeza y me dijo:

—Mira la carretera, no vayas a chocar. ¡No seas tan inseguro, carajo!

Me concentré en manejar y dejé de espiarla (bueno, casi). Pasados unos quince minutos oí a mi derecha una risa de nariz, pequeña pero suficiente. La verdad es que casi todos los escritores son inseguros, sobre todo entre la primera y la segunda versión, cuando se abre la puerta del estudio y entra la luz del mundo exterior.

12

El Lector Ideal también es la mejor manera de calibrar si el relato posee el ritmo correcto, y si has introducido los precedentes de manera satisfactoria.

El ritmo es la velocidad con que progresa la narración. En círculos editoriales corre la idea tácita (y por lo tanto, ni justificada ni analizada) de que las historias y novelas de mayor éxito comercial tienen un ritmo rápido. La premisa, imagino, es que hoy en día la gente está muy ocupada, y se distrae tan fácilmente de la letra impresa que la única manera de no perderla es convertirse en una especie de cocinero de *fast food* que vende hamburguesas y papas a toda velocidad, recién salidas de la freidora.

Al igual que muchas ideas del mundo editorial que no han sido sometidas a ningún análisis, la que nos ocupa tiene mucho de tontería. Por eso las editoriales se quedan pasmadas ante fenómenos de ventas como *El nombre de la rosa*, de Umberto Eco, o *Monte frío*, de Charles Frazier. Sospecho que la mayoría de los editores atribuyen el éxito de esos libros a caídas imprevisibles y lamentables en el buen gusto por parte del público lector.

Y no es que las novelas de ritmo rápido tengan nada de malo, ¿eh? Hay escritores bastante buenos (Nelson DeMille, Wilbur Smith y Sue Grafton, por citar tres ejemplos) que han ganado millones escribiéndolas. Aun así, la velocidad puede llevar al exceso. Yendo demasiado deprisa te arriesgas a dejar rezagado al lector, por confusión o agotamiento. En cuanto a mí, prefiero ritmos más lentos y estructuras más ambiciosas. El lujo de deleitarse con novelas largas y absorbentes como *Pabellones lejanos* o *Un buen partido* ha sido uno de los atractivos principales de esta modalidad literaria desde sus primeros exponentes, relatos epistolares interminables y de muchas partes, como *Clarissa*. En mi opinión, debería dejarse que cada historia se desarrollara a su propio ritmo, que no siempre es trepidante. Pero ojo: si reduces demasiado la velocidad, corres el riesgo de poner nervioso hasta al lector más paciente.

¿Cual es la mejor manera de encontrar el punto medio? El Lector Ideal, cómo no. Procura imaginar si se aburrirá con tal o cual escena. Si conoces los gustos de tu LI, aunque sólo sea la mitad de bien que yo los del mío, no debería costarte mucho. ¿Le parecerá que en tal pasaje hay demasiado diálogo que no aporta nada? ¿Que sólo has explicado a medias una situación... o te has excedido en describirla, que es uno de mis defectos crónicos? ¿Que se te olvidó atar un cabo importante de la trama? ¿O todo un personaje, como le pasó a Raymond Chandler? (Cuando le preguntaron por el chofer asesino de *El sueño eterno*, Chandler, que se tomaba sus copitas, contestó: «¡Ah, ese! Es que se me olvidó.») Deberías tener presentes esas preguntas hasta con la puerta cerrada. Y cuando esté abierta (cuando tu Lector Ideal haya leído el original), deberías formularlas en voz alta. Por otro lado, y al margen de lo inseguro que se pueda ser, es normal tener ganas de observar al LI y ver cuándo deja el original para dedicarse a otra cosa. ¿Qué escena leía? ¿Qué le costaba tan poco dejar?

Yo, cuando pienso en el ritmo, suelo acudir a Elmore Leonard, que lo explicó a la perfección diciendo que quitaba las partes aburridas. La frase sugiere recortes para acelerar el ritmo, que es lo que acabamos teniendo que hacer casi todos (mata a tus seres queridos; mátalos aunque se te rompa tu corazoncito egocéntrico de plumífero).

De adolescente, cuando enviaba cuentos a revistas como *Fantasy and Science Fiction* y *Ellery Queen's Mystery Magazine*, me acostumbré a la típica nota de devolución que empieza por «Querido colaborador» (podrían ahorrárselo). Me acostumbré tanto que acabé agradeciendo cualquier frase un poco personal. Eran tan escasas como espaciadas, pero recibirlas siempre me alegraba el día y me hacía sonreír.

En primavera de mi último curso en la preparatoria de Lisbon (o sea, en 1966) recibí un comentario manuscrito que cambió para siempre mi manera de enfocar las revisiones. Debajo de la firma del director, reproducida a máquina, figuraba a mano lo siguiente: «No es malo, pero está hinchado. Revisa la extensión. Fórmula: 2.ª versión = 1.ª versión − 10%. Suerte.»

Ojalá me acordara del autor del ingenioso comentario. Quizá fuera Algys Budrys. En todo caso me hizo un gran favor. Copié la fórmula en un trozo de cartón de camisa, la enganché con celo al lado de mi máquina de escribir y no tardaron en pasarme cosas buenas. No es que de repente me hiciera de oro vendiendo cuentos a revistas, pero el número de comentarios personales en las notas de devolución aumentó deprisa. Hasta recibí una de Durant Imboden, el responsable literario de *Playboy*. El mensaje estuvo a punto de provocarme un infarto. *Playboy* pagaba dos mil dólares o más por cada cuento, y dos billetes representaban la cuarta parte de lo que ganaba al año mi madre en el Pineland Training Center.

Es probable que la «fórmula de revisión» no fuera el único motivo de que empezara a obtener resultados. Sospecho que había llegado mi hora, la hora tan esperada. A pesar de ello, no cabe duda de que la fórmula influyó. Antes de ella, si la primera versión de un relato rondaba las 4,000 palabras, la segunda tendía a las 5,000. (Hay escritores que quitan; yo temo ser, y haber sido siempre, un añadidor nato.) La fórmula lo cambió. Todavía hoy, si tengo una primera redacción de 4,000, me impongo el objetivo de que la segunda no pase de 3,600. Y si la primera versión de una novela tiene 350,000 palabras, me desviviré por redactar una segunda versión de como máximo 315,000, y si es posible de 300,000. Suele serlo. Lo que me enseñó la fórmula es que todos los relatos y novelas, en mayor o menor medida, son plegables. Si no puedes quitar el diez por ciento y conservar lo esencial de la historia y el ambiente, es que no te esfuerzas bastante. El efecto de una poda sensata es inmediato, y a menudo asombroso: un Viagra literario. Lo notarás tú, y lo notará tu LI.

Los precedentes, o historia de fondo, son todo lo que que ocurre antes del inicio de tu relato pero que tiene impacto sobre la historia principal. Contribuyen a definir a los personajes y establecer motivaciones. Yo considero importante introducir los precedentes con la mayor rapidez, pero también es importante hacerlo con cierta elegancia. He aquí la intervención de un personaje como ejemplo de falta de ella:

—Hola, ex mujer —dijo Tom a Doris, que entraba en la cocina.

El hecho de que Tom y Doris estén divorciados puede ser importante para la historia, pero seguro que hay una manera mejor que la de arriba, que tiene la elegancia de un asesino con hacha. He aquí una propuesta:

—Hola, Doris —dijo Tom. Su voz sonaba natural (al menos a sus propios oídos), pero los dedos de su mano derecha reptaron hacia donde había tenido su anillo de casado hasta hacía seis meses.

Sigue sin ser de premio Pulitzer, y es bastante más largo que «hola, ex mujer», pero ya he intentado aclarar que se trata de algo más que de simple rapidez. Y si crees que sólo es cuestión de informar, mejor que renuncies a la narrativa y te busques un trabajo de redactor de manuales de instrucciones. Te está esperando un cubículo como el de Dilbert.

Seguro que has oído la expresión *in medias res*, que significa «en medio de las cosas». Se trata de una técnica antigua y respetable, pero a mí no me gusta. Requiere *flashbacks*, que me parecen una cosa abu-

rrida y hasta vulgar. Siempre me recuerdan aquellas
películas de los cuarenta y los cincuenta, cuando se
pone borrosa la imagen, dan eco a la voz y de repente hemos retrocedido dieciséis meses y el preso manchado de barro a quien acabábamos de ver huyendo
de los perros es un abogado joven y prometedor que
todavía no ha sido detenido como sospechoso de haber asesinado al comisario corrupto.

Como lector, me interesa más lo que va a suceder
que lo que ya ha sucedido. Reconozco que hay buenas novelas que van a contrapelo de esta preferencia
(¿o hay que llamarlo prejuicio?): una es *Rebeca*, de
Daphne du Maurier; otra *A Dark-Adapted Eye*, de
Barbara Vine. A mí, no obstante, me gusta empezar
en la primera casilla, empatado con el escritor. Prefiero no mezclar las cosas. En eso soy muy clásico.
Que me sirvan primero el aperitivo, y que sólo me
traigan el postre cuando me haya comido el segundo
plato.

Aunque cuentes la historia de la manera directa a
la que me refiero, descubrirás que siempre hay que
incluir algunos precedentes. Todas las vidas partici-
pan del *in medias res*, y lo digo en el sentido más real.
Si en la primera página presentas como protagonista
a un hombre de cuarenta años, y si se desencadena la
acción por irrumpir en el escenario de su vida alguna persona o situación nueva (digamos que un accidente de tráfico, o hacerle un favor a una mujer guapa que siempre mira seductoramente por encima del
hombro [¿te has fijado en el horrendo adverbio que
hay en la frase, y que no he logrado matar?]), segui-
rás teniendo que enfrentarte con los primeros cuarenta años de vida del protagonista. La medida en
que trates de esos años y el acierto con que lo hagas

influirán mucho sobre el éxito que logre tu relato, y en que los lectores opinen que «vale la pena leerlo» o es «un bodrio». Hoy en día, en cuestión de precedentes, el premio es probable que se lo lleve J. K. Rowling, la autora de las novelas de Harry Potter. No es ninguna tontería leerlas y fijarse en la naturalidad con que cada libro recapitula los anteriores. (Las novelas de Harry Potter, por otro lado, son pura diversión, pura historia de cabo a rabo.)

El Lector Ideal puede ser de grandísima ayuda para averiguar si has acertado mucho o poco con los precedentes, y qué añadir o sustraer en la siguiente versión. Hay que escuchar con gran atención lo que no ha entendido el LI, y luego preguntarte si tú lo entiendes. Si la respuesta es que sí, pero no has logrado transmitirlo, te corresponde aclararlo en la segunda redacción. Si no, si a ti también te parecen confusas las partes de la historia de fondo que ha puesto en tela de juicio tu Lector Ideal, es que tienes que reflexionar más a fondo sobre los acontecimientos del pasado que aclaran el comportamiento presente de tus personajes.

También debes prestar mucha atención a lo que tu Lector Ideal haya encontrado aburrido en la historia de fondo. En *Un saco de huesos*, por ejemplo, el protagonista, Mike Noonan, es un escritor de cuarenta y tantos años cuya mujer acaba de morir de un aneurisma cerebral. La novela empieza el día de la muerte de ella, pero quedan muchos precedentes, muchos más de lo habitual en mi narrativa. Está el primer empleo de Mike (periodista), la venta de su primera novela, sus relaciones con la nutrida familia de su difunta esposa, su historial de publicaciones, y sobre todo la cuestión de su casa de verano al oeste de Maine: cómo y por qué la compraron, y parte de su historia antes de ser adquirida por Mike y Johanna. Tabitha, mi Lectora Ideal, lo leyó todo con cara de disfrutar, pero había una parte de dos o tres páginas sobre el voluntariado de Mike durante el año posterior a la muerte de su esposa, año en que acrecienta su dolor un caso grave de bloqueo de escritor. A Tabby no le gustó lo del trabajo social.

—¿A quién le importa? —me preguntó—. Yo quiero saber más de sus pesadillas, no si acudió al ayuntamiento para ayudar a que no durmieran en la calle los alcohólicos sin techo.

—Sí, pero es que está bloqueado —dije yo. (Cuando a un escritor le cuestionan algo que a él le gusta mucho, las primeras dos palabras que salen de su boca casi siempre son «sí, pero»)—. Le dura un año o más. De alguna manera tiene que aprovechar el tiempo, ¿no?

—Supongo —dijo Tabby—, pero tampoco hace falta aburrirme, ¿no?

¡Uf! Juego, set y partido. Tabby es como casi todos los buenos LI: si tiene razón puede llegar a ser cruel.

Así que podé las obras de beneficencia de Mike, reduciéndolas de dos páginas a dos párrafos, y resultó que tenía razón Tabby. Me di cuenta al verlo impreso. *Un saco de huesos* ha tenido unos tres millones de lectores, yo he recibido cuatro mil cartas o más sobre el libro y de momento no me ha dicho nadie: «¡Oye, inútil! ¿Qué voluntariado hacía Mike durante el año en que no podía escribir?»

Sobre la historia de fondo, lo más importante para recordar es que *a*) historia la tiene todo el mundo, y *b*) en general no es muy interesante. Cíñete a las partes que lo sean y no te dejes llevar por el resto. Contarle la vida a alguien, y que te escuchen, sólo se hace en los bares. Se hace, además, una hora antes de cerrar, y a condición de que consumas.

13

Ahora toca hablar un poco de la investigación, que es una modalidad de historia de fondo especializada. Hazme un favor: si no tienes más remedio que investigar, porque hay partes de tu historia que tratan de cosas que conoces poco o nada, ten presente las palabras «de fondo». Es donde le corresponde estar a la investigación: lo más al fondo que puedas ponerla. A ti puede que te apasione lo que estás averiguando sobre las bacterias carnívoras, el alcantarillado de Nueva York o el potencial de inteligencia de los cachorros de collie, pero es de prever que a tus lectores les interesen mucho más tus personajes y tu historia.

¿Que si hay excepciones? Claro que sí. Como en todas las reglas, ¿no? Hay casos de escritores de mucho éxito (los primeros que se me ocurren son Arthur Hailey y James Michener) cuyas novelas beben mucho de la investigación y los datos. Las de Hailey son manuales apenas disfrazados sobre el funcionamiento de ciertas cosas (bancos, aeropuertos, hoteles), y las de Michener, una combinación de documental de viajes, clase de geografía y libro de historia. Hay otros escritores de éxito, como Tom Clancy y Patricia Cornwell, que se concentran más en la narración, pero que no renuncian a acompañar el melodrama con raciones abundantes (y a veces indigestas) de información concisa. A veces pienso que los lee una porción considerable del público lector a quien le parece un poco inmoral la ficción, algo de mal gusto que sólo puede justificarse diciendo: «Pues... sí, sí leo a [aquí el nombre del autor], pero sólo en los aviones y en las habitaciones de hotel donde no hay CNN. Además me entero de muchas cosas sobre [aquí el tema que corresponda].»

Aun así, por cada escritor del tipo documentalista hay cien (y puede que hasta mil) aspirantes, algunos publicados y otros no. Yo, en general, creo que lo primero es la historia, pero que es inevitable investigar un poco. Si te la saltas es cosa tuya.

En primavera de 1999 hice el viaje de vuelta de Florida (que es donde habíamos pasado el invierno mi mujer y yo) a Maine. En el segundo día de carretera paré en una gasolinera cerca de la autopista de Pensilvania, de esas de antes tan divertidas, donde sigue saliendo alguien, te pone la gasolina y te pregunta qué tal, y qué jugador de basquetbol te gusta más.

Contesté al empleado que muy bien y nombré a mi favorito. Luego fui al baño, en la parte de atrás del edificio (donde había un arroyo en pleno deshielo, que hacía un ruido ensordecedor), y al salir, queriendo ver el agua más de cerca, me paseé por la pendiente, que estaba llena de llantas sueltas y piezas de motor. El suelo conservaba manchas de nieve. Resbalé en una y me deslicé hacia la orilla hasta que conseguí frenar agarrándome de un motor viejo. Sólo había patinado un par de metros, pero al levantarme me di cuenta de que, dependiendo de dónde resbalara, pude caerme al agua y ser arrastrado por ella. Reflexioné sobre la hipótesis y me pregunté cuánto habría tardado el encargado de la gasolinera en avisar a la policía del estado si mi coche, un Lincoln Navigator recién estrenado, se quedaba vacío mucho rato delante de las bombas. Volví a la autopista con dos cosas: el culo mojado por la caída detrás de la gasolinera Mobil y una idea excelente para un relato.

La siguiente: un hombre misterioso con abrigo negro (y aspecto de no ser humano, sino otra clase de ser disfrazado con poca habilidad) abandona su vehículo frente a una gasolinera pequeña de una zona rural de Pensilvania. El vehículo parece un Buick Special viejo de finales de los cincuenta, pero es tan poco Buick como humano el del abrigo negro. El vehículo cae en manos de unos agentes de la policía del estado, pertenecientes a una comisaría ficticia del oeste de Pensilvania. Transcurren unos veinte años, y un buen día los policías cuentan la historia del Buick para consolar al hijo de un colega que ha muerto en servicio.

Era una idea buenísima, y ha dado pie a una novela con mucha fuerza que habla de cómo transmitimos nuestros conocimientos y secretos. También es un relato macabro y de terror acerca de un aparato extraterrestre que puede tragarse enteras a las personas. Por descontado que había una serie de problemas de detalle (como no saber ni jota de la policía del estado de Pensilvania), pero no permití que me afectara. Me limité a inventarme todo lo que no sabía.

Podía hacerlo porque estaba escribiendo a puerta cerrada, únicamente para mí y el Lector Ideal que tenía en la cabeza. (Mi versión mental de Tabby no suele ser tan escrupulosa como mi esposa de verdad. Me la imagino aplaudiendo y animándome a seguir con los ojos brillantes.) Una de mis sesiones más memorables se produjo en una habitación del tercer piso del hotel Eliot de Boston. Estaba sentado al lado de la ventana, escribiendo acerca de la autopsia de un extraterrestre con pinta de murciélago mientras fluía majestuoso el maratón de Boston a mis pies, y las bocinas atronaban los tímpanos con *Dirty Water*, de los Standells. Las calles estaban ocupadas por millares de personas, pero arriba, en mi habitación, no había ningún aguafiestas que me dijera que tal o cual detalle estaba mal, o que al oeste de Pensilvania no actúan así los polis, o que esto, o que lo otro...

La novela (cuyo título es *From a Buick Eight*) está metida en un cajón desde finales de mayo de 1999, que es cuando acabé la primera redacción. Su escritura se ha visto interrumpida por circunstancias ajenas a mi control, pero espero, y preveo, que un día u otro pasaré dos semanas en el oeste de Pensilvania, donde me han dado permiso condicional para ir en patrulla con la policía del estado. (La condición, que me parece bastante sensata, es no hacerlos quedar como malos, locos o idiotas.) Una vez cumplido el requisito, debería estar en situación de corregir mis peores disparates e incorporar una serie de datos que dará gusto leerlos.

Pero no muchos. La investigación es historia de fondo, expresión cuya palabra clave es «fondo». Lo que tengo que contar en *From a Buick Eight* versa sobre monstruos y secretos. De ningún modo es un relato sobre la actuación policial en el oeste de Pensilvania. Lo único que busco es un toque de verosimilitud, como la pizca de especias que se echa para redondear la salsa para la pasta. La sensación de realidad es importante en todas las obras de ficción, pero considero que en un relato que trate de fenómenos anormales o paranormales todavía reviste mayor importancia. Otra ventaja de incluir un número suficiente de datos (suponiendo, claro está, que sean correctos) es que sirve para atajar la avalancha de cartas de lectores quisquillosos que deben de vivir para decirles a los escritores que han metido la pata hasta el fondo. (El tono de las cartas, sin excepción, es de alegría.) En cuanto te sales de la norma del «escribe de lo que sepas» se vuelve inevitable investigar, y puede contribuir mucho a tu relato. Ahora bien, no pongas el carro delante de los bueyes. Acuérdate de que escribes una novela, no un ensayo. La historia siempre es lo primero. Creo que hasta James Michener y Arthur Hailey habrían estado de acuerdo.

14

Suelen preguntarme si creo que el escritor novel de ficción puede sacar algún provecho de las clases o seminarios de escritura. Demasiado a menudo, los que me lo preguntan buscan una varita mágica, un ingrediente secreto o quizá la pluma mágica de Dumbo, artículos que, por atractiva que sea la publicidad, no se encuentran en las aulas. Personalmente no creo mucho en las clases de escritura, pero tampoco estoy del todo en contra.

Oriente, Oriente, la espléndida novela tragicómica de T. Coraghessan Boyle, contiene la descripción de una colonia de escritores en el bosque que me pareció de cuento de hadas, por lo perfecta. Cada escritor dispone de cabaña propia, donde se supone que trabaja todo el día. A mediodía viene una camarera de la cabaña principal y deja el almuerzo a la entrada de la casita donde habita el aspirante a Hemingway o Cather; lo deja muy, pero que muy discretamente, no vaya a sacar del trance creativo al ocupante de la cabaña. Esta consta de dos habitaciones: una para escribir y otra con un catre destinado a la imprescindible siesta... o a un retozo vivificante con otro miembro de la colonia.

Por la tarde se reúnen todos en el pabellón principal para cenar juntos y enfrascarse en largas conversaciones con los demás escritores residentes. Más tarde, junto a una gran hoguera en la sala, se hacen palomitas de maíz, se bebe vino, se leen en voz alta los relatos de los integrantes de la colonia y se someten a crítica.

Me pareció un entorno mágico para escribir. Lo que más me gustó fue que te dejen la comida en la puerta, y que la depositen con la misma discreción que el ratoncito Pérez su regalo. Supongo que me llamó la atención por lo lejos que queda de mi experiencia personal, en la que el flujo creativo puede verse interrumpido en cualquier momento por mi mujer informándome que se ha tapado el escusado, a ver si lo arreglo, o por una llamada de la oficina diciéndome que corro el peligro inminente de faltar a otra cita con el dentista. En momentos así me convenzo de que todos los escritores sienten más o menos lo mismo, con independiencia de lo buenos que sean o el éxito que tengan: «¡Si tuviera un buen entorno para escribir, con gente que me entendiera, seguro que estaría escribiendo mi obra maestra!»

La verdad es que he descubierto que las interrupciones y distracciones en la rutina diaria apenas perjudican a la confección de una obra, y hasta es posible que en algunos aspectos la beneficien. A fin de cuentas, lo que hace la perla es el grano de arena que se mete en la concha de la ostra, no los seminarios de hacer perlas con otras ostras. Y cuanto más trabajo se me acumule, cuanto más se acerque al «debo» y se aleje del simple «quiero», más problemático puede llegar a ser. Los talleres de escritores presentan el grave problema de erigir el «debo» a categoría de norma, porque claro, no vas para dar paseos románticos y gozar de la belleza de los bosques o la majestad de las montañas. ¡Carajo, se supone que escribes, aunque sólo sea para que tengan algo que criticar tus colegas cuando hagan palomitas en el pabellón! Por el contrario, cuando es igual de importante comprobar que el niño llegue a tiempo al partido de basquetbol que la obra que tienes entre manos, la presión de ser productivo es mucho menor.

Y no olvidemos las críticas. ¿Qué hay de ellas? ¿Qué valor tienen? Según mi experiencia, lamento decir que muy escaso. Suelen ser de una vaguedad exasperante. Sale fulanito y dice: «Me encanta el clima del cuento de Peter... Tiene algo como... como una sensación de... no sé, como muy tierno... No sé describirlo bien...»

Otras gemas de seminario son «me da la sensación de que pasa algo con el tono», «el personaje de Polly me ha parecido muy estereotipado», «me han gustado mucho las imágenes, porque ayudan a ver con claridad de lo que trata»...

Y en vez de agarrar las palomitas recién hechas y acribillar al charlatán, el resto del corro suele «asentir con la cabeza», sonreír y mostrarse «pensativo».

Demasiado a menudo, los profesores y escritores residentes asienten, sonríen y compiten en mostrarse pensativos. Por lo visto hay pocos inscritos a quienes se les ocurre que si tienes tal o cual sensación y no puedes describirla, si es como... no sé... una especie de... quizá te hayas equivocado de clase, diablos.

A la hora de sentarse y emprender la segunda redacción, de poco sirven los comentarios generales. De hecho pueden ser perjudiciales. Entre los ejemplos que he dado, es evidente que ninguno atañe al estilo de tu relato o sus virtudes narrativas. Son pura palabrería sin ninguna aportación de datos.

Las críticas diarias, además, te obligan a escribir con la puerta abierta a todas horas, cosa que a mi entender resta ímpetu. ¿De qué sirve tener una camarera que se acerque de puntillas a la puerta de tu cabaña y se aleje con el mismo atento silencio, si cada noche lees lo que has escrito en voz alta (o lo repartes fotocopiado) a un grupo de presuntos escritores que te dice que les gusta tu manera de enfocar el tono y el ambiente, pero que quiere saber si la gorra de Dolly, la de las campanitas, es simbólica? La presión de explicarte es constante, y en ese sentido temo que se oriente mal mucha energía creativa. Acabas poniendo tu prosa y proyecto en tela de juicio constante, cuando quizá te conviniera infinitamente más agarrar velocidad y tener la primera versión en papel mientras el fósil se conserve brillante y nítido en tu cabeza. El exceso de clases de escritura convierte en norma al «oye, oye, detente y explica qué has querido decir».

Seamos justos. Debo reconocer que aquí, por mi parte, pesa cierto prejuicio: una de las pocas veces en que he padecido un caso de bloqueo creativo con todas las de la ley fue durante mi último año en la Universidad de Maine, yendo no a uno, sino a dos cursos de escritura creativa. (Uno era el seminario donde conocería a mi futura esposa, o sea, que ni mucho menos puedo contarlo como tiempo perdido.) Durante ese semestre, la mayoría de mis compañeros de clase escribían poemas sobre el deseo sexual o relatos de jóvenes taciturnos e incomprendidos por sus padres que se disponían a ir a Vietnam. Había una chica que escribía mucho sobre la luna y su ciclo menstrual. La luna nunca aparecía con todas las letras, *the moon*, sino como *th m'n*. Ella no podía explicar la necesidad de esa abreviación, pero lo sentíamos todos: uau, amiga, *th m'n*, qué alucine.

Yo iba a clase con poemas de mi cosecha, pero guardaba un secreto vergonzoso en mi habitación: el original a medias de una novela sobre una pandilla de adolescentes y su plan de promover disturbios raciales. Pensaban usarlo de tapadera para poner en marcha dos docenas de operaciones de usura y tráfico ilegal de drogas en la ciudad de Harding, mi versión ficticia de Detroit. (Yo nunca había estado a menos de mil kilómetros de Detroit, pero no me arredré por ello, ni perdí una pizca de impulso.) Comparada con lo que hacían mis compañeros de seminario, la novela, *Sword in the Darkness*, me parecía muy vulgar. Supongo que es la razón de que no la llevara a ninguna clase para someterla a crítica. El hecho de que fuera mejor, y en cierto modo más sincera, que todos mis poemas sobre el ansia sexual y la angustia postadolescente sólo servía para empeorar las cosas. El resultado fue un período de cuatro meses en que no escribí casi nada. Sólo bebía cerveza, fumaba Pall Malls, leía novelas de bolsillo de John D. MacDonald y miraba las telenovelas de la tarde.

Como mínimo, los cursos y seminarios de escritura suelen tener la siguiente ventaja: que en ellos se toman en serio las ganas de escribir narrativa o poesía. Para los aspirantes a escritores que han sido objeto de condescendencia por parte de amigos y parientes (un comentario típico es «de momento mejor no dejes tu trabajo», que suele pronunciarse con una sonrisa odiosa), no hay nada mejor. Las clases de escritura son de los pocos lugares, si no el único, donde no está mal visto pasar porciones generosas de tiempo libre en un mundo de sueños. Aunque ¿necesitas permiso de alguien para visitarlo? ¿En serio? Para creerte escritor, ¿tiene que hacerte alguien una cartulina de identificación donde figure la palabra? Espero encarecidamente que no.

Otro argumento a favor de los cursos de escritura tiene que ver con los docentes. En Estados Unidos hay miles de escritores de talento, pero pocos, muy pocos (calculo que no más del cinco por ciento) que puedan vivir de ello y mantener una familia. Siempre hay becas, pero no dan para tanto. En cuanto a las subvenciones del gobierno a los escritores, ni mencionarlas. Adelante con las subvenciones al tabaco. Adelante con las becas de investigación para estudiar la velocidad del esperma de toro al natural, pero ¿subvenciones a la literatura de creación? Jamás. Y creo expresar la opinión de la mayoría del electorado. Salvo excepciones (Norman Rockwell y Robert Frost), Estados Unidos nunca ha sentido especial reverencia por sus creadores. En general nos interesan más las placas conmemorativas y las postales por Internet. ¿Que no te gusta? Pues mala suerte, porque así son las cosas. A los estadounidenses les interesan mucho más los concursos de la tele que los relatos breves de Raymond Carver.

Para muchos escritores mal pagados, la solución es enseñar lo que saben a los demás. Puede ser agradable, y bien está que los escritores en ciernes tengan la oportunidad de conocer y escuchar a los veteranos, a quienes quizá admiren desde hace mucho tiempo. También es positivo que las clases de escritura lleven a hacer contactos de negocios. Yo conseguí a mi primer agente, Maurice Crain, por mediación de un profe de segundo (y escritor reconocido de narrativa breve regional), Edwin M. Holmes. Después de leer algunos cuentos míos, el profesor Holmes, que impartía una asignatura de redacción con especial acento en la narrativa, le preguntó a Crain si no quería ver una selección de mis trabajos. Crain dijo que sí, pero nuestro contacto fue escaso, porque él tenía más de ochenta años, no estaba bien de salud y murió poco después de iniciarse nuestra relación profesional. Espero que no lo matara mi primer lote de cuentos.

Las clases o seminarios de escritura son tan poco «necesarios» como este libro o cualquier otro sobre el oficio de escribir. Faulkner lo aprendió trabajando en la oficina de correos de Oxford, Mississippi. Hay otros escritores que han asimilado lo básico estando en el ejército, trabajando en una fundición o tomando vacaciones en una cárcel cuatro estrellas. Yo aprendí la parte más valiosa (y comercial) de lo que sería mi oficio lavando sábanas de motel y manteles de restaurantes en la lavandería New Franklin de Bangor. La mejor manera de aprender es leyendo y escribiendo mucho, y las clases más valiosas son las que se da uno mismo. Son clases que casi siempre se imparten con la puerta del estudio cerrada. Los debates de los seminarios pueden revestir gran interés intelectual, y no despreciemos su aspecto divertido, pero también es verdad que suelen irse por las ramas, muy lejos de la simple mecánica de la escritura.

A pesar de todo lo dicho, preveo la posibilidad de que acabes en una versión de la colonia silvestre de escritores de *Oriente, Oriente*: una cabaña para ti solo, rodeada de pinos, con computadora, disquetes nuevos (¿hay algo que despierte un entusiasmo más sutil en la imaginación que una caja de disquetes vírgenes o un paquete de hojas en blanco?), el camastro en la habitación de al lado, para la siesta, y la camarera que se acerca a la puerta de puntillas, te deja la comida y vuelve a marcharse de puntillas. Supongo que no estaría mal. Si te dan la oportunidad de participar en algo así, te aconsejo que aceptes. Puede que no aprendas los Secretos Mágicos de la Escritura (porque no hay; qué mal, ¿no?), pero seguro que disfrutas como enano, y yo siempre estoy a favor de disfrutar como enano.

15

Aparte de «¿de dónde sacas las ideas?», las preguntas más frecuentes que le hacen a cualquier escritor con libros editados los que no han editado nada pero quieren, son «¿cómo se consigue agente?» y «¿cómo se hacen contactos en el mundo editorial?».

El tono con que se formulan suele ser de perplejidad, a veces de pena, y otras, muchas, de rabia. Cunde la sospecha de que la mayoría de los escritores que han conseguido sacar al mercado su primer libro se han beneficiado de un contacto, de alguien que dirige el negocio. La premisa oculta es que el mundo editorial es una especie de gran familia incestuosa.

No es verdad. Tampoco es verdad que los agentes sean una pandilla de esnobs con complejo de superioridad, dispuestos a sacrificar la vida antes que a tocar sin guantes un original que no hayan pedido ellos. (Bueno, de acuerdo, algunos sí.) La verdad es que los agentes y los editores siempre andan a la busca del siguiente escritor joven y de moda que pueda vender montones de libros y generar ganancias astronómicas. Y no tiene que ser necesariamente joven, ¿eh? Helen Santmyer vio publicado *And Ladies of the Club* estando en una residencia de ancianos. Algo más joven era Frank McCourt cuando sacó *Las cenizas de Ángela*, pero no es que fuera un polluelo.

En mi caso, como persona joven que sólo había publicado algunos relatos en revistas para caballeros, veía con buen optimismo mis posibilidades de sacar un libro. Sabía que tenía posibilidades, y presentía que el tiempo jugaba a mi favor. Tarde o temprano morirían o se harían viejos los autores más vendidos de los sesenta y los setenta, dejando espacio para los novatos como yo.

Tenía presente, sin embargo, que detrás de *Cavalier*, *Gent* y *Juggs* había una vasta extensión por conquistar. Quería que mis relatos encontraran un mercado a su medida, lo cual significaba hallar la manera de esquivar el hecho preocupante de que las revistas que pagaban mejor (como *Cosmopolitan*, que entonces publicaba muchos relatos cortos) en muchos casos sólo los aceptaban de encargo. Consideré que la respuesta era tener agente. Si mis cuentos eran buenos (pensé a mi manera, poco sutil pero dotada de cierta lógica), un agente me resolvería todos los problemas.

Tardé mucho en enterarme de que hay agentes buenos y agentes malos, y de que un agente bueno tiene muchas más capacidades que hacer que lea tus cuentos el responsable literario de *Cosmo*; ocurre, sin embargo, que era joven, y no me daba cuenta de que en el mundo editorial hay gente (de hecho no poca) dispuesta a robarle hasta a su madre. Tampoco me importaba, porque, mientras no hubieran tenido éxito de público mis dos o tres primeras novelas, poco podrían robarme.

Te conviene mucho tener agente. Si lo que escribes se puede vender, te costará relativamente poco encontrarlo. Es más: aunque no se pueda vender, mientras sea prometedor es probable que encuentres a alguien. En el mundo del deporte, los agentes representan a jugadores menores de edad con la esperanza de que lleguen a las ligas profesionales. Por el mismo motivo, los agentes literarios suelen ser receptivos a los escritores que han publicado poco. Aunque tu historial de publicaciones se reduzca a las revistas pequeñas, que sólo pagan en ejemplares, tienes muchas posibilidades de encontrar a alguien que te represente, porque en esas revistas ven los agentes y editores un campo de prueba para los nuevos talentos.

Debes empezar siendo tu propio representante, o sea, leyendo las revistas que publican material como el que escribes tú. También te conviene comprar revistas de escritores, y guías especializadas como *Writer's Market*, la herramienta más valiosa para el escritor nuevo en el lugar. Si eres pobre, pero pobre de verdad, pídeselo a alguien para Navidad. Tanto las revistas como el WM (un ladrillo de cuidado, pero a un precio razonable) contienen listados de editoriales de libros y revistas, y breves reseñas sobre la clase de relatos que se publica en cada mercado. También encontrarás las extensiones más vendibles y la composición de los equipos editoriales.

Como escritor primerizo, si escribes relatos te interesarán por encima de todo las revistas pequeñas. Si has escrito o escribes una novela, te convendrá fijarte en las listas de agentes literarios que hay en las revistas de escritores y en el *Writer's Market*. También es oportuno incorporar a tus obras de referencia un ejemplar del *LMP* (*Literary Market Place*). Debes ser astuto, prudente y asiduo en tu búsqueda de agente o editorial, pero (merece repetirse) el favor más importante que puedes hacerte es consultar el mercado. Las reseñas del *Writer's Digest* tienen su utilidad («...publica sobre todo narrativa convencional, de 2,000 a 4,000 palabras. Evitar los personajes estereotipados y las situaciones románticas trilladas»), pero seamos realistas: son eso, simples reseñas. Mandar relatos sin haber estudiado el mercado es como jugar a dardos en una habitación oscura: se pueden conseguir dianas esporádicas, pero no son merecidas.

He aquí la historia de un aspirante a escritor a quien me referiré como Frank. En realidad se trata de una mezcla de tres escritores jóvenes a quienes conozco, dos hombres y una mujer. Los tres han obtenido cierto éxito como escritores antes de cumplir los treinta años, pero de momento no hay ninguno que se haya comprado un Rolls Royce. Es probable que se consagren los tres; es decir, que a los cuarenta años (pongamos), preveo que editarán con regularidad (y es probable que uno de ellos tenga problemas con el alcohol).

Las tres caras de Frank tienen intereses divergentes y escriben con estilos y voces diferenciados, pero sus maneras de vencer los obstáculos que los separaban de haber publicado se parecen bastante para no considerar demasiado forzado juntarlos en un solo personaje. Hablando de consideraciones, he aquí otra: para escritores que empiezan (por ejemplo tú, querido lector), es bastante aconsejable seguir los pasos de Frank.

Frank era un estudiante de literatura (no es que sea imprescindible estudiar literatura para convertirse en escritor, pero malo no es) que empezó a mandar relatos a las revistas antes de haberse licenciado. Cursó varias asignaturas de escritura creativa, y entre las revistas que recibían sus cuentos, muchas le habían sido recomendadas por los profesores. Frank leía atentamente los relatos que aparecían en todas, no sólo las recomendadas, y enviaba los suyos al dictado de su intuición, que le decía dónde encajaban mejor.

—Me pasé tres años leyendo todas las historias que salían en la revista *Story* —dice, y ríe—. Puede que sea la única persona en todo Estados Unidos capaz de afirmarlo.

Al margen de la atención que ponía en leer, lo cierto es que Frank no publicó ningún relato en todos sus años de universidad, aunque sí una docena en la revista de literatura de la facultad. Los lectores de varias de las revistas destinatarias (entre ellas *Story*, que hizo decir a la versión femenina de Frank: «¡me la debían!», y *The Georgia Review*) le enviaron notas personales de devolución. Durante ese período, Frank se suscribió a *Writer's Digest* y *The Writer*, las leyó con suma atención y se fijó en los artículos sobre agentes, así como en las listas adjuntas. También marcó los nombres de unos cuantos, juzgando compartidos los intereses literarios que declaraban. Particular atención le merecieron los agentes que se decían aficionados a los relatos «con mucho conflicto», que es una manera elegante de referirse a los de suspenso. A Frank le atraen las historias de suspenso, las policiacas y las fantásticas.

Al año de salir de la universidad, Frank recibe su primera carta de aceptación. ¡Aleluya! Se la envía una revista pequeña que se se vende en pocos puestos de periódicos y se financia por suscripciones. Llamémosla *Kingsnake*. El director ofrece comprar el cuento de Frank, 1,200 palabras con el título «La mujer del maletero», por veinticinco dólares más una docena de ejemplares para colaboradores. Frank, lógicamente, está en la gloria; no en el séptimo cielo, sino en el octavo o el noveno. Llama a toda la parentela incluidos (sobre todo, sospecho) los que no le caen bien. Veinticinco dólares no alcanzan para pagar la renta; de hecho, ni para que coman una semana Frank y su mujer, pero se trata del visto bueno a sus ambiciones, y eso (como podrían corroborar, o mucho me equivoco, todos los escritores que han publicado por primera vez) no tiene precio. ¡Alguien quiere algo que hice! ¡Hurra! Y no es lo único que tiene de bueno. Se trata de un reconocimiento, de una bolita de nieve que hará rodar Frank con la esperanza de que llegue al pie de la cuesta convertida en algo descomunal.

A los seis meses, Frank vende otro cuento a una revista que se llama *Lodgepine Review* (como en el caso de *Kingsnake*, mezcla varios nombres); si a eso se le puede llamar «vender», porque le ofrecen comprar «Dos clases de hombre» por veinticinco ejemplares de colaborador. Pero bueno, no deja de ser otro reconocimiento. Frank firma el formulario de aceptación (muriéndose de gusto al leer lo que hay debajo del espacio para la firma: PROPIETARIO DE LA OBRA) y lo envía al día siguiente.

Un mes más tarde estalla la tragedia. Llega con la apariencia de una carta modelo, encabezada por las palabras «Estimado colaborador de *Lodgepine Review*». Frank la lee con un vuelco en el corazón. *Lodgepine Review* asciende al paraíso de los escritores porque no le renovaron un subsidio. El número de verano, que está a punto de salir, será el último. Por desgracia, el cuento de Frank estaba programado para otoño. Concluye la misiva deseándole a Frank buena suerte en la venta del relato a otra publicación. En la esquina inferior izquierda ha escrito alguien cuatro palabras con mala letra: «Lo sentimos muchísimo.»

Frank también lo siente muchísimo (y claro que lo sienten él y su mujer después de haberse puesto ciegos de vino barato y despertarse con una cruda de vino barato), pero su decepción no le impide tomar el relato breve que ha estado a punto de publicarse y devolverlo casi enseguida a la circulación. Para entonces ya tiene media docena en movimiento y hace un seguimiento exhaustivo de por dónde han pasado y cómo han sido acogidos. También lleva la cuenta de las revistas con las que ha establecido alguna clase de contacto personal, aunque se reduzca a dos rayas de garabatos y una mancha de café.

Pasa un mes desde la mala noticia de la *Lodgepine Review* y Frank recibe otra muy buena. Llega dentro de una carta de alguien a quien no conoce de nada. Se trata del director de una revistita nueva que se llama *Jackdaw*; está pidiendo cuentos para el primer número, y un amigo del colegio (que resulta ser el director de la recién difunta *Lodgepine Review*) le ha hablado del de Frank, el que no pudo publicarse. Le gustaría leerlo, si sigue en venta. No promete nada, pero...

A Frank no le hace falta que le prometan nada. Es como casi todos los escritores que empiezan: sólo necesita unos cuantos ánimos y un suministro ilimitado de pizza a domicilio. Envía el cuento con una nota de agradecimiento (y otra, como es natural, para el director de la *Lodgepine Review*), y a los seis meses aparece «Dos clases de hombre» en el número uno de *Jackdaw*. Triunfa de nuevo la red de amistades, cuyo papel en el mundo editorial no desmerece del que desempeña en muchos otros negocios. El precio que le pagan a Frank por el cuento son quince dólares, diez ejemplares de colaborador y otro reconocimiento fundamental.

Al año siguiente, Frank consigue trabajo de profesor de lengua en una preparatoria. Le cuesta muchísimo enseñar literatura y corregir exámenes de día y trabajar de noche en lo suyo, pero sigue escribiendo relatos nuevos, poniéndolos en circulación, acumulando notas de devolución y, de vez en cuando, «jubilando» cuentos que ya ha enviado a todas las direcciones que se le ocurrían.

—Cuando publique el libro no desentonarán —dice a su mujer.

Nuestro héroe, mientras tanto, está en situación de pluriempleo: lo han contratado para escribir reseñas de libros y películas en una revista de una ciudad de la zona. Está lo que se dice ocupadísimo, pero empieza a fraguarse en su cerebro la idea de escribir una novela.

Cuando le preguntan qué es lo primero que tiene que tener en cuenta un escritor joven que empieza a enviar cuentos, Frank sólo tarda unos segundos en responder.

—La buena presentación.

¿Qué?

Él asiente.

—La buena presentación. Lo tengo clarísimo. Al mandar el cuento hay que encabezarlo con unas cuantas líneas explicándole al director dónde has publicado otros relatos, y una o dos diciendo de qué va el que le envías. También hay que despedirse dándole las gracias por la lectura. Es muy importante.

»Hay que enviarlo en papel blanco de buena calidad, no del que se borra. La copia tiene que ser a doble espacio, con tu dirección en la esquina superior izquierda de la primera página. Tampoco va mal poner el número de teléfono. En la esquina de la derecha pon la cantidad aproximada de palabras. —Frank hace una pausa, ríe y dice—: Y sin trampas. La mayoría de los directores de revistas adivinan la longitud de un relato mirando el tipo de letra y hojeándolo.

Sigo un poco sorprendido por la respuesta de Frank. Esperaba algo menos técnico.

—Ya ves —dice él—. Cuando sales de la facultad y procuras encontrar un hueco en el negocio, en cuatro días te vuelves práctico. Yo, lo primero que aprendí fue que la única manera de recibir un poco de atención es tener aspecto de profesional —percibo algo en su tono que me hace sospechar que cree que se me han olvidado muchas cosas de lo que significa empezar en el oficio, y es posible que tenga razón. Desde que tenía mis notas de devolución clavadas en la pared del dormitorio han pasado casi cuarenta años—. Tú no puedes convencerlos de que el cuento sea bueno —concluye Frank—, pero al menos puedes ayudarlos a que intenten que les guste.

En el momento en que escribo, la historia de Frank aún está ocurriendo, pero se le adivina mucho futuro. Ya ha publicado un total de seis cuentos, uno de los cuales obtuvo un galardón de bastante prestigio (lo llamaremos Premio de Escritores Jóvenes de Minnesota, aunque no viva en Minnesota ninguno de los ingredientes reales de mi Frank). La parte económica eran quinientos dólares, mucho más de lo que le han pagado por cualquier otro relato. Ahora ha empezado a trabajar en su novela, y cuando esté acabada (él calcula que a principios de la primavera de 2001), ha aceptado llevarla un agente joven y con buena fama que se llama Richard Chams (otro seudónimo).

Frank se planteó en serio la búsqueda de agente casi en el mismo momento en que se planteó en serio la novela. Me dijo:

—No quería invertir tantas horas de trabajo sólo para encontrarme con que no sabía venderla.

Basándose en sus exploraciones del *LMP* y las listas de agentes de *Writer's Market*, Frank escribió una docena de cartas que sólo se diferenciaban por el encabezamiento. He aquí el modelo:

19 de junio de 1999

Estimado señor:

Soy un escritor joven, de veintiocho años de edad, que busca agente. He encontrado su nombre en un artículo de *Writer's Digest*, «Agentes de la nueva ola», y he pensado que nuestros perfiles podrían complementarse. Desde que me dedico en serio al oficio he publicado seis relatos. Son los siguientes:

«La mujer del maletero», *Kingsnake*, invierno de 1996 (25 dólares más ejemplares).

«Dos clases de hombre», *Jackdaw*, verano de 1997 (15 dólares más ejemplares).

«Humo navideño», *Mystery Quarterly*, otoño de 1997 (35 dólares).

«Charlie asume lo que tiene», *Cemetery Dance*, enero-febrero de 1998 (50 dólares más ejemplares).

«Sesenta zapatillas», *Puckerbrush Review*, abril-mayo de 1998 (ejemplares).

«Un largo paseo por estos bosques», *Minnesota Review*, invierno de 1998-1999 (70 dólares más ejemplares).

Si le interesa leer alguno de estos relatos (o de la media docena que tengo en circulación), se lo enviaré con mucho gusto. Del que más satisfecho estoy es de «Un largo paseo por estos bosques», que ganó el Premio de Escritores Jóvenes de Minnesota. La placa, que está colgada en la sala, se ve muy bien, y mejor se veía el dinero del premio (500 dólares) durante la semana y pico en que lo tuvimos en la cuenta del banco. (Llevo casado varios años. Los dos somos profesores de preparatoria.)

El motivo de que busque representante justo ahora es que trabajo en una novela. Se trata de una historia de suspenso acerca de alguien arrestado por una serie de asesinatos que se produjeron años atrás en la población donde vive. Las primeras ochenta páginas, aproximadamente, están bastante acabadas, y sería un placer enseñárselas.

Le ruego que se ponga en contacto conmigo para decirme si tiene algún interés en ver una parte de mi material. Hasta entonces, muchas gracias por tomarse la molestia de leer esta carta.

Le saluda atentamente

Frank, además de dirección, había hecho constar su número de teléfono, y se dio el caso de que uno de los agentes consultados (que no era Richard Chams) lo llamara para hablar un poco. Tres de ellos contestaron pidiendo el relato premiado, que contaba la historia de un cazador perdido en el bosque. Seis pidieron ver las primeras ochenta páginas de la novela. Dicho de otro modo, hubo una respuesta excepcional. De todos los destinatarios, sólo hubo uno que escribiera para expresar su falta de interés por el trabajo de Frank, citando una larga nómina de clientes. El caso, sin embargo, es que, al margen de algunos contactos en el mundo de las revistas pequeñas, Frank no conoce a nadie en el negocio editorial. No tiene ningún contacto personal.

—Fue una sorpresa increíble —dice—. Yo tenía pensado aceptar cualquier oferta, previendo que como máximo, y con mucha suerte, habría una, pero al final pude hasta escoger.

Atribuye su cosecha récord de agentes en potencia a varias cosas. En primer lugar, la carta estaba bien escrita. («Para encontrar el tono natural que buscaba tuve que redactarla cuatro veces, y discutir dos veces con mi mujer», dice Frank.) En segundo lugar, Frank estaba en situación de reproducir una lista, y no corta, de relatos publicados. No había mucho dinero, pero las revistas eran de prestigio. En tercer lugar estaba el premio. En opinión de Frank pudo ser la clave. Yo ignoro si lo fue, pero tengo claro que en algo ayudó.

Frank también tuvo el rasgo de inteligencia de pedirles a Richard Chams y los demás agentes consultados una lista de referencias *suyas*; no de clientes (no sé ni si para un agente sería ético suministrar nombres de clientes), sino de las editoriales a quienes había vendido libros el agente en cuestión, y las revistas donde había colocado relatos cortos. Un escritor ansioso de encontrar representante es fácil de engañar. Los escritores primerizos deben tener presente que para publicar un anuncio en *Writer's Digest*, y hacerse llamar agente literario, sólo hace falta tener doscientos o trescientos dólares; vaya, no hay que pasar ningún examen de ingreso en un colegio profesional.

Conviene ser especialmente desconfiado con los agentes que piden dinero a cambio de leer lo que has hecho. Hay gente seria (no sé ahora, pero hubo un tiempo en que la agencia de Scott Meredith cobraba por leer), pero abundan los cabrones sin escrúpulos. Al que esté impaciente por publicar, le propongo saltarse las cartas a agentes o editoriales y costearse por cuenta propia la edición, para eso hay editoriales especializadas. Al menos recibirá algo a cambio de su dinero.

16

Casi hemos llegado al final. Dudo que haya contemplado todo lo que necesitas saber para ser mejor escritor, y seguro que no he dado respuesta a todas tus preguntas, pero una cosa tengo clara: he comentado todos los aspectos de la vida de escritor de los que puedo hablar con un mínimo de confianza. Aun así, debo decirte que la elaboración de este libro coincidió con notables restricciones en el suministro de dicho producto, la confianza. De lo que andaba sobrado era de dolor físico e inseguridad.

Al proponerle la idea de un libro sobre la escritura a mi editor de Scribner, lo hice con la sensación de saber mucho sobre el tema; casi me explotaba la cabeza de querer decir tantas cosas. Ahora no niego que pueda saber mucho, pero hay muchas cosas que han acabado por resultar aburridas, y he descubierto que el resto, por lo general, tiene más relación con el instinto que con algo parecido al «pensamiento elevado». El esfuerzo de poner por escrito esas verdades instintivas me ha costado sudor y lágrimas. Por otro lado, en plena redacción de este libro ocurrió una de esas cosas que, como suele decirse, te cambian la vida. Enseguida lo cuento. Ahora sólo quiero dejar claro que he puesto todo mi empeño.

Queda otro tema por abordar, uno que está directamente relacionado con el hecho decisivo al que acabo de referirme, y del que ya he hablado pero sólo de manera indirecta. Ahora voy a coger el toro por los cuernos. Es una pregunta que me hace la gente de distintas maneras. Hay quien me la hace educadamente y hay quien a lo bestia, pero siempre se reduce a lo mismo: «Oye, ¿tú escribes por dinero?»

La respuesta es que no, ni ahora ni nunca. No niego que mis libros me hayan dado mucho dinero, pero nunca he escrito ni una sola palabra pensando en que me la pagarían. A veces he escrito para hacerle un favor a un amigo, pero no se puede definir de ninguna manera peor que como una especie de trueque rudimentario. Siempre he escrito porque me llenaba. Puede que sirviera para pagar la hipoteca y los estudios de los niños, pero eso era aparte. Yo he escrito porque me hacía vibrar. Por el simple gozo de hacerlo. Y el que disfruta puede pasarse la vida escribiendo.

Ha habido momentos de mi vida en que escribir ha sido un pequeño acto de fe, como escupirle a la cara a la desesperación. La segunda mitad de este libro ha sido escrita con ese espíritu. Me ha salido de las entrañas. Escribir no es la vida, pero yo creo que puede ser una manera de volver a la vida. Lo averigüé en verano de 1999, cuando estuvo a punto de matarme el conductor de una camioneta azul.

POSDATA: VIVIR

1

Cuando estoy con mi mujer en nuestra casa de verano al oeste de Maine (muy parecida a la casa adonde vuelve Mike Noonan en *Un saco de huesos*), camino seis kilómetros al día, a menos que diluvie. De ellos, casi cinco discurren por pistas forestales sin asfaltar y con muchas curvas. El kilómetro y medio restante es de asfalto: la carretera número cinco, que tiene dos carriles y va de Bethel a Fryeburg.

La tercera semana de junio de 1999 fue excepcionalmente feliz para mi mujer y para mí; teníamos de visita a nuestros tres hijos, que ya se habían independizado y vivían en diferentes partes del país, y era la primera vez en casi seis meses que estábamos juntos en la misma casa. Nos acompañaba, para mayor alegría, nuestro nieto de tres meses, el primero, que se divertía dando patadas a un globo de helio atado al pie.

El 19 de junio tomé el coche y llevé a mi hijo menor al aeropuerto de Portland, porque tenía que regresar a Nueva York. Después volví a casa, dormí un poco y emprendí el paseo de rigor. Por la noche teníamos previsto ir todos a ver *La hija del general* a

North Conway (Nueva Hampshire), que queda cerca; es decir, que tenía el tiempo justo para dar mi paseo antes de la salida familiar.

Me parece que salí hacia las cuatro, y justo antes de llegar a la carretera principal (en el oeste de Maine sólo hace falta que tengan una raya blanca en el medio para que las llamen principales) me interné un poco en el bosque y oriné. Pasarían dos meses antes de que pudiera echar otra meadita de pie.

Al llegar a la carretera asfaltada me puse a caminar hacia el norte por la grava del acotamiento, con el tráfico en sentido contrario. En un momento dado me adelantó un coche que también iba hacia el norte. Cerca de un kilómetro después, la conductora se fijó en una camioneta de marca Dodge y color azul claro que iba hacia el sur dando bandazos, como si el conductor apenas la dominara. Una vez la camioneta estuvo lejos y ella fuera de peligro, la conductora del primer coche se volvió hacia su acompañante y le dijo:

—El que iba a pie era Stephen King. ¡Espero que no lo atropelle la camioneta!

El kilómetro y medio de carretera asfaltada de mi paseo es casi todo de buena visibilidad, pero hay un tramo, una subida corta y bastante empinada, donde, si se va caminando hacia el norte, casi no se ve lo que viene por el otro lado. Estando yo a tres cuartos de la subida, Bryan Smith, el dueño y conductor de la camioneta Dodge, llegó a lo alto de la colina. No iba por la calzada, sino por el acotamiento. El mío. Calculo que tuve como tres cuartos de segundo para darme cuenta, lo justo para pensar: ¡ay, Dios mío, va a atropellarme un autobús escolar!, y echarme un poco a la izquierda. Luego tengo un corte en la memoria, y al otro lado de ese corte aparezco tumbado en el suelo, mirando la parte trasera de la camioneta, que se ha salido de la carretera. Es una imagen muy nítida, como si más que un recuerdo fuera una fotografía. Las luces traseras del vehículo están rodeadas de polvo. La placa y la ventanilla de atrás están sucias. Lo constato sin pensar ni en mí ni en mi estado. Es una simple instantánea. Se me ha quedado la cabeza en blanco.

Sigue otro vacío en la memoria. Después me paso la mano izquierda por los ojos con mucho cuidado, mojándome toda la palma de sangre varias veces. En cuanto tengo la vista un poco clara, miro alrededor y me fijo en que hay un hombre cerca, sentado en una piedra y con un bastón en las rodillas. Se trata de Bryan Smith, el individuo de cuarenta y dos años que acaba de atropellarme. Tiene el tal Smith un historial considerable: ha acumulado casi una docena de infracciones relacionadas con la conducción.

El hecho de que en el momento en que chocaron nuestras vidas no estuviera fijándose en la carretera se debía a que su rottweiler, que viajaba al fondo de la camioneta, había saltado al asiento de atrás, donde había una hielera con un poco de carne. El perro se llamaba Bullet (Bala). (Smith tenía otro rottweiler en casa que se llamaba Pistol.) Viendo que Bullet intentaba abrir la hielera con el hocico, Smith se había vuelto para ahuyentarlo. Mientras el conductor miraba al perro e intentaba apartarle el hocico de la hielera, la camioneta había llegado al punto más alto de la colina; en fin, que entre mirada y mirada al perro entre empujón y empujón, se había producido el accidente. Luego Smith les contó a sus amigos que creía haber chocado con «un ciervo», hasta fijarse en que tenía mis lentes manchados de sangre en el asiento de delante: habían salido volando cuando yo intentaba apartarme de la camioneta. Tenían torcida la montura, pero los cristales intactos. Son los que llevo ahora, al escribir.

2

Smith ve que estoy despierto y me dice que ha pedido ayuda. Se expresa con calma, y hasta con jovialidad. Sentado en la piedra y con el bastón en las rodillas, pone una cara entre resignada y compungida, como diciendo: «¡Pero qué mala pata hemos tenido!» Su partida con Bullet del campamento donde estaba instalado (relata más tarde al inspector) se debía al impulso de comprar «unos cuantos chocolates». Me entero del detalle después de unas semanas, y pienso que ha estado a punto de matarme un personaje de novela mía. Casi tiene gracia.

Pienso que ya está la ayuda en camino, y es probable que sea una suerte, porque el accidente ha sido de los pesados. Estoy en la zanja con la cara llena de sangre, y me duele la pierna derecha. Miro hacia abajo y veo algo que no me gusta: resulta que tengo torcida la parte baja del cuerpo, como si le hubieran dado media vuelta a la derecha. Miro otra vez al del bastón y digo:

—Por favor, dígame que sólo está dislocado.

—Ojalá —tiene la voz como la cara: jovial, e interesada sólo a medias. Podría estar viéndolo todo por la tele, con el dichoso chocolate en la boca—. Yo creo que está roto en cinco o seis partes.

—Lo siento —digo yo (no sé por qué). Luego otro salto en la memoria. Más que una laguna, es como una serie de cortes en la película del recuerdo.

Esta vez vuelvo en mí y hay una camioneta naranja y blanca en el acotamiento, con las intermitentes puestas. A mi lado, de rodillas, un técnico de urgencias médicas que se llama Paul Fillebrown. Hace algo, creo que cortarme los jeans, aunque puede que ocurriera más tarde.

Le pregunto si puedo fumar, y él ríe y contesta que lo ve un poco difícil. Le pregunto si voy a morirme y dice que no, que no me moriré pero que hay que ingresarme deprisa. ¿Qué hospital prefiero, el de Norway-South Paris o el de Bridgton? Le digo que quiero ir al Northern Cumberland Memorial Hospital de Bridgton, porque es donde nació hace veintidós años mi hijo menor (el mismo a quien acabo de llevar al aeropuerto). Vuelvo a preguntarle a Fillebrown si me moriré, y él a contestar que no. Después me pide que mueva los dedos del pie derecho. Lo hago acordándome de lo que me decía mi madre: «Este cerdito fue al mercado, este se quedó en casita...» Pienso que yo también debería haberme quedado en casa. Hoy fue mala idea salir a pasear. Entonces me acuerdo de que a veces la gente que se queda paralítica tiene la sensación de que se mueve y no es verdad.

—¿Puede mover los dedos? —pregunto a Paul llebrown.

Dice que sí, que perfectamente.

—¿Me lo jura por Dios? —le digo yo.

Creo que lo jura. Me viene otro desmayo. Fillebrown acerca su cara a la mía y lentamente, en voz muy alta, me pregunta si mi mujer está en la casa grande del lago. No me acuerdo. No me acuerdo de dónde está nadie de la familia, pero sí puedo darle los números de teléfono tanto de la casa grande como de la pequeña de la otra orilla del lago, que es donde se instala a veces mi hija. ¡Carajo, si hasta podría haberle dado mi número de la seguridad social! Me acuerdo de todos. Del resto, en cambio, nada.

Va llegando más gente. Se oye el crepitar de una radio con mensajes de policía. Me suben a una camilla. Duele y grito. Acto seguido me meten en la parte trasera de la ambulancia, y se oyen más cerca los mensajes de la policía. Se cierran las puertas, y dice alguien delante:

—Ahora a toda máquina.

Arrancamos. Paul Fillebrown se sienta al lado. Tiene unas tenazas y me dice que va a tener que cortar el anillo que llevo en el dedo corazón de la mano derecha. (Es un anillo de bodas que me dio mi mujer en 1983, a los doce años de casados.) Intento decirle que lo llevo en la derecha porque el de bodas de verdad aún está en el anular de la mano izquierda. El juego original de dos anillos me costó quince dólares y noventa y nueve centavos en una joyería de Bangor; o sea, que el primer anillo sólo me costó ocho dólares, pero parece que ha funcionado.

Balbuceo la historia del anillo, y aunque dudo que Paul Fillebrown entienda algo, asiente con la cabeza y sonríe todo el rato mientras me corta de la mano derecha (que está inflada) el segundo anillo de boda, bastante más caro. Para cuando llamo a Paul Fillebrown para darle las gracias, cosa que ocurre aproximadamente a los dos meses, ya soy consciente de que debió de salvarme la vida mediante la administración de cuidados médicos oportunos y el traslado al hospital a una velocidad de unos ciento cincuenta kilómetros por hora por carreteras rurales llenas de baches.

Fillebrown dice que de nada, e insinúa que recibí cuidados ajenos.

—Llevo veinte años en esto —me cuenta por teléfono—, y cuando vi su postura en la zanja, y lo herido que estaba, pensé que no llegaría vivo al hospital. Ya puede dar las gracias, ya.

Las consecuencias del impacto son tan graves que los médicos del hospital Northern Cumberland deciden que en el centro no pueden atenderme. Entonces avisa alguien a un helicóptero para que me lleven al Central Maine Medical Centre, situado en Lewiston. En ese el momento llegan Tabby, mi hijo mayor y mi hija. Los niños reciben permiso para quedarse un rato, y Tabby más tiempo. Los médicos le han dicho que estoy destrozado, pero que sobreviviré. Me han cubierto la mitad inferior del cuerpo. No le dejan ver la interesante torsión de mis piernas hacia la derecha, pero sí limpiarme la cara de sangre y quitarme del pelo algunos trozos de cristal.

Presento un corte largo en el cuero cabelludo, resultado de mi colisión con el parabrisas de Bryan Smith. El impacto se produjo a menos de cinco centímetros del soporte de acero, el del lado del conductor. De haber chocado con esa pieza habría muerto o me habría quedado en coma por el resto de mis días. De haberme caído en las rocas que limitan el acotamiento también es muy probable que me hubiera muerto o me hubiera quedado paralítico, pero me salvé por un pelo. No ocurrió ni una cosa ni otra, sino que salí volando por encima de la camioneta, a cuatro metros del suelo.

—Seguro se movió un poco a la izquierda en el último segundo —me explica más tarde el doctor David Brown—. Si no, ahora no estaríamos hablando.

Aterriza el helicóptero en el estacionamiento del hospital y me llevan en camilla. El cielo está muy luminoso y azul. Los rotores hacen mucho ruido. Alguien me grita al oído:

—Stephen, ¿has subido alguna vez a un helicóptero?

Lo pregunta con verdadero entusiasmo. Intento contestar que sí, que ya he subido (la verdad es que dos veces), pero no puedo. De repente me cuesta mucho respirar.

Me suben a bordo del helicóptero. Cuando despegamos veo una franja de cielo azul, sin ninguna nube. Preciosa. Se oyen más voces por la radio. Es mi día de oír voces. Mientras tanto, la respiración se me hace cada vez más difícil. Le hago gestos a alguien, o al menos lo intento, y entra en mi campo de visión una cara invertida.

—Tengo la sensación de ahogarme —susurro.

Alguien hace una comprobación, y otro dice:

—Le han fallado los pulmones.

Se oye ruido de papel, de abrir un envoltorio, y me dice al oído la segunda persona, en voz muy alta por el ruido de los rotores:

—Stephen, vamos a ponerte un tubo en el pecho. Te dolerá un poco. Aguanta.

Sé por experiencia (de cuando era un niño con infección de oído) que cuando un médico dice que algo duele un poco es porque en realidad dolerá mucho. Esta vez va mejor de lo que espero, quizá porque estoy hinchado de analgésicos o porque vuelvo a encontrarme al borde del desmayo. Es como si me golpearan en el lado derecho, muy arriba, con un objeto corto y puntiagudo. Luego se oye un silbido alarmante, como si mi cuerpo tuviera un escape (supongo que así es). Poco después, el sonido suave de la respiración normal, que es lo que he oído toda la vida (sin darme cuenta casi nunca, por suerte), ha sido sustituido por una especie de chapoteo muy poco agradable. El aire que me entra está muy frío, pero al menos es aire, *aire*, y lo respiro. No quiero morirme. Quiero a mi mujer y a mis hijos. Me encantan mis paseos vespertinos a la orilla del lago. También me encanta escribir; en casa, encima de mi mesa, tengo un libro a medias sobre el oficio de escribir. No quiero morir; y en ese momento, subido en el helicóptero y con el cielo despejado de verano encima, comprendo la verdad: que estoy en el umbral de la muerte. Me estirarán muy pronto hacia uno u otro lado, y dependerá muy poco de mí. Yo sólo puedo seguir boca arriba, oyendo el débil ruido de ventosa de mi respiración.

Aterrizamos a los diez minutos en la plataforma de cemento del Central Maine Medical Centre, y para mí es como tocar el fondo de un pozo. Ya no veo el cielo azul, y el ruido de las aspas del helicóptero gana en volumen y eco, como si fuera el aplauso de unas manos gigantes.

Me bajan del helicóptero, mientras sigo respirando a sibilantes bocanadas. Grito, porque ha chocado con la camilla.

—Perdona, Stephen, perdona. No pasa nada —dice alguien.

A los heridos graves siempre los llaman por el nombre de pila. Todos son amigos tuyos.

—Díganle a Tabby que la quiero mucho —digo, mientras me levantan y me hacen rodar a gran velocidad por un pasillo en pendiente.

De repente tengo ganas de llorar.

—Ya se lo podrás decir tú —contesta la voz.

Pasamos por una puerta. Hay aire acondicionado, y pasan luces por encima. Se oyen mensajes por altavoces. Pienso con cierta confusión que sólo hace una hora que tenía pensado recoger moras en un prado desde donde se ve el lago Kezar; aunque no por mucho rato, porque tenía que estar a las cinco y media en casa para ir a ver *La hija del general*, con John Travolta. Es el actor que hacía de malo en la película basada en mi primera novela, *Carrie*. Desde entonces ha llovido mucho.

—¿Cuándo? —pregunto—. ¿Cuándo podré decírselo?

—Pronto —dice la voz.

Luego vuelvo a desmayarme, y esta vez no es un corte cualquiera, sino un trozo grande que falta en la película de la memoria; quedan algunos destellos, vislumbres confusos de caras, quirófanos y aparatos de rayos equis; quedan imágenes falsas y alucinaciones provocadas por la morfina y el Dilaudid que entra en mi cuerpo gota a gota. Hay un eco de voces, y manos que bajan a pintarme los labios resecos con algo que sabe a menta. Predomina, sin embargo, la oscuridad.

3

Resultó que Bryan Smith había evaluado mis heridas por lo bajo: tenía rota la parte inferior de la pierna como mínimo en nueve puntos. El cirujano ortopedista que me devolvió la integridad, el portentoso David Brown, dijo que la zona debajo de mi rodilla derecha había quedado reducida a «canicas en un calcetín». La pierna había quedado tan maltrecha que hubo que realizar dos incisiones profundas (fasciotomías medial y lateral, en terminología médica) a fin de aliviar la presión ejercida por la tibia rota, y para que pudiera volver a circular la sangre por la parte inferior de la pierna. Es probable que sin las fasciotomías, o de haberlas realizado más tarde, hubiera sido necesario amputarme la pierna. Tenía la rodilla derecha partida casi por la mitad; el término técnico es «fractura tibial conminuta intraarticular». Presentaba, además, fractura acetabular de la cadera derecha (vaya, me había descarrilado en serio), además de fractura femoral intertrocantérica abierta en la misma zona. La columna estaba astillada en ocho puntos. Me había roto cuatro costillas. La clavícula derecha había resistido, pero la parte de encima estaba en carne viva, tanto que hubo que ponerme casi treinta puntos.

Sí, yo creo que en términos generales Bryan Smith había calculado por lo bajo.

4

La forma de manejar del señor Smith acabó sometida al examen de un gran jurado, que formuló dos acusaciones: conducción temeraria (bastante grave) y agresión con daños físicos graves (gravísima, de las que se castigan con cárcel). Tras el debido análisis, el fiscal a quien competía ocuparse de esa índole de casos en mi rinconcito del mundo accedió a retirar la acusación menos grave, la de conducción temeraria. Smith fue condenado a seis meses de prisión, que al final no tuvo que cumplir, y le quitaron la licencia de manejo durante un año. También estuvo un año en libertad condicional, con restricciones en otros vehículos motorizados, como motos de nieve. Cae dentro de lo posible que Bryan Smith vuelva a la carretera en otoño o invierno de 2001.

5

David Brown volvió a unirme la pierna mediante cinco operaciones maratonianas que me dejaron flaco, débil y casi sin fuerzas para aguantar nada más, aunque también con posibilidades de volver a caminar. Me montaron en la pierna un aparato grande de acero y fibra de carbono que recibe el nombre de fijador externo, con ocho varas de acero clavadas en los huesos de encima y debajo de la rodilla. Había, además, cinco varas del mismo material pero de menor tamaño saliendo de la rodilla, bastante parecidas a dibujos infantiles. La rodilla quedó inmovilizada. Venía una enfermera tres veces al día para quitar todas las varas, grandes y pequeñas, y limpiar los agujeros con agua oxigenada. No he tenido la experiencia de que me empapen la pierna de queroseno y le prendan fuego, pero seguro que el día en que me pase se parecerá bastante a las sesiones del hospital.

Me ingresaron el 19 de junio, y alrededor del 30 me levanté por primera vez y di tres pasos vacilantes hacia un tocador. Al llegar, me senté con mi batita, incliné la cabeza y me esforcé por no llorar, por no tirar la toalla. Intentas decirte que has tenido suerte, una suerte increíble, y, como es verdad, suele funcionar. Las veces en que no surte efecto, pues… lloras.

Al día o dos de los primeros pasos inicié las sesiones de fisioterapia. Durante la primera sesión conseguí dar diez pasos en un pasillo de la planta baja, precariamente y con andador. Coincidí con otra paciente que también aprendía a caminar: Alice, una octogenaria bajita que se recuperaba de un derrame. Cuando nos quedaba aliento nos dábamos ánimos. El tercer día le dije que se le veía el fondo.

—Y a ti el culo, guapo —jadeó ella.

Y siguió caminando.

El Cuatro de Julio, fiesta nacional, ya podía sentarme bastante tiempo en una silla de ruedas para salir del hospital por la zona de carga y ver los fuegos artificiales. Esa noche la calle era un horno y estaba tomada por una multitud que miraba el cielo, comía papitas y bebía cerveza y refrescos. Tabby, que me había acompañado, estrechó mi mano mientras se ponía el cielo rojo, verde, azul, amarillo… Se había instalado en un departamento delante del hospital, y cada mañana me traía huevos cocidos y té. Me convenía comer, porque en 1997 (a mi regreso de un viaje en moto por el desierto australiano) pesaba 98 kilos, y el día en que salí del Central Maine Medical Center, 75.

Volví a mi casa de Bangor el 9 de julio, después de tres semanas en el hospital, e inicié un programa de rehabilitación que se compone de estiramientos, flexiones y paseos con muletas. Procuré no perder los ánimos ni el optimismo. El 4 de agosto volví al hospital para otra operación. Mientras me insertaba el tubo en el brazo, el anestesista dijo:

—Bueno, Stephen, vas a tener una sensación como de haberte tomado un par de copas.

Abrí la boca para decirle que sería interesante, porque llevaba once años sin experimentarlo, pero me quedé inconsciente antes de haber pronunciado una sola palabra. Esta vez, al despertarme, ya no tenía las varillas grandes del muslo. El doctor Brown dictaminó que estaba recuperándome y me mandó a casa para que siguiera con la rehabilitación y la fisioterapia. (Los que padecemos esta última sabemos que es un sinónimo eufemístico de tortura.) Y entre una cosa y otra sucedió algo más. El 24 de julio, transcurridas cinco semanas desde que me atropelló la camioneta de Bryan Smith, volví a escribir.

6

La verdad es que este libro lo empecé en noviembre o diciembre de 1997, y aunque lo normal es que sólo tarde tres meses en acabar la primera versión, pasaron dieciocho meses y este seguía a medias. La explicación es que lo dejé en pausa en febrero o marzo de 1998, con la duda de cómo seguir y hasta de si había que seguir. Escribiendo ficción me divertía casi tanto como siempre, pero cada palabra del ensayo era una tortura. Era el primer libro que dejaba en pausa y sin acabar desde *Apocalipsis*, con la diferencia de que este ha pasado bastante más tiempo en el cajón del escritorio.

En junio de 1999 tomé la decisión de aprovechar el verano para acabar el maldito libro sobre escribir.

Pensé que ya decidirían si era bueno Susan Moldow y Nan Graham, de Scribner. Leí lo que tenía hecho temiéndome lo peor, y descubrí que de hecho me gustaba bastante. También me pareció clarísimo el camino para acabarlo. Estaba acabada la parte autobiográfica («Currículum vitae»), cuya pretensión era exponer algunos de los incidentes y situaciones vitales que me convirtieron en la clase de escritor que he sido, y cubierta la sección sobre las herramientas, al menos lo que me parecía más importante. Faltaba la sección clave, «Escribir», que era donde pensaba contestar no sólo a algunas preguntas que me habían hecho en seminarios y conferencias, sino a las que me gustaría que me hubieran hecho: las concernientes al lenguaje.

El 17 de junio por la noche, tan tranquilo y sin saber que faltaban menos de cuarenta y ocho horas para mi cita con Bryan Smith (y no olvidemos a Bullet, el rottweiler), me senté a la mesa del comedor y confeccioné una lista con todas las preguntas que quería responder y todos los puntos que me proponía tratar. El 18 redacté las primeras páginas de la sección «Escribir». Así estaban las cosas a finales de julio, cuando decidí que era el momento de volver al trabajo... o como mínimo a intentarlo.

No tenía ganas ponerme a trabajar. Tenía unos dolores fortísimos, no podía doblar la rodilla derecha y tenía que usar andador. Me parecía imposible estar sentado mucho tiempo delante de una mesa, aunque fuera en silla de ruedas. La catástrofe infligida a mi cadera hacía que fuera una tortura estar sentado más de cuarenta minutos. El tope era una hora y cuarto; después, imposible. ¿Cómo iba a escribir sobre diálogos, personajes y búsqueda de agentes llevando una vida en que lo más urgente era el tiempo que faltaba para la siguiente dosis de Percocet?

Al mismo tiempo, sin embargo, tenía la sensación de haber llegado a uno de esos momentos cruciales en que no hay alternativas. Antes ya había pasado malos tragos, y siempre me había ayudado a superarlos la escritura. Había sido una manera de olvidarme de todo, al menos unas horas, y quizá volviera a serlo. En vista de la intensidad de mis dolores, y de mi incapacitación física, parecía una idea ridícula; sin embargo, una vocecita impaciente e implacable me decía en mi interior que había llegado el momento. Puedo desobedecerla, pero es muy difícil no creer lo que me dice.

Al final, el voto decisivo le correspondió a mi mujer, como en tantos momentos cruciales de mi vida. Me gustaría pensar que yo, de vez en cuando, he hecho lo mismo por ella, porque opino que estar casado, entre otras cosas, significa emitir el voto decisivo cuando el otro no sabe qué derrotero tomar.

De todas las personas de mi vida, mi mujer es la que tiene más posibilidades de decirme que trabajo demasiado y que me convendría descansar un poco de la dichosa computadora («ya fue suficiente, Steve»). Esa mañana de julio, cuando le dije que me parecía oportuno volver a trabajar, esperaba un sermón, pero sólo me preguntó dónde quería instalarme. Le dije que ni lo sabía ni lo había pensado.

Después de un rato pensando, dijo Tabby:

—Si quieres puedo poner una mesa en la entrada de atrás, al lado de la despensa. Está lleno de enchufes. Puedes ponerte la Mac, la impresora pequeña y un ventilador.

El ventilador era indispensable, porque venía haciendo un verano abrasador. El día en que volví al trabajo la temperatura exterior era de 35 grados, y dentro no se estaba mucho más fresco.

Tabby lo montó todo en unas horas. A las cuatro de la tarde me llevó en silla de ruedas por la cocina y salimos al vestíbulo por la rampa que acababan de instalar. Me había preparado un nidito de ensueño: la portátil y la impresora juntos, una lamparita de escritorio, hojas (con los apuntes del mes anterior encima), plumas y obras de referencia. La mesa tenía en una esquina una foto enmarcada de nuestro hijo pequeño, tomada por Tabby el verano anterior.

—¿Está bien? —preguntó.

—De maravilla —dije yo, y la abracé.

Era una maravilla, en efecto. Como ella.

Tabitha Spruce (su nombre de soltera), de Oldtown (Maine), sabe cuándo trabajo demasiado, pero también sabe que hay veces en que lo que me salva es el trabajo. Me colocó delante de la mesa, me dio un beso en la sien y se marchó, dejándome averiguar si me quedaba algo que decir. Resultó que sí, que un poco, pero sin su comprensión intuitiva de que había llegado la hora, no estoy seguro de que ninguno de los dos hubiera podido cerciorarse de ello.

La primera sesión duró una hora y cuarenta minutos, que era de lejos el período más largo que había pasado en posición erguida desde el choque con la camioneta de Smith. Al final sudaba a chorros y casi no tenía fuerzas para seguir incorporado en la silla de ruedas. El dolor de cadera era poco menos que apocalíptico. En cuanto a las primeras quinientas palabras, eran un verdadero horror. Parecía que no hubiera escrito nada en toda mi vida, que me hubieran abandonado todos mis trucos. Iba de palabra en palabra como un anciano decrépito cruzando un río por un zigzag de piedras mojadas. La primera tarde no me deparó ninguna inspiración, sólo una especie de tozudez y la esperanza de que insistiendo mejorara la cosa.

Tabby me trajo una pepsi, fría, dulce y buenísima. Bebiéndola, miré alrededor y tuve que reírme, aunque me doliera todo. Había escrito *Carrie* y *El misterio de Salem's Lot* en el lavadero de una casa rodante alquilada. El vestíbulo trasero de nuestra casa se le parecía suficiente para darme la sensación de haber completado el círculo.

No fue una tarde de progresos milagrosos, a no ser el milagro cotidiano que entraña la tentativa de crear algo. Sólo sé que después de un tiempo empezaron a acudir más deprisa las palabras, y luego más. Seguía doliéndome la cadera, seguían doliéndome la espalda y la pierna, pero iban pareciendo dolores un poco menos inmediatos. Empezaba a estar por encima de ellos. No hubo euforia. Ese día no me vino todo hecho. A cambio, experimenté la sensación casi igual de buena de haber conseguido algo. Como mínimo seguí adelante. El momento que da más miedo es justo antes de empezar.

En adelante sólo podía mejorar.

7

Así han seguido las cosas: mejorando. Desde la primera tarde de bochorno en el vestíbulo me han operado la pierna dos veces más. También he sufrido una infección bastante grave, y sigo tomando unas cien pastillas al día, pero ya no llevo el fijador externo y sigo escribiendo. Tengo días pésimos, en que todo se me hace muy cuesta arriba, y otros (cada vez más, a medida que se me cura la pierna y se acostumbra el cerebro a su vieja rutina) en que siento aquella vibración feliz, aquella sensación de haber encontrado las palabras exactas y haberlas juntado. Es como cuando vas en avión y despegas: ruedas por la pista, ruedas, ruedas... y de repente flotas en un cojín de aire, con el mundo a tus pies. Me hace feliz, porque es para lo que estoy hecho. Aún no tengo muchas fuerzas (en un día puedo hacer un poco menos de la mitad de lo que hacía antes), pero sí las suficientes para haber acabado este libro, lo cual agradezco. Escribir no me ha salvado la vida (me la salvaron la pericia del doctor David Brown y los cuidados amorosos de mi mujer), pero tiene el mismo efecto de siempre: hacer de mi vida un lugar más luminoso y agradable.

Escribir no es cuestión de ganar dinero, hacerse famoso, ligar mucho ni hacer amistades. En último término, se trata de enriquecer las vidas de las personas que leen lo que haces, y al mismo tiempo enriquecer la tuya. Es levantarse, recuperarse y superar lo malo. Ser feliz, pues. Ser feliz. Una parte (quizá demasiado larga) de este libro ha tratado de cómo aprendí a escribir. Otra, la mayor, de qué se puede hacer para mejorar. El resto (y quizá lo mejor) es un permiso: tú puedes hacerlo, debes hacerlo y, si tienes la valentía de empezar, lo harás. Escribir es mágico; es, en la misma medida que cualquier otra arte de creación, el agua de la vida. El agua es gratis. Así que bebe.

Bebe y sacia tu sed.

POSDATA, PRIMERA PARTE:
PUERTA CERRADA,
PUERTA ABIERTA

Al principio del libro, al escribir sobre mi breve carrera de cronista deportivo para el *Weekly Enterprise* de Lisbon (de hecho yo hacía toda la sección de deportes), he dado un ejemplo de cómo funciona el proceso de corrección. Era un ejemplo necesariamente corto y trataba de prosa periodística. Lo que sigue es narrativa, y está sin pulir. Es un ejemplo de lo que escribo al natural cuando está la puerta cerrada: el cuento sin vestir, sólo con calcetines y calzones. Propongo examinarlo de cerca antes de pasar a la versión corregida.

La historia del hotel

Antes de salir de la puerta giratoria, Mike Enslin vio a Ostermeyer, el director del hotel Dolphin, hundido en uno de los sillones de la recepción, y se le cayó un poco el alma a los pies. Quizá sí tendría que haber vuelto con el maldito abogado, pensó. En fin, ya era demasiado tarde; y aunque Ostermeyer hubiera decidido poner otro control de carretera entre Mike y la habitación 1408, tampoco era tan grave. Otro aliciente para cuando lo contara.

Ostermeyer lo vio, se levantó y cruzó la sala tendiendo una mano rechoncha justo cuando Mike salía de la puerta giratoria. El Dolphin estaba en la calle 61, esquina con la Quinta Avenida. Era un hotel pequeño pero con clase. Una pareja, él de etiqueta y ella con vestido de noche, pasó al lado de Mike, que cogió la mano de Ostermeyer. Para ello tuvo que pasarse a la izquierda la maleta pequeña que llevaba, con lo justo para una noche. La mujer era rubia, vestida de negro, por supuesto, y el aroma evanescente y floreal de su perfume parecía resumir Nueva York. En el bar, que estaba en el entresuelo, tocaba alguien *Night and Day*, como subrayando el resumen.

—Buenas noches, señor Enslin.

—¡Señor Ostermeyer! ¿Pasa algo?

Ostermeyer parecía atribulado, y paseó la mirada por el espacio reducido y elegante del vestíbulo como si buscara ayuda. En recepción había un hombre hablando de boletos de teatro con su mujer, bajo la mirada y la sonrisa discreta y paciente del conserje. En el mostrador de delante, un hombre de traje arrugado, como sólo se arruga un traje con muchas horas de Business Class, discutía sobre su reserva con una mujer cuyo atuendo, negro y elegante, también podía servir de vestido de noche. Todos recibían ayuda menos el pobre Ostermeyer, caído en las garras del escritor.

—¿Señor Ostermeyer? —repitió Mike, sintiendo cierta lástima.

—No —dijo al cabo Ostermeyer—, no pasa nada, pero... ¿Podemos hablar en mi despacho, señor Enslin?

Ajá, pensó Mike. Quiere volver a intentarlo.

En otras circunstancias podría haberse impacientado, pero no entonces. Contribuiría a la parte sobre la habitación 1408, dándole el tono amenazador que tanto parecían desear los lectores de sus libros. (Aparecería como la Advertencia Final.) Pero no era lo único. Hasta entonces, a pesar de los abundantes titubeos, Mike Enslin no había estado seguro. Ahora lo estaba. Ostermeyer no hacía teatro. Tenía auténtico miedo de la habitación 1408, y de lo que pudiera pasarle a Mike por la noche.

—Por supuesto, señor Ostermeyer. ¿Dejo la maleta en recepción o me la llevo?

—Pues... Si le parece nos la llevamos —Ostermeyer, el perfecto anfitrión, hizo ademán de cogerla. Sí, aún tenía esperanzas de convencer a Mike de que no se quedara en la habitación. Si no lo habría dirigido a recepción... o habría subido con la maleta—. Si es tan amable...

—No, no pesa nada —dijo Mike—. Sólo hay una muda y el cepillo de dientes.

—¿Está seguro?

—Sí —dijo Mike, sosteniendo su mirada—. Estoy seguro.

Tuvo la breve impresión de que el director iba a tirar la toalla. Ostermeyer (bajito, un poco grueso, con levita negra y la corbata perfectamente anudada) suspiró y enderezó de nuevo los hombros.

—Muy bien, señor Enslin. Sígame.

En el vestíbulo, el director del hotel había tenido una actitud indecisa, abatida, casi de derrota. Dentro de su despacho con paredes de roble y fotos del hotel (el Dolphin se había inaugurado en octubre de 1910; una cosa era que los libros de Mike no fueran objeto de reseñas en las revistas y periódicos de la gran urbe, y otra que no investigara), Ostermeyer daba la impresión de haber recuperado su aplomo. En el suelo había una alfombra persa, y en el escritorio una lámpara con pantalla verde en forma de rombo, al lado de un humectador. Figuraban junto a este último los últimos tres libros de Mike Enslin. De bolsillo, por supuesto. No había salido ninguno en tapa dura. A pesar de ello se ganaba bien la vida. Mi anfitrión, pensó Mike, también ha hecho algunas averiguaciones.

Mike se sentó en una de las sillas que había delante de la mesa. Pensaba que el director lo haría detrás, para dar sensación de autoridad, pero Ostermeyer lo sorprendió sentándose en la silla contigua, en lo que debía de considerar el lado de los empleados. Después cruzó las piernas y se dobló un poco sobre su discreta barriguita para tocar el humectador.

—¿Un puro, señor Enslin? No son cubanos, pero están bastante bien.

—No, gracias, no fumo.

La mirada de Ostermeyer se posó en el cigarro que tenía Mike detrás de la oreja derecha, a la manera de un periodista veterano y cínico de Nueva York que se guarda el siguiente cigarro justo debajo del sombrero de fieltro, con tarjeta de prensa en la cinta. El cigarro se había convertido en parte tan integrante de su persona que al principio Mike no supo qué miraba Ostermeyer. Luego se acordó, rió, se lo quitó de la oreja, lo observó a su vez y volvió a mirar a Ostermeyer.

—Llevo nueve años sin fumar ni un cigarro —dijo—. Tenía un hermano mayor que se murió de cáncer de pulmón. Yo lo dejé escasamente después de su muerte. El cigarro de detrás de la oreja... —Se encogió de hombros—. Supongo que medio por afectación medio por superstición. Un poco como los que tiene alguna gente en la mesa o en la pared, dentro de una cajita donde dice EN CASO DE EMERGENCIA ROMPER EL CRISTAL. A veces digo que lo encenderé si hay guerra nuclear. ¿La 1408 es de fumadores, señor Ostermeyer? Lo pregunto por si estalla una guerra nuclear.

—Pues sí, la verdad es que sí.

—¡Ah —dijo efusivamente Mike—, una preocupación menos para las vigilias!

El señor Ostermeyer, que no le veía la gracia, suspiró, pero fue un suspiro que no participaba del desconsuelo del del vestíbulo. Claro, pensó Mike, por el despacho. Era suyo. Esa misma tarde, al llegar Mike en compañía del abogado Robertson, había bastado con que entraran al despacho para que Ostermeyer pareciera menos nervioso. Entonces Mike lo había atribuido en parte a que ya no atraían las miradas de la clientela y en parte a que Ostermeyer se había rendido. Ahora se daba cuenta de la verdad. Era el despacho. Lógico. Era una sala con buenas fotos en las paredes, alfombra buena en el suelo y buenos puros (aunque no cubanos) en el humectador. Seguro que desde octubre de 1910 lo habían usado muchos directores para hacer muchas gestiones. A su manera era igual de neoyorquino que la rubia con vestido negro de tirantes, olor a perfume y muda promesa de sexo elegante durante la madrugada: sexo de Nueva York. Mike era de Omaha, si bien hacía muchos años que no volvía.

—Sigue cerrado a que lo convenza de renunciar a la idea, ¿verdad? —preguntó Ostermeyer.

—Sé que no podrá —dijo Mike, volviendo a ponerse el cigarro detrás de la oreja.

A continuación reproduzco una copia revisada del mismo fragmento inicial. Es el cuento vistiéndose, peinándose y quizá poniéndose colonia, pero sólo una gota. Una vez incorporados esos cambios a mi documento, estoy listo para abrir la puerta y enfrentarme al mundo exterior.

~~La historia del hotel~~

Por Stephen King _1408_ ①

Antes de salir de la puerta giratoria, Mike Ens-

② lin vio a ~~Ostermeyer~~ _Olin_, el director del hotel Dolphin, hundido en uno de los sillones de la recepción, y se le cayó un poco el alma a los pies. Quizá sí tendría que haber vuelto con el maldito abogado, pensó. En fin, ya era demasiado tarde; y aunque ~~Oster-meyer~~ _Olin_ hubiera decidido poner otro control de carretera entre Mike y la habitación 1408, tampoco era tan grave. _Había compensaciones._ ~~Otro aliciente para cuando lo contara.~~

~~Ostermeyer~~ _Olin_ ~~lo vio, se levantó~~ y cruzó la sala tendiendo una mano rechoncha justo cuando Mike salía de la puerta giratoria. El Dolphin estaba en la calle 61, esquina con la Quinta Avenida. Era un hotel pequeño pero con clase. Una pareja, él de etiqueta y ella con vestido de noche, pasó al lado de Mike, que cogió la mano de ~~Ostermeyer~~ _Olin_. Para ello tuvo que pasarse a la izquierda la maleta pequeña que llevaba, con lo justo para una noche. La mujer era rubia, vestida de negro, por supuesto, y el aroma evanescente y floreal de su perfume parecía resumir Nueva York. En el bar, que estaba en el entresuelo, tocaba alguien *Night and Day*, como subrayando el resumen.

—Buenas noches, señor Enslin.

—¡Señor ~~Ostermeyer~~ Olin! ¿Pasa algo?

~~Ostermeyer~~ Olin parecía atribulado, y paseó la mirada por el espacio reducido y elegante del vestíbulo como si buscara ayuda. En recepción había un hombre hablando de boletos de teatro con su mujer, bajo la mirada y la sonrisa discreta y paciente del conserje. En el mostrador de delante, un hombre de traje arrugado, como sólo se arruga un traje con muchas horas de Business Class, discutía sobre su reserva con una mujer cuyo atuendo, negro y elegante, también podía servir de vestido de noche. Todos recibían ayuda menos el pobre Ostermeyer, caído en las garras del escritor.

③ —¿Señor ~~Ostermeyer~~ Olin? —repitió Mike, ~~sintiendo cierta lástima.~~

~~—No —dijo al cabo Ostermeyer—, no pasa nada, pero...~~ ¿Podemos hablar en mi despacho, señor Enslin?

~~Ajá, pensó Mike. Quiere volver a intentarlo.~~
Bueno, ¿por qué no?
~~En otras circunstancias~~ podría ~~haberse impacientado, pero no entonces~~. Contribuiría a
la parte sobre la habitación 1408, ~~dándole el~~ *subrayando el*
tono amenazador que tanto parecían desear
los lectores de sus libros. *Y no era lo único* ~~(Aparecería como la
Advertencia Final.) Pero no era lo único.~~ Has-
ta entonces, a pesar de los abundantes titubeos,
Mike Enslin no había estado seguro. *Olin* ~~Ahora
lo estaba.~~ Ostermeyer no hacía teatro. Tenía
auténtico miedo de la habitación 1408, y de lo
que pudiera pasarle a Mike por la noche.

(4)

—Por supuesto, señor ~~Ostermeyer~~ *Olin*. ~~¿Dejo
la maleta en recepción o me la llevo?~~

Olin ~~—Pues... Si le parece nos la llevamos.~~

~~—Ostermeyer,~~ el perfecto anfitrión, hizo ade-
mán de cogerla. *la bolsa de Mike* ~~Sí, aún tenía esperanzas de
convencer a Mike de que no se quedara en la
habitación. Si no lo habría dirigido a recepción... o habría subido con la maleta—.~~ Si es
tan amable...

—No, si no pesa nada —dijo Mike—. Sólo
hay una muda y el cepillo de dientes.

—¿Está seguro?

—Sí —dijo Mike, sosteniendo su mirada—.

⑤ Mi camiseta hawaiana de la suerte ya la llevo puesta. —Sonrió—. Es donde está el spray antifantasmas.

~~Estoy seguro.~~

~~Tuvo la breve impresión de que el director~~ Olin ~~iba a tirar la toalla.~~ ~~Ostermeyer~~ (bajito, un poco grueso, con levita negra y la corbata perfectamente anudada) suspiró ~~y enderezó de nuevo los hombros.~~

—Muy bien, señor Enslin. Sígame.

En el vestíbulo, el director del hotel había tenido una actitud indecisa, ~~abatida,~~ casi de derrota. Dentro de su despacho con paredes de roble y fotos del hotel (el Dolphin se había inaugurado en octubre de 1910; una cosa era que los libros de Mike no fueran objeto de reseñas en las revistas y periódicos de la gran urbe, y otra que no investigara), ~~Ostermeyer~~ Olin daba la impresión de haber recuperado su aplomo. En el suelo había una alfombra persa, y en el escritorio una lámpara con pantalla verde en forma de rombo, al lado de un humectador. Figuraban junto a este último los últimos tres libros de Mike Enslin. De bolsillo, por supuesto. No había salido ninguno en tapa dura. ~~A pesar de ello se ganaba bien la vida.~~ Mi anfitrión, pensó Mike, también ha hecho algunas averiguaciones.

⑥   Mike se sentó ~~en una de las sillas que había~~ delante de la mesa. Pensaba que el director lo haría detrás, ~~para dar sensación de autoridad,~~ pero ~~Ostermeyer~~ [Olin] lo sorprendió ~~sentándose en~~ [Ocupando] la silla contigua, ~~en lo que debía de considerar el lado de los empleados.~~ Después cruzó las piernas y se dobló un poco sobre su discreta barriguita para tocar el humectador.

—¿Un puro, señor Enslin? ~~No son cubanos, pero están bastante bien.~~

—No, gracias, no fumo.

La mirada de ~~Ostermeyer~~ [Olin] se posó en el cigarro que tenía Mike detrás de la oreja derecha, a la manera de un periodista veterano y cínico de Nueva York que se guarda el siguiente cigarro justo debajo ~~del sombrero de fieltro, con~~ [puesta de su sombrero de fieltro] tarjeta de prensa [de su] en la cinta. El cigarro se había convertido en parte tan integrante de su persona que al principio Mike no supo qué miraba ~~Ostermeyer~~ [Olin]. Luego ~~se acordó,~~

rió, se lo quitó de la oreja, lo observó a su vez y
volvió a mirar a ~~Ostermeyer~~ Olin.

① —Llevo nueve años sin fumar ni ~~un ci-~~ me uno
~~garro~~ —dijo—. ~~Tenía~~ Se me murió un hermano mayor
~~que se murió~~ de cáncer de pulmón. Yo lo dejé
~~escasamente~~ después de su muerte. El cigarro
de detrás de la oreja... —se encogió de hombros—. Supongo que medio por afectación me-
dio por superstición. ~~Un poco como los~~ Como las camisetas
hawaianas. O los cigarrillos que tie-
ne alguna gente en la mesa o en la pared,
dentro de una cajita donde dice EN CASO DE
EMERGENCIA ROMPER EL CRISTAL. ~~A veces digo~~
~~que lo encenderé si hay guerra nuclear.~~ ¿La
1408 es de fumadores, señor ~~Ostermeyer~~ Olin? Lo
pregunto por si estalla una guerra nuclear.

—Pues sí, la verdad es que sí.

② —¡Ah —dijo efusivamente Mike—, una
preocupación menos para las vigilias!

El señor ~~Ostermeyer, que no le veía la gra-~~ Olin
~~cia,~~ suspiró, pero fue un suspiro que no participaba del desconsuelo del del vestíbulo. Claro,
pensó Mike, por el despacho. Era suyo. Esa
misma tarde, al llegar Mike en compañía del
abogado Robertson, había bastado con que en-

traran al despacho para que ~~Ostermeyer~~ Olin pareciera menos nervioso. ~~Entonces Mike lo había~~
~~atribuido en parte a que ya no atraían las mi-~~
~~radas de la clientela y en parte a que Osterme-~~
~~yer se había rendido. Ahora se daba cuenta de~~
~~la verdad. Era el despacho.~~ Lógico. ¿Dónde, sino en un espacio propio, puede tenerse la sensación de controlarlo todo?
Era una sala con buenas fotos en las pare-
des, alfombra buena en el suelo y buenos puros
~~(aunque no cubanos)~~ en el humectador. Seguro que desde ~~octubre de~~ 1910 lo habían usado
muchos directores para hacer muchas gestiones. A su manera era igual de neoyorquino que
la rubia con vestido negro de tirantes, olor a
perfume y muda promesa de sexo elegante
durante la madrugada: sexo de Nueva York, ~~sexo de Nueva York.~~
Mike era de Omaha, si bien hacía ~~muchos~~ años
que no volvía.

—Sigue cerrado a que lo convenza de renunciar a la idea, ¿verdad? —preguntó ~~Oster-~~ Olin
~~meyer.~~

—Sé que no podrá —dijo Mike, volviendo a
ponerse el cigarro detrás de la oreja.

El motivo de la mayoría de los cambios es obvio. Seguro que si alternas las dos versiones los entenderás casi todos, y espero que te des cuenta de que en la primera redacción de una obra, aunque se deba a un escritor de los que llaman «profesionales», siempre hay mucho que pulir.

Predominan los cortes, con la intención de acelerar la historia. He podado pensando en Stunk («omitir palabras innecesarias»), y en cumplir la fórmula reproducida hace unas páginas: «2.ª versión = 1.ª versión − 10%.»

He numerado algunos cambios para dedicarles una breve explicación:

1. Es obvio que *La historia del hotel* no es un título que pueda rivalizar con *El buldózer asesino* o *Norma Jean, la reina de las termitas*. Lo he puesto en la primera redacción sabiendo que se me ocurriría uno mejor. (Si no sale ninguno, lo habitual es que proponga una idea alguien de la editorial, con resultados que no suelen destacar por su calidad.) *1408* me gusta porque es un cuento de los de «piso trece», y las cifras suman trece.

2. Ostermeyer es un apellido largo y con poca gracia. Cambiándolo por Olin mediante la función de «reemplazar todos», he conseguido que una simple pulsación reduzca la extensión del relato en unas quince líneas. Por otro lado, al acabar *1408* ya era consciente de que tenía muchas posibilidades de integrarse en una colección de cuentos en audio. Leería yo los relatos, y no quería estar sentado en la cabina de grabación diciendo todo el día: Ostermeyer, Ostermeyer, Ostermeyer. Total, que lo cambié.

3. Aquí había puesto muchas cosas que debería pensar el lector. Como la mayoría de los lectores son

capaces de pensar por sí mismos, me he tomado la libertad de reducirlo de cinco a dos líneas.

4. Demasiadas acotaciones, demasiado insistir en lo obvio y demasiados precedentes mal introducidos. Fuera.

5. Ajá, he aquí la camiseta hawaiana de la suerte. Ya aparece en la primera versión, pero sólo a partir de la página treinta. Demasiado tarde para una parte importante de la utilería. De ahí que lo haya colocado al principio. En el teatro hay una vieja regla que dice: «Si en el primer acto hay una pistola en la repisa, en el tercero tiene que dispararse.» También es verdad lo contrario: si la camiseta hawaiana de la suerte del protagonista desempeña un papel al final del relato, debe aparecer lo antes posible. Si no, parece un *deus ex machina* (cosa que es, por descontado).

6. En la primera redacción dice: «Mike se sentó en una de las sillas que había delante de la mesa.» Ok Esto... ¿Y dónde iba a sentarse? ¿En el suelo? No creo. También salta lo de los puros cubanos. Aparte de trillado, es lo típico que dicen los malos en las malas películas. «¡Toma un puro! ¡Son cubanos!» ¡A la basura!

7. Las ideas y la información básica de las dos versiones son las mismas, pero en la segunda están más desnudas. ¡Ah, y otra cosa! ¿Te has fijado en el adverbio maldito, «escasamente»? Lo he eliminado, ¿eh? ¡Sin compasión!

8. Pues aquí hay uno que no he quitado, y encima es un *swifty*: «¡Ah —dijo efusivamente Mike.» Pero en este caso refrendo mi opción de no cortar, y la defendería diciendo que es la excepción que confirma la regla. Se queda «efusivamente» porque quie-

ro que entienda el lector que Mike se burla del pobre Olin. Sólo un poco, de acuerdo, pero se burla.

9. Además de explayarse en obviedades, el fragmento las repite. Fuera. En cambio, la idea de que alguien esté a gusto en un espacio propio me pareció esclarecedora del carácter de Olin. Por eso la puse.

Tenía la tentación de incorporar al libro todo el texto definitivo de *1408*, pero la idea chocaba con mi decisión de ser breve por una vez en la vida. Si se te antoja oír entero el relato, se ha publicado en audio junto con dos más bajo el título *Blood and Smoke*. En el sitio web de Simon and Schuster, http://www.Simon-Says.com, se puede descargar un extracto. Y recuerda que para lo que nos ocupa no hace falta acabar la historia. Se trata de cuidar el motor, no de dar un paseo en coche.

POSDATA, SEGUNDA PARTE:
UNA LISTA DE LIBROS

El público que acude a mis conferencias suele escuchar una versión abreviada de la sección que forma la segunda mitad de este libro, «Escribir»; incluida, por supuesto, la regla número uno: escribir y leer mucho. Al final, durante el turno de preguntas, siempre hay alguien que me pregunta: «¿Usted qué lee?»

Es una pregunta que nunca he contestado de manera muy satisfactoria, porque me provoca una especie de saturación en los circuitos del cerebro. La respuesta fácil («todo lo que tenga a mano») es verdad, pero no sirve de mucho. La lista siguiente da una respuesta más concreta. Son los mejores libros que he leído durante los tres o cuatro últimos años, la época en que he escrito *La chica que amaba a Tom Gordon*, *Corazones en la Atlántida*, el volumen que tienes entre manos y la novela inédita *From a Buick Eight*. Sospecho que todos los libros de la lista han tenido alguna influencia en los que he escrito yo.

Te ruego que consultes la lista teniendo presente que ni yo soy Oprah Winfrey ni esto mi club de lectores. Sólo son los títulos que me han servido a mí. También es verdad que no son de lo peor, ni mucho menos, y que hay bastantes que pueden enseñarte nuevas maneras de ejercer el oficio. En todo caso, y aunque no te enseñen nada, seguro que te harán pasar un buen rato. A mí sí, no lo dudes.

DeMille, Nelson: *The Gold Coast*
Dickens, Charles: *Oliver Twist*
Dobyns, Stephen: *Common Carnage*
Dobyns, Stephen: *La capilla de la muerte*
Doyle, Roddy: *La mujer que se daba con las puertas*
Elkin, Stanley: *The Dick Gibson Show*
Faulkner, William: *Mientras agonizo*
Garland, Alex: *La playa*
George, Elizabeth: *El precio del engaño*
Gerritsen, Tess: *Gravity*
Golding, William: *El señor de las moscas*
Gray, Muriel: *Furnace*
Greene, Graham: *Una pistola en venta*
Greene, Graham: *Nuestro hombre en La Habana*
Halberstam, David: *The Fifties*
Hamill, Pete: *Why Sinatra Matters*
Harris, Thomas: *Hannibal*
Haruf, Kent: *Plainsong*
Hoeg, Peter: *La señorita Smilla y su especial percepción de la nieve*
Hunter, Stephen: *Dirty White Boys*
Ignatius, David: *Un asunto incómodo*
Irving, John: *Una mujer difícil*
Joyce, Graham: *The Tooth Fairy*
Judd, Alan: *The Devil's Own Work*
Kahn, Roger: *Good Enough to Dream*
Karr, Mary: *The Liars' Club*
Ketchum, Jack: *Right to Life*
King, Tabitha: *Survivor*
King, Tabitha: *The Sky in the Water* (inédita)
Kingsolver, Barbara: *La Biblia envenenada*
Krakauer, Jon: *Mal de altura*
Lee, Harper: *Matar a un ruiseñor*
Lefkowitz, Bernard: *Our Guys*
Little, Bentley: *The Ignored*
Maclean, Norman: *El río de la vida*
Maugham, W. Somerset: *La luna y seis peniques*
McCarthy, Cormac: *Ciudades de la llanura*
McCarthy, Cormac: *En la frontera*

McCOURT, Frank: *Las cenizas de Ángela*
McDERMOTT, Alice: *Un hombre con encanto*
McDEVITT, Jack: *Ancient Shores*
McEWAN, Ian: *Amor perdurable*
McEWAN, Ian: *Jardín de cemento*
McMURTRY, Larry: *Dead Man's Walk*
McMURTRY, Larry y Diana Ossana: *Zeke and Ned*
MILLER, Walter M.: *Cántico por Leibowitz*
OATES, Joyce Carol: *Zombie*
O'BRIEN, Tim: *En el lago de los Bosques*
O'NAN, Stewart: *The Speed Queen*
ONDAATJE, Michael: *El paciente inglés*
PATTERSON, Richard North: *No Safe Place*
PRICE, Richard: *Freedomland*
PROULX, Annie: *Close Range: Wyoming Stories*
PROULX, Annie: *Atando cabos*
QUINDLEN, Anna: *Cosas que importan*
RENDELL, Ruth: *Deseo criminal*
ROBINSON, Frank M.: *Waiting*
ROWLING, J. K.: *Harry Potter y la cámara secreta*
ROWLING, J. K.: *Harry Potter y el prisionero de Azkaban*
ROWLING, J. K.: *Harry Potter y la piedra filosofal*
RUSSO, Richard: *Mohawk*
SCHWARTZ, John Burnham: *Reservation Road*
SETH, Vikram: *Un buen partido*
SHAW, Irwin: *El baile de los malditos*
SLOTKIN, Richard: *The Crater*
SMITH, Dinitia: *The Illusionist*
SPENCER, Scott: *Men in Black*
STEGNER, Wallace: *Joe Hill*
TARTT, Donna: *El secreto*
TYLER, Anne: *A Patchwork Planet*
VONNEGUT, Kurt: *Hocus Pocus*
WAUGH, Evelyn: *Retorno a Brideshead*
WESTLAKE, Donald E.: *The Ax*